体育高等职业教育教材

运动解剖学

王明禧　主编

人民体育出版社

图书在版编目（CIP）数据

运动解剖学 / 王明禧主编. -- 北京：人民体育出版社，2008（2023.9重印）
体育高等职业教育教材
ISBN 978-7-5009-3399-1

Ⅰ.①运… Ⅱ.①王… Ⅲ.①运动解剖—解剖学—高等学校：技术学校—教材 Ⅳ.①G804.4

中国版本图书馆CIP数据核字(2008)第033617号

*

人民体育出版社出版发行
北京新华印刷有限公司印刷
新 华 书 店 经 销

*

787×1092　16开本　16印张　368千字
2008年9月第1版　2023年9月第11次印刷
印数：22,001—25,000册

*

ISBN 978-7-5009-3399-1
定价：39.00元

社址：北京市东城区体育馆路8号（天坛公园东门）
电话：67151482（发行部）　　邮编：100061
传真：67151483　　　　　　　邮购：67118491
网址：www.psphpress.com

（购买本社图书，如遇有缺损页可与邮购部联系）

编写组成员

主　编　王明禧

副主编　卢　起

编　委　(按撰写章序排列)

王明禧（绪论、第二、三、四章）

罗　平（第一、九、十、十一、十二章、串编）

卢　起（第五、六、七、八章）

刘柏杭（全书插图）

编写人员

主　编　王阳萍

副主编　党　宏

编　委　(按姓氏笔画排列)

王阳萍（绪论、第二、三、四章）

党　宏（第一、九、十、十一、十二章、年表）

雒　岗（第五、六、七、八章）

郝和平（全书插图）

编 写 说 明

2002年国务院颁发《国务院关于大力推进职业教育改革与发展的决定》以来，各级部门加强了对职业教育工作的领导和支持，以就业为导向，改革与发展职业教育逐步成为社会共识，职业教育规模进一步扩大，服务经济、服务社会的能力明显增强。2005年国务院为了进一步贯彻落实《中华人民共和国职业教育法》和《中华人民共和国劳动法》，适应全面建设小康社会对高素质劳动者和技能型人才的迫切要求，促进社会主义和谐社会建设，大力发展职业教育，又颁发了《国务院关于大力发展职业教育的决定》，并且明确指出："根据市场和社会需要，不断更新教学内容，改进教学方法。合理调整专业结构，大力发展面向新兴产业和现代服务业的专业，大力推进精品专业、精品课程和教材建设。"

近几年来，不少省（市、区）体育部门根据上述的精神和要求，在中等体育职业学校、（职工）体育运动技术学院的基础上，新办了一批体育职业技术学院，积极地为我国社会主义现代化建设培养高等体育技能型人才。

为了适应各体育职业技术学院教育教学改革的需要，满足其在专业建设、课程建设和教材建设方面的迫切要求，受人民体育出版社委托，广东体育职业技术学院承担了编写首批体育高等职业教育教材的工作，这些教材是：《体育学概论》《体育保健》《运动医学》《运动解剖学》《运动训练》《运动生理学》。其中，《运动训练》和《运动生理学》已被教育部批准为"十一五"国家级规划教材。

《运动解剖学》是《人体解剖学》的一个分支，是将人体的形态结构与体育运动紧密结合的一门新兴学科。它是体育专业学生的一门基础主干课，可以直接或间接地为体育教学和训练提供理论依据，并为体育专业学生学习其他课程奠定基础，也是体育职业技术学院竞技体育专业、体育教育专业、体育保健专业、运动训练专业、社会体育专业、体育服务与管理专业的必修基础理论课。

《运动解剖学》编写组由武汉体育学院的王明禧副教授、广东体育职业技术学院的卢起副教授、罗平老师和刘柏杭老师组成。其中王明禧同志任主编，卢起同志任副主编，刘柏杭同志负责教材插图，罗平同志负责串编。

这批教材的编写，得到了广东省体育局领导的高度重视和关心。广东体育职业技术学院把教材建设工作列为学院的重点工作之一，给予大力支持，并为教材编写工作提供了必要的条件和保证。为使教材编写工作得以顺利进行，组成了以广东体育职业技术学院院长刘克军为主任、各教材主编为成员的体育高等职业教育教材编写委员会。武汉体育学院原副院长孙汉超教授作为顾问主持并参与了教材的总体设计与策划，以及部分内容的撰写工作。

这批教材是适合于我国体育职业技术学院各高职高专专业学生的教学用书，也可以作为各中等体育运动学校学生使用的参考教材，还可以作为各省（市、区）体育部门对优秀运动员、教练员和体育干部进行职业技能教育与培训的教材。

体育部门办体育职业技术学院，培养体育高等技能型人才，只是近几年的事情，组织编写高职高专教材亦属首次。因此，我们深感缺少经验，编撰出版的这一批教材中，问题和缺陷在所难免，敬请使用单位和广大读者提出宝贵意见，以便不断改进和提高。

体育高等职业教育教材编写委员会
2007 年 7 月

目 录

绪 论

一、运动解剖学的概念 …………………………………………………………………… (3)
二、运动解剖学的内容 …………………………………………………………………… (3)
三、学习运动解剖学的目的 ……………………………………………………………… (4)
四、学习运动解剖学的指导思想与方法 ………………………………………………… (4)
五、运动解剖学的定位术语 ……………………………………………………………… (6)

人体的基本构成

第一章 人体的基本组成 …………………………………………………………………… (11)

第一节 细胞与细胞间质 ………………………………………………………………… (12)
 一、细胞 ………………………………………………………………………………… (12)
 二、细胞间质 …………………………………………………………………………… (15)
第二节 基本组织 ………………………………………………………………………… (15)
 一、上皮组织 …………………………………………………………………………… (15)
 二、结缔组织 …………………………………………………………………………… (21)
 三、肌组织 ……………………………………………………………………………… (26)
 四、神经组织 …………………………………………………………………………… (31)

人体运动的执行体系

第二章 骨与骨连结 ………………………………………………………………………… (39)

第一节 骨概述 …………………………………………………………………………… (41)
 一、骨的数目与形状 …………………………………………………………………… (41)
 二、骨的构造 …………………………………………………………………………… (43)
 三、骨的物理性质与化学成分 ………………………………………………………… (45)
 四、骨化、骨龄和骨的生长 …………………………………………………………… (46)
 五、骨的功能 …………………………………………………………………………… (47)
第二节 骨连结概述 ……………………………………………………………………… (47)

一、骨连结的分类 ·· (47)
　　二、关节的主要结构 ·· (48)
　　三、关节的辅助结构 ·· (49)
　　四、关节的运动 ·· (50)
　　五、关节的分类 ·· (52)
　　六、关节的运动幅度及其影响因素 ·· (53)
　第三节　躯干骨及其连结 ·· (53)
　　一、躯干骨 ·· (53)
　　二、躯干骨的连结 ·· (58)
　第四节　上肢骨及其连结 ·· (62)
　　一、上肢骨 ·· (62)
　　二、上肢骨连结 ··· (65)
　第五节　下肢骨及其连结 ·· (68)
　　一、下肢骨 ·· (68)
　　二、下肢骨连结 ··· (72)
　第六节　体育运动对骨与骨连结的影响 ·· (78)
　　一、体育运动对骨的影响 ·· (78)
　　二、体育运动对关节的影响 ·· (78)

第三章　骨骼肌 ··· (80)
　第一节　骨骼肌概述 ·· (82)
　　一、肌肉的形状 ·· (82)
　　二、肌肉的主要构造 ·· (83)
　　三、肌肉的辅助结构 ·· (84)
　　四、肌肉的物理特性 ·· (85)
　　五、肌肉的配布规律 ·· (86)
　　六、研究肌肉机能的方法 ·· (86)
　　七、肌肉的协作关系 ·· (87)
　　八、肌肉的工作性质 ·· (87)
　　九、影响肌肉力量发挥的解剖学因素 ·· (88)
　　十、多关节肌的工作特点 ·· (89)
　第二节　上肢运动的肌肉 ··· (91)
　　一、上肢带运动的肌肉 ·· (92)
　　二、肩关节运动的肌肉 ·· (92)
　　三、肘关节运动的肌肉 ·· (92)
　　四、腕关节运动的肌肉 ·· (95)
　第三节　下肢运动的肌肉 ··· (99)
　　一、髋关节运动的肌肉 ·· (99)

二、膝关节运动的肌肉 …………………………………………………… (100)
三、踝关节运动的肌肉 …………………………………………………… (100)

第四节 躯干运动的肌肉 …………………………………………………… (107)
一、脊柱运动的肌肉 ……………………………………………………… (107)
二、呼吸运动的肌肉 ……………………………………………………… (107)
三、腹压肌 ………………………………………………………………… (107)

第五节 体育运动对骨骼肌的影响 ………………………………………… (112)
一、肌肉体积的明显增大 ………………………………………………… (113)
二、肌纤维中线粒体数目增多、体积增大 ……………………………… (113)
三、肌肉内的结缔组织增多 ……………………………………………… (113)
四、肌肉中的化学成分发生变化 ………………………………………… (113)
五、肌肉中的毛细血管变化 ……………………………………………… (113)

第四章 体育动作解剖学分析 ……………………………………………… (115)

第一节 体育动作解剖学分析的步骤与内容 ……………………………… (116)
一、分析动作内容 ………………………………………………………… (116)
二、分析肌肉工作 ………………………………………………………… (116)
三、小结与建议 …………………………………………………………… (117)

第二节 体育动作解剖学分析实例 ………………………………………… (117)
一、双杠直角支撑 ………………………………………………………… (117)
二、单杠悬垂 ……………………………………………………………… (119)
三、原地侧向推铅球 ……………………………………………………… (120)
四、引体向上 ……………………………………………………………… (121)
五、俯卧撑 ………………………………………………………………… (123)
六、原地单手肩上投篮 …………………………………………………… (124)
七、立定跳远 ……………………………………………………………… (125)
八、正脚背踢球 …………………………………………………………… (126)
九、仰卧两头起 …………………………………………………………… (127)
十、正面屈体扣球 ………………………………………………………… (128)

人体运动的供能体系

第五章 消化系统 ……………………………………………………………… (133)

第一节 内脏总论 …………………………………………………………… (134)
一、内脏的构造 …………………………………………………………… (134)
二、腹部的分区和主要脏器的体表投影 ………………………………… (135)

第二节 消化管 ……………………………………………………………… (136)
一、口腔 …………………………………………………………………… (136)

二、咽 ……………………………………………………………… (141)

　　三、食管 …………………………………………………………… (142)

　　四、胃 ……………………………………………………………… (142)

　　五、小肠 …………………………………………………………… (143)

　　六、大肠 …………………………………………………………… (145)

　第三节　消化腺 …………………………………………………………… (147)

　　一、肝 ……………………………………………………………… (147)

　　二、胰 ……………………………………………………………… (149)

　　三、唾液腺 ………………………………………………………… (150)

　第四节　体育运动对消化系统的影响 …………………………………… (150)

第六章　呼吸系统 ……………………………………………………………… (151)

　第一节　气体传导部——呼吸道 ………………………………………… (153)

　　一、鼻 ……………………………………………………………… (153)

　　二、咽 ……………………………………………………………… (154)

　　三、喉 ……………………………………………………………… (154)

　　四、气管与支气管 ………………………………………………… (156)

　第二节　呼吸部——肺 …………………………………………………… (156)

　　一、肺的位置与外形 ……………………………………………… (156)

　　二、肺的构造 ……………………………………………………… (157)

　第三节　胸膜、胸膜腔与纵隔 …………………………………………… (158)

　　一、胸膜 …………………………………………………………… (158)

　　二、胸膜腔 ………………………………………………………… (158)

　　三、纵隔 …………………………………………………………… (158)

　第四节　体育运动对呼吸系统的影响 …………………………………… (158)

第七章　泌尿系统 ……………………………………………………………… (160)

　第一节　肾 ………………………………………………………………… (161)

　　一、肾的位置与外形 ……………………………………………… (161)

　　二、肾的构造与尿的生成 ………………………………………… (162)

　第二节　输尿管、膀胱、尿道 …………………………………………… (164)

　　一、输尿管 ………………………………………………………… (164)

　　二、膀胱 …………………………………………………………… (164)

　　三、尿道 …………………………………………………………… (164)

　第三节　体育运动对泌尿系统的影响 …………………………………… (164)

第八章　脉管系统 ……………………………………………………………… (165)

　第一节　概述 ……………………………………………………………… (166)

一、脉管系统的组成 ·· (166)
　　二、脉管系统的功能 ·· (166)
　　三、血液循环的途径 ·· (166)
　第二节　心血管系统 ·· (167)
　　一、心脏 ··· (168)
　　二、血管 ··· (171)
　　三、肺循环的血管 ·· (173)
　　四、体循环的血管 ·· (173)
　第三节　淋巴系统 ··· (179)
　　一、淋巴的生成 ··· (179)
　　二、淋巴管道 ·· (180)
　　三、淋巴器官 ·· (180)
　第四节　体育运动对脉管系统的影响 ·· (182)

人体运动的调控体系

第九章　神经系统 ··· (187)
　第一节　神经系统概述 ··· (188)
　　一、神经系统的地位与功能 ··· (188)
　　二、神经系统的组成 ··· (189)
　　三、神经系统的区分 ··· (189)
　　四、神经系统的活动方式 ·· (190)
　　五、几个基本概念 ·· (190)
　第二节　中枢神经系统 ··· (191)
　　一、脊髓 ··· (191)
　　二、脑 ·· (195)
　　三、中枢神经系传导通路 ·· (201)
　第三节　周围神经系统 ··· (203)
　　一、12对脑神经 ··· (203)
　　二、31对脊神经 ··· (204)
　　三、自主神经 ·· (207)
　第四节　体育运动对神经系统的影响 ·· (209)

第十章　内分泌系统 ·· (210)
　第一节　概述 ·· (210)
　　一、内分泌腺的结构特点 ·· (210)
　　二、内分泌系统的主要功能 ··· (211)
　第二节　内分泌腺与内分泌组织 ·· (211)

一、脑垂体 ··· (212)
　　二、松果体 ··· (213)
　　三、甲状腺 ··· (213)
　　四、甲状旁腺 ·· (214)
　　五、胰岛 ·· (214)
　　六、肾上腺 ··· (214)
　　七、性腺 ·· (214)
　第三节　体育运动对内分泌系统的影响 ································· (214)

第十一章　感觉器 ·· (216)
　第一节　视器——眼 ·· (217)
　　一、眼球 ·· (217)
　　二、眼副器 ··· (220)
　第二节　前庭蜗器——耳 ·· (220)
　　一、外耳 ·· (221)
　　二、中耳 ·· (221)
　　三、内耳 ·· (222)
　第三节　体育运动对感觉器的影响 ······································ (226)

人体个体发生的结构体系

第十二章　生殖系统 ·· (229)
　第一节　男性生殖系统 ··· (230)
　　一、男性内生殖器 ·· (230)
　　二、男性外生殖器 ·· (231)
　第二节　女性生殖系统 ··· (232)
　　一、女性内生殖器 ·· (233)
　　二、女性外生殖器 ·· (234)
　第三节　人体个体发生 ··· (234)
　　一、生殖细胞和受精 ··· (234)
　　二、人体胚胎早期发生 ·· (235)
　第四节　人体出生后生长的一般规律 ··································· (236)
　　一、年龄分期 ·· (236)
　　二、人体生长发育的一般规律 ··· (236)
　　三、影响生长发育的因素 ··· (237)

参考文献 ·· (239)

绪 论

绪 论

> **学习要求**

(1) 理解运动解剖学的概念。
(2) 了解运动解剖学的内容。
(3) 明确学习运动解剖学的目的。
(4) 坚持学习运动解剖学的基本观点。
(5) 掌握学习运动解剖学的定位术语。

一、运动解剖学的概念

运动解剖学主要是研究正常人体的形态结构,及其在体育运动作用下发展变化的规律;探索人体形态结构与人体机械运动的关系;并对体育动作进行解剖学分析的一门学科。

运动解剖学是正常人体解剖学的一个分支,它将人体的形态结构与体育运动实践紧密地结合在一起,其中人体运动执行体系结合得更为紧密,其他体系的结合正在不断地充实和完善之中。

运动解剖学在世界上可以说是萌芽于15世纪,我国著名解剖学家张鋆教授在1960年明确提出:"解剖学亦可用于体育运动,用以分析各种体育运动所需要的肌肉和关节,可以叫运动解剖学。"1977—1978年,由国家体委主持,在北京召开了全国第二次统编教材会议,编印了《运动解剖学》一书,这是我国第一本运动解剖学专业通用教材。运动解剖学是一门既有基础理论,又有实践应用综合性内容的新兴学科,具有较强的生命力,但它还很年轻,仍需要不断地发展完善。

二、运动解剖学的内容

运动解剖学的内容是比较丰富的,而且正在不断地充实和完善,其基本内容可以概括为以下四个方面:

正常人体的九大系统,运动系统、消化系统、呼吸系统、泌尿系统、生殖系统、脉管(即循环)系统、神经系统、内分泌系统和感觉器,各个器官的位置、形态和基本功能;各个器官系统的年龄特点,尤其是儿童少年的特点;体育运动对各器官系统的影响；运用运动解剖学的基本知识，对体育动作进行解剖学分析（找出完成动作的关节或环节，原动肌与对抗肌，肌肉的工作条件和肌肉的工作性质等基本规律），从而进一步加强体育教学和体育训练的针对性与计划性，有利于初学者更快地学会新的动作和不断地提高运动技术水平。

本教材除绪论以外，共分五大部分十二章。具体是：人体的基本构成（第一章人体的基本组成——细胞、细胞间质与四大基本组织）；人体运动的执行体系（第二章骨与骨连结，第三章骨骼肌，第四章体育动作解剖学分析）；人体运动的供能体系（第五章消化系统，第六章呼吸系统，第七章泌尿系统，第八章脉管系统）；人体运动的调控体系（第九章神经系统，第十章内分泌系统，第十一章感觉器）；人体个体发生的结构体系（第十二章生殖系统）。

三、学习运动解剖学的目的

运动解剖学是体育院（校）、系（科）学生学习体育专业（体育教育专业、体育训练专业和体育保健专业等）的一门基础理论课、主干课和必修的先导课。学习运动解剖学的具体目的有以下五个方面：

（1）为学习后继课程（如运动生理学、运动保健学、运动心理学和各项运动技术课等）奠定基础。

（2）贯彻落实"发展体育运动，增强人民体质"的伟大体育方针，为体育教学和开展群体健身活动，提供理论依据。

（3）为我国体育运动赶超世界先进水平或保持某些项目的领先优势，为体育训练直接或间接地提供理论依据。

（4）通过运动解剖学的学习，了解人体各器官的位置、形态与结构特点，可以预防或减少运动损伤的发生。

（5）通过运动解剖学的学习，有助于树立辩证唯物主义世界观。

总之，运动解剖学是每个从事体育专业学习、教学、训练、科研和管理的人，都应该掌握的一门科学。了解正常人体的形态结构，及其在体育运动的作用下发展变化的规律，才能做到科学地教学、科学地训练、科学地锻炼和科学地管理。所以运动解剖学是体育专业（本科、高职高专）学生的重要必修课。

四、学习运动解剖学的指导思想与方法

人体的结构非常复杂，至今还有许多结构、功能没有被认识，还有不少问题没有解决，加上长期以来人们的思想、世界观不仅受到辩证唯物主义世界观的作用，同时也受到形而上学唯心主义世界观的影响，所以在学习运动解剖学的过程中，必须以辩证唯物主义世界观的思想作指导，掌握和运用以下几个基本观点：

（一）形态结构与功能统一的观点

人体的形态结构决定了它的功能，并且二者是互相依存、互相联系、互相影响和互相促进的。有什么样的形态结构，就有什么样的功能，因此形态结构是功能的物质基础，而功能是形态结构的表现形式。如人体在运动中，直接参与者是骨、关节和肌肉，骨是杠杆、关节是枢纽、肌肉是动力，上述三者通常称为运动系统。也就是说骨、关节和肌肉（运动系统）的主要功能是运动，而运动是运动系统的表现形式。往往功能的提高又促进了形态结构的发展变化，形态结构的发展变化又有利于功能的提高。根据这一点，人们可以针对性地锻炼身体，达到提高体能、身体素质和增强体质的目的。

（二）局部与整体统一的观点

人体是一个不可分割的统一体。任何一个器官和局部都是人体的一部分，它可以影响整体，但不能代替整体。各个器官、各个局部之间，各司其职、各行其能，但又紧密配合、互相协调。在学习和研究各个器官、各个局部时，不要孤立地局限于局部的形态结构，一定要从整体的角度去认识，这样才能学得活、理解准确、记忆牢固。

（三）发展变化的观点

人类是由灵长类的古猿进化发展而来的。人体现存的形态结构是种系发生和个体发生的发展结果。人体的形态结构是在漫长的进化过程中，在外界的环境和人体内环境不断变化和影响下，逐渐发展而成的。科学的体育运动会使人体的体能提高，会使身体素质得到发展，会使体质增强。一个经常运动的人若停止了体育运动，则其各器官系统的机能会逐渐下降进而消退。总之，不管是人类还是个体都始终处在发展变化之中，因此人体形态结构的变化是永恒的。所以要用发展变化的观点、科学的手段进行合理的体育锻炼，使人体的形态结构始终朝着良好的方向发展和变化。

（四）理论联系实际的观点

任何好的理论如果不去联系实际，则是无用的。因此学习运动解剖学过程中，一定要坚持理论联系实际，学以致用，学以创新。具体来说包括三个方面的实际：本门课程的实际，就是挂图、模型、标本、多媒体和老师的各种讲解、演示，课堂的教学是师生的双边活动，也是极其繁忙的过程；联系外堂课（即运动场上的各种运动技术）实际，想一想运动的关节，在什么面内，绕什么轴，做什么运动，又是哪些肌肉，在什么条件下，做什么性质的工作等；要善于联系自身的实际，能摸的就摸，能体会的就体会，这样做既便于理解，又便于记忆。

一句话，把所学的知识尽可能地运用到实践中去。例如做正踢腿动作，有的人可以踢过头，有的只能踢到水平位，应该想一想，这是为什么？这个踢到水平位的人在正踢腿时，感到腿后的肌肉群很紧，拉不长，因此限制了正踢腿动作的幅度，这说明大腿后面的肌肉群伸展性不好，所以要有计划、有针对性地选择一些练习，如正压腿、直腿体前屈、正踢腿、仰卧两头起等练习，去发展大腿后群肌肉的伸展性，当然这种练习不能操之过急，应循序渐进，动、静力性动作要结合使用，以免拉伤肌肉。

（五）人的社会性观点

人是过社会生活的，不仅受自然环境的影响，而且受社会环境的影响。在引用动物实验数据或生理规律现象来说明人体情况时，千万不可把人体和动物同等看待，否则就会陷入纯生物学观点中去。因此在学习运动解剖学过程中要注意人的社会性。

最后还有一点必须指出，在学习运动解剖学过程中，方法甚多，应以观察实物为主。学习时要特别注意观察标本、模型、插图（或挂图）、幻灯片（投影片）、录像、电影、多媒体等，认识活体也极为重要。

五、运动解剖学的定位术语

在生活和体育运动中，人体都是一个活体，人体的各部（或各器官）的位置关系常常在变动，为了能正确描述身体姿势和各器官的位置，需要有一个统一的标准和一个人们共用的术语，以便互相交流，避免误解。这在体育动作的解剖学分析中，更显得重要。

因此在学习运动解剖学过程中，对人体解剖学姿势（也称为人体标准姿势）、人体的基本平面、人体的基本轴和方位术语，必须首先了解，并掌握熟练，才能运用自如。

（一）人体解剖学姿势

人体解剖学姿势（即人体标准姿势）：身体直立，头部正直，两眼平视前方，两上肢下垂于躯干两侧，手掌向前，两足并拢，足尖向前。解剖学姿势和立正姿势的区别有两点：一是手掌向前，二是两足并拢，足尖向前，其他与立正姿势相同。

（二）解剖学方位术语

上：靠近头顶部的称为上。

下：靠近脚底的称为下。

前：靠近腹侧的称为前。

后：靠近背侧的称为后。

内：（即内侧）靠近正中面（线）的称为内。

外：（即外侧）远离正中面（线）的称为外。

浅：靠近体表（或器官外表）者为浅。

深：远离体表（或器官外表）者为深。

近端：四肢靠近头或躯干部分的称为近端。

远端：四肢远离头或躯干部分的称为远端。

桡侧：指前臂的外侧。

尺侧：指前臂的内侧。

腓侧：指小腿的外侧。

胫侧：指小腿的内侧。

人体的解剖学姿势与方位术语见图绪-1。

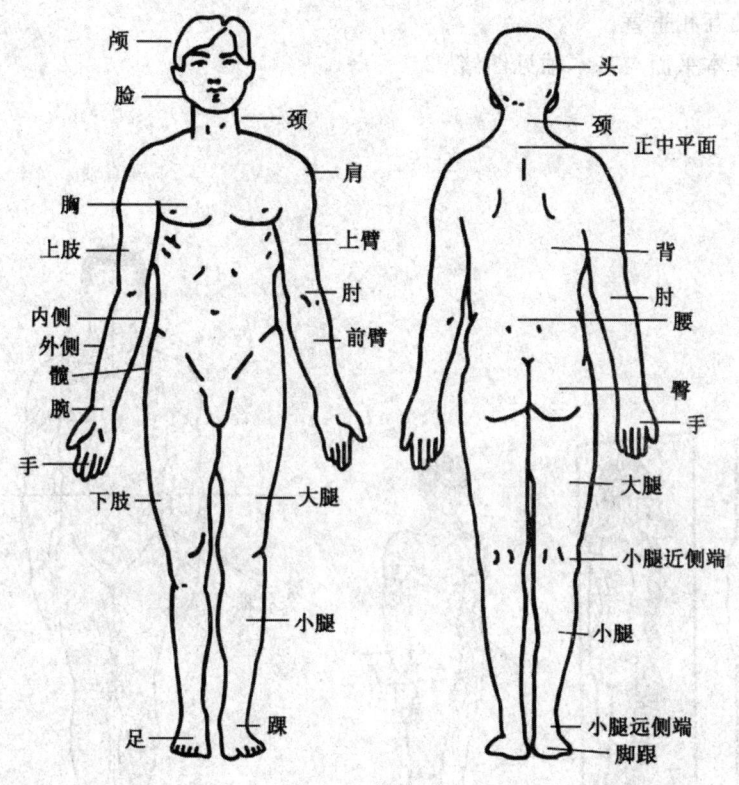

图绪-1　人体解剖学姿势与方位术语

（三）人体的基本切面（或平面）

人体的基本切面，也叫人体的基本平面，有矢状面、额状面和水平面，它们互相垂直。

矢状面：将直立人体切成左右两部分，与地面垂直的一切切面叫矢状面。将直立人体平均切成左右两半（理论上的两等份）与地面垂直的切面叫正中面，它是矢状面的一个特殊切面，实际就是正中矢状面（只能切一次）。

额状面：将直立人体切成前后两部分，与地面垂直的一切切面叫额状面。

水平面：将直立人体切成上下两部分，与地面平行的一切切面叫水平面。

除了正中面只有一个外，其余的面都有无数个。额状面也叫冠状面，水平面也叫横断面。

（四）人体的基本轴

人体各部分的运动多为转动，必须绕一定的轴进行，这些轴被人们视为假设通过关节中心的轴。

矢状轴：垂直通过额状面的轴（前后方向）。
额状轴：垂直通过矢状面的轴（左右方向）。
垂直轴：垂直通过水平面的轴（上下方向）。
以上三轴互相垂直。
人体的基本平面与基本轴见图绪-2。

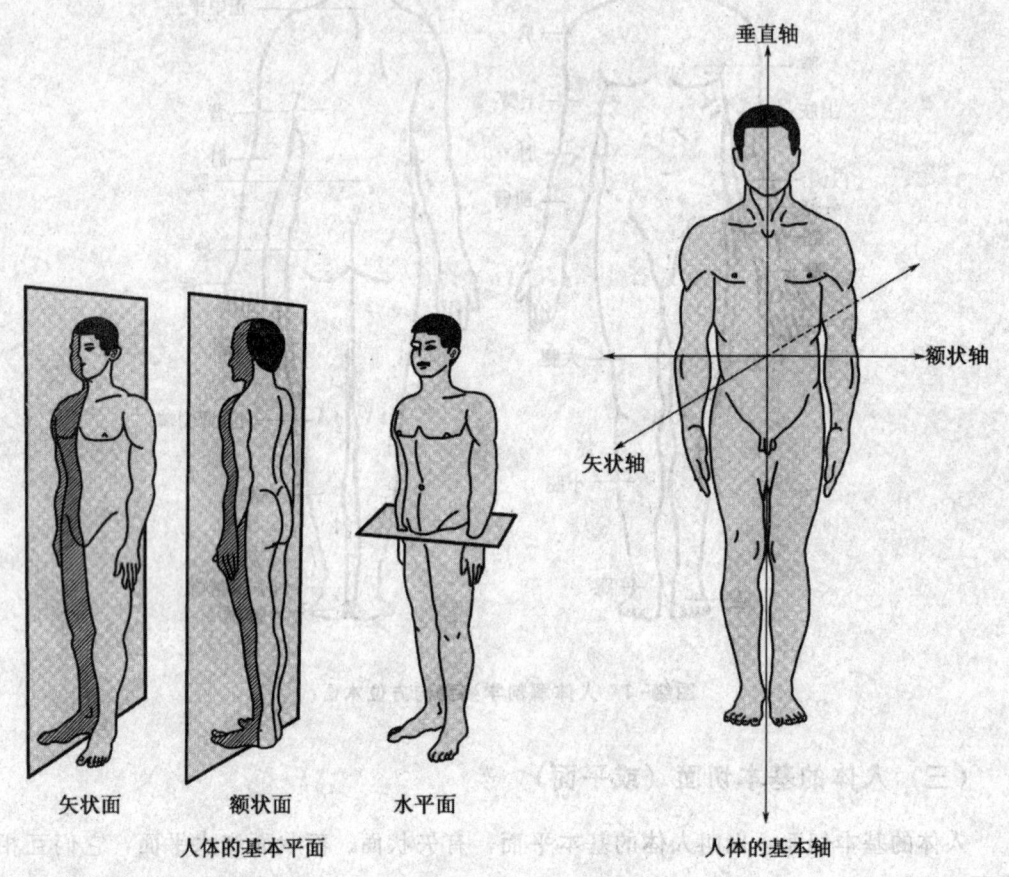

图绪-2　人体的基本平面与基本轴

人体的基本构成

- 人体的基本组成

第一章

人体的基本组成

学习要求

（1）了解和认识细胞是人体的基本结构和功能单位。
（2）掌握细胞膜、细胞质和细胞核的结构与主要功能。
（3）了解线粒体和中心体的主要功能。
（4）了解细胞间质的概念和重要性。
（5）了解组织的概念、分类、分布与功能。
（6）掌握上皮组织的主要特点、分类、分布与功能。
（7）掌握结缔组织的主要特点、分类、分布。
（8）了解肌组织的分类、分布与功能。
（9）了解神经组织中的神经元的构造、分类。
（10）了解神经胶质细胞的特点与功能。

知识点与应用

细胞是组成人体的基本结构与功能单位。一般来说细胞由细胞膜、细胞质和细胞核组成。细胞间质来自细胞，是存在于细胞之间的生命物质，但没有固定形态。

凡是起源相同、形态结构相似的细胞和细胞间质组成的结构，称为组织。人体的基本组织共分为四大类：上皮组织、结缔组织、肌组织和神经组织等。由某一种组织为主的多种组织组成，具有一定形态和功能的结构，称为器官，如心、肝、骨、肌肉等都是器官。许多功能相关的器官串连起来，共同完成某方面有规律生理活动的结构体系，称为系统。人体由九大系统组成整体。

组成细胞的细胞膜，由双层类脂质和蛋白质组成，很薄且通透性很好，是细胞进行物质交换的场所，但它有选择性，为半透膜。膜的蛋白质含量与种类与膜的功能复杂性密切相关。人体内多数细胞膜的蛋白质与脂类含量相同（各占一半），但线粒体内膜中蛋白质占75%，而神经髓鞘膜内脂类占75%。目前，生物膜研究已成为生命科学、体育科学、药物学领域的亮点，备受专家学者关注。

线粒体是一种重要的细胞器，它在生长发育、衰老、疾病、死亡、生物进化和运动能力方面具有重要的作用。如在生理功能强的肌细胞和脊髓前角细胞中线粒体分布较多，耐力训练可以引起线粒体增多、体积增大，过度训练可引起线粒体变性（固缩、肿胀、崩解等）。由于线粒体是一种敏感的细胞器，所以在细胞内、外环境改变时，线粒体比其他细胞器反应早、变化快。在体育科研中，线粒体变化是一项重要指标。

20世纪70年代DNA克隆技术和转基因技术的发明，使人类在分子水平对生物进行操作，直接涉足生命的微观境地。90年代由美、英、日、法、德、中六国共同完成的"人类基因组"计划，与"曼哈顿"的原子弹计划、"阿波罗"登月计划一样，被称为自然科学史上的伟大"三计划"。"人类基因组"计划的核心，就是测定人类基因组的全部DNA序列，包括"遗传图""物理图"和"序列图"。人类基因组是人类遗传物质DNA的总和，由大约30亿碱基配对组成，分布在23对染色体中。这是一件盛事，对生命科学、医学和体育科学的发展，产生了巨大的影响。

肥胖是指体内脂肪组织的增多，可能与遗传和内分泌有关，但不少人是因吃多动少。肥胖容易引发糖尿病和心血管疾病，因此肥胖者的饮食应有所控制，另一方面应经常运动。在运动中应该多做一些拉伸练习，如压腿、压肩、扩胸、体前屈等运动，使肌腱和韧带中的胶原纤维尽可能拉长，从而增大关节的运动幅度，可以避免运动中肌腱、韧带的拉伤。

经常参加运动的人，肌肉发达有力，主要是肌肉中肌纤维增粗、质量提高的缘故。肌肉中含有红肌纤维和白肌纤维。经常从事力量、速度练习者的白肌比例大，而从事耐力运动的人红肌比例大。有人研究发现，用最大力量的1/4练习，主要是红肌纤维参加工作，而且红肌纤维增粗；若用最大力量的1/4～1/2练习，则白肌纤维参加工作多；若用最大力量的1/2以上进行练习，则主要是白肌参加工作，且白肌纤维增粗。因此有人提出，用负荷小、动作慢、重复次数多的训练发展红肌力量（耐力性项目）；用大重量、动作快、重复次数少的训练发展白肌力量。

神经元中的尼氏体有合成蛋白质的作用。在动物实验中发现，运动训练对尼氏体有影响。豚鼠经过大运动量训练后，由于消耗了大量蛋白质，其脊髓前角细胞运动神经元的尼氏体减少、缩小，但经过72小时后，尼氏体又得到了恢复。而未经训练的鼠，则没有恢复。

第一节 细胞与细胞间质

一、细胞

细胞是人体的基本形态结构单位，也是进行生命活动的功能单位。

（一）细胞的形态

不同的组织和器官其所组成的细胞大小不等，形态各异。人体内的细胞一般都得借助显微镜才能看到，最小的细胞直径只有4微米，如小脑内的颗粒细胞。最大的细胞是卵细胞，直径可达200微米。最长的细胞为神经细胞，长可达1米。细胞的形态各式各样，有正方形、长方形、菱形、圆形、椭圆形和多突形等。

（二）细胞的结构

细胞一般都具有细胞膜、细胞质和细胞核三部分。

1. 细胞膜

细胞膜是细胞表面的一层薄膜，又称质膜。它的形状、大小和生理功能虽然各有差异，但在结构上却大体相同。

（1）细胞膜的构造：在电镜下，细胞膜是一层极薄的半透膜，可以分为内、中、外三层。内外两层的密度较大，较深暗。中层密度较小，较明亮。一般把这种结构称为单位膜。除细胞膜是这样的结构外，细胞内的各种细胞器和细胞核表面的膜也是由这样的单位膜构成。

（2）细胞膜的功能：①保持细胞的完整性，为细胞的生命活动提供相对稳定的内环境。②具有控制和调节细胞的代谢和生理功能作用。③具有选择性的通透性，实现细胞内外的物质交换。④具有黏着、支持和保护的作用。⑤还参与细胞的吞噬作用。

2. 细胞质

细胞质是位于细胞膜和细胞核之间的原生质，包括基质、细胞器和包含物三个部分。

（1）基质是呈半透明的液态胶状物质，是细胞质的基本成分，主要含有糖、蛋白质和无机盐等。细胞器和包含物悬浮其中。

（2）细胞器是具有一定的形态、在细胞生理活动中起重要作用的结构。如线粒体、内质网、高尔基体、溶酶体等（图1-1）。

①线粒体：人体内除成熟的红细胞外，其余各种细胞都有线粒体，一般细胞内有数十至数千个。在电镜下观察，线粒体为双层单位膜构成的椭圆形小体，外膜平滑，内膜向线粒体内折叠成许多嵴，嵴与嵴之间的腔内充满了基质，内含RNA（核糖核酸）和DNA（脱氧核糖核酸）。线粒体内含有很多酶系，是细胞内氧化磷酸化和形成ATP的主要场所，因此线粒体是细胞的供能站。

②内质网：内质网是分布在细胞质中的膜管状结构。它由互相通连的扁平囊状、管状或泡状结构构成。根据其表面是否附着有核蛋白体，可分为以下两种。

粗面内质网：其表面有核蛋白体附着，故表面显得粗糙。粗面内质网参与蛋白质的合成和运输。

滑面内质网：其表面没有核蛋白体附着，故表面显得光滑。它的功能比较复杂，主要与脂类、脂蛋白、糖原、激素等的合成和分泌有关。

③高尔基（复合）体：又称为内网器，位于细胞核附近，由许多扁平囊、大泡和小泡三部分组成的网状囊泡结构，并与粗面内质网相通。它主要参与细胞内物质的储存、聚集和转运，如将粗面内质网所合成的蛋白质进行加工、浓缩、储存和转运到细胞外。

④溶酶体：溶酶体为一层单位膜包围形成的囊状结构小体。内含几十种水解酶，可分解蛋白质、脂类、核酸等物质。溶酶体是细胞内重要的消化器官，对细胞吞噬的异物

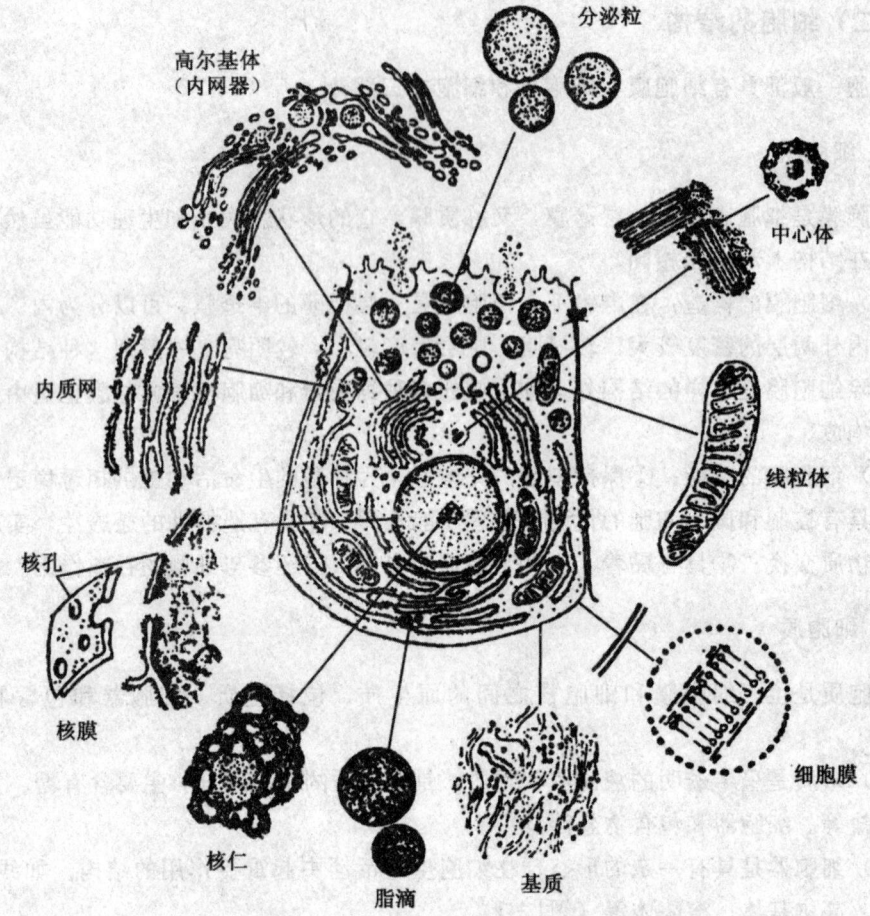

图 1-1 细胞结构电镜下模拟图

进行消化分解，称为异溶作用；对细胞本身已经损伤或衰老的细胞器进行分解，称为自溶作用，使细胞结构不断更新，以维持细胞的正常生理功能。

⑤中心体：位于细胞核附近，由两个中心粒组成。中心粒由两组相互垂直的微管组成。中心体有复制能力，参与细胞分裂活动。当细胞进入分裂期时，已复制的中心体彼此分离，并借助于纺锤体和染色体向细胞两极移动。

⑥微丝和微管：微丝是广泛分布于细胞质内的一种细丝状物质，由肌动蛋白构成。它主要与细胞的运动、支持、吞噬、分泌、排泄和信息的传递有关。

（3）包含物又称内含物，是细胞代谢过程中的产物，没有活性。有的是暂时贮存的营养物质，如脂滴和糖原等，有的是需要排泄的物质，如色素等。

3. 细胞核

人体除了成熟的红细胞外均有细胞核，多呈圆形或卵圆形，通常只有一个，位于细胞中央，但也有双核和多核的，如有的心肌细胞有两个核，骨骼肌细胞可多达 100 个以上。细胞核的主要功能是储存遗传信息，蛋白质合成，控制细胞的代谢、生长和分化等。尽管细胞核的形状有多种多样，但是它的基本结构却大致相同，主要都是由核膜、核液、核仁和染色质（细胞在分裂期变成染色体）组成。

（1）核膜：核膜由两层单位膜构成，把细胞核与细胞质隔开，使细胞核成为细胞中一个相对独立的体系，使核内形成一个相对稳定的环境。核膜的表面有孔，有利于细胞核和细胞质之间的物质交换。

（2）核液：是核内没有明显结构的胶状基质，又称为核质，其中悬浮着核仁和染色质。

（3）核仁：核仁是细胞核中圆形或椭圆形的颗粒状结构，没有外膜，其形状、大小、数目依生物种类、细胞形成和生理状态而异。核仁的主要功能是进行核蛋白体的合成。核蛋白体通过核孔进入细胞质中，参与蛋白质的合成。

（4）染色质和染色体：染色质和染色体在化学成分上并没有什么不同，只是分别处于不同时期中的两种不同的形态。染色质主要是由 DNA、组蛋白和非组蛋白及少量 RNA 组成的线形复合结构，是遗传物质的存在形式，易被碱性染料染色，故称为染色质。当细胞处于分裂期时，染色质中 DNA、组蛋白和非组蛋白的双链结构经高度螺旋、折叠成短粗的、便于分离的、有长臂的、易于染色的结构，即染色体。人体的细胞中，在有丝分裂时染色体的数目是 46 条，即 23 对。人的成熟性细胞（男子的精子，女子的卵子）中染色体只有 23 条。

二、细胞间质

细胞间质是由细胞产生的不具有细胞形态和结构的生命物质，存在于细胞与细胞之间。

细胞间质主要由纤维和基质两种成分构成。纤维主要由蛋白质构成，可分为胶原纤维、网状纤维和弹性纤维三种。基质一般为均匀的透明胶状液体，如血液和组织液的基质；有的为半固体，如软骨组织的基质；有的为固体，如骨组织的基质。

细胞间质参与构成细胞生存的微环境，是细胞所生活的外环境，对细胞起着支持、保护、联络和营养等作用。

第二节　基本组织

组织是构成人体各种器官的基本成分，它是人体胚胎发育的早期由许多形态结构相似、功能接近的细胞群、细胞间质按一定的方式结合在一起所形成的结构。通常将人体的基本组织分为四类：上皮组织、结缔组织、肌组织和神经组织。

一、上皮组织

上皮组织由密集的细胞和少量的细胞间质构成，细胞的形状较规则，主要分布于人体外表面和人体内中空性器官的内表面以及内脏器官的表面。

(一) 上皮组织的特点

上皮组织的细胞多结合紧密, 细胞间质少, 具有保护、吸收、分泌、排泄和感觉等功能。

(二) 上皮组织的分类

上皮组织可根据其分布、形态结构和功能的不同, 分为被覆上皮、腺上皮和感觉上皮三类。

1. 被覆上皮

被覆上皮呈膜状, 主要分布在身体表面、体腔和中空性器官的内表面, 具有保护、吸收、分泌和排泄等功能, 可以防止外物损伤和病菌侵入。通常所说的上皮即指被覆上皮而言。根据上皮细胞的层数和浅层细胞的形状不同, 可将此类上皮分成单层上皮和复层上皮, 见表1。

表1 被覆上皮的分类和主要分布

分 类		分 布
单层上皮	单层扁平上皮	心、血管、淋巴管腔内, 胸膜、腹膜、心包膜、关节腔的表面, 肺泡壁、肾小囊壁等
	单层立方上皮	肾小管管壁、甲状腺等
	单层柱状上皮	胃肠道的黏膜上皮, 子宫内腔腔面等
	假复层柱状纤毛上皮	呼吸管道的腔面等
复层上皮	复层扁平上皮	皮肤的表面 (含角化层、指甲、毛发) 口腔、食管、阴道等腔面
	复层柱状上皮	眼睑结膜、男性尿道的腔面等
	变移上皮	肾盏、肾盂、输尿管、膀胱的腔面

单层上皮包括单层扁平上皮、单层立方上皮、单层柱状上皮、假复层柱状纤毛上皮; 复层上皮包括复层扁平上皮、复层柱状上皮和变移上皮。

(1) 单层扁平上皮: 单层扁平上皮由一层扁平细胞组成, 细胞为不规则形或多边形 (图1-2)。分布于心脏、血管和淋巴管腔内面的单层扁平上皮称内皮, 内皮薄而表面光滑, 有利于血液和淋巴的流动以及细胞内外物质的交换。分布于胸膜、腹膜和心包膜表面的单层扁平上皮称间皮, 间皮也很薄, 表面湿润光滑, 利于内脏的活动。单层扁平上皮也分布于肾小囊壁层及肺泡壁等处。

(2) 单层立方上皮: 单层立方上皮由一层立方形细胞组成 (图1-3)。从上皮表面看, 每个细胞呈六角形或多角形; 由上皮的垂直切面看, 细胞呈立方形。细胞核为圆形, 位于细胞中央。多分布在肾小管和甲状腺等处, 具有吸收和分泌等功能。

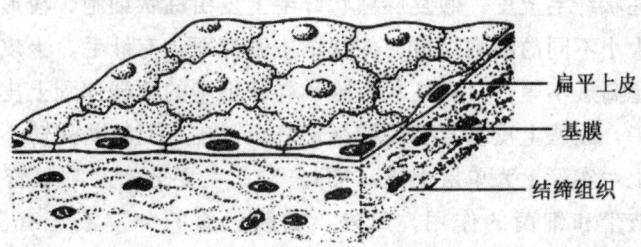

图1-2 单层扁平上皮模拟图

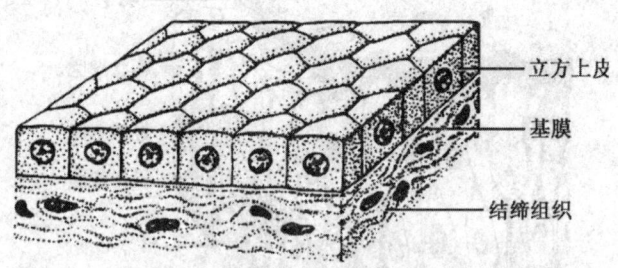

图1-3 单层立方上皮模拟图

(3) 单层柱状上皮：单层柱状上皮由一层柱状细胞组成。从表面看，细胞呈六角形或多角形；由上皮垂直切面看，细胞呈柱状（图1-4），细胞核为长圆形，多位于细胞近基底部。主要分布在胃肠道和子宫等器官的内表面，具有吸收和分泌等功能。在单层柱状上皮细胞间有许多散在的杯状细胞。杯状细胞形似高脚酒杯，细胞顶部膨大，充满黏液性分泌颗粒，基底部较细窄。胞核位于基底部，常为较小的三角形或扁圆形，染色质浓密，着色较深。杯状细胞是一种腺细胞，可分泌黏液，具有滑润和保护上皮的作用。

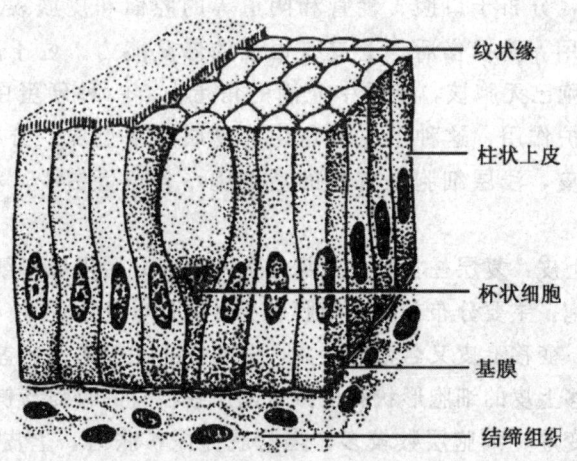

图1-4 单层柱状上皮模拟图

(4) 假复层柱状纤毛上皮：假复层柱状纤毛上皮由柱状细胞、梭形细胞和锥体形细胞等几种形状、大小不同的细胞组成。柱状细胞游离面具有纤毛。上皮中也常有杯状细胞。由于几种细胞高矮不等，只有柱状细胞和杯状细胞的顶端伸到上皮游离面，细胞核的位置也深浅不一，故从上皮垂直切面看很像复层上皮。但这些高矮不等的细胞基底端都附在同一基膜上，实际上为单层上皮（图1-5）。主要分布在呼吸管道的腔面，具有分泌黏液、清除灰尘和细菌的作用。此外，黏膜表面的分泌液还有湿润干燥空气的作用。

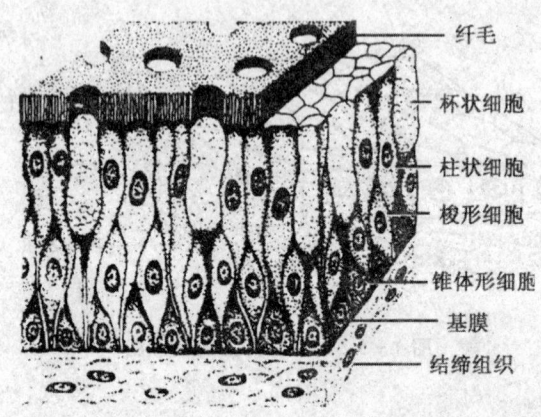

图1-5 假复层柱状纤毛上皮模拟图

(5) 复层扁平上皮：复层扁平上皮由多层扁平细胞组成，是最厚的一种上皮（图1-6）。由上皮的垂直切面看，细胞的形状和厚薄不一。紧靠基膜的一层细胞为立方形或矮柱状，此层以上是数层多边形细胞，再上为梭形细胞，浅层为几层扁平细胞。最表层的扁平细胞已经退化，并不断脱落。基底层的细胞较幼稚，具有旺盛的分裂能力，新生的细胞渐向浅层移动，以补充表层脱落的细胞。复层扁平上皮具有很强的机械性保护作用，分布于口腔、食管和阴道等的腔面和皮肤表面，具有耐摩擦和阻止异物侵入等作用。受损伤后，上皮有很强的修复能力。位于皮肤表面的复层扁平上皮，其浅层细胞已无胞核，胞质中充满的角蛋白（一种硬蛋白），是干硬的死细胞，具有更强的保护作用，这种上皮称角化的复层扁平上皮。分布在口腔和食管等腔面的复层扁平上皮，浅层细胞是有核的活细胞，含角蛋白少，称未角化的复层扁平上皮。

(6) 复层柱状上皮：复层柱状上皮的深层为一层或几层多边形细胞，浅层为一层排列较整齐的柱状细胞。主要分布在眼睑结膜和男性尿道等处。

(7) 变移上皮：变移上皮又名移行上皮，分布在排尿管道（肾盏、肾盂、输尿管和膀胱）的腔面。变移上皮的细胞形状和层数可随所在器官的收缩与扩张而发生变化。如膀胱缩小时，上皮变厚，细胞层数较多，当膀胱充尿扩张时，上皮变薄，细胞层数减少，细胞形状也变扁（图1-7）。

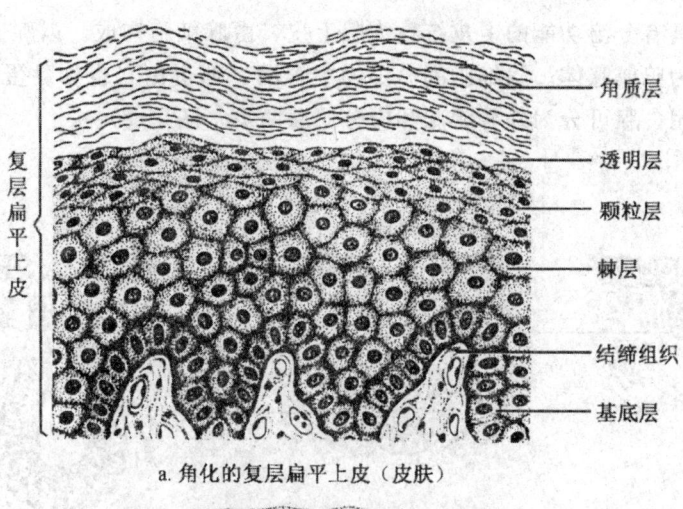

a. 角化的复层扁平上皮（皮肤）

b. 未角化的复层扁平上皮（食管）

图1-6 复层扁平上皮模拟图

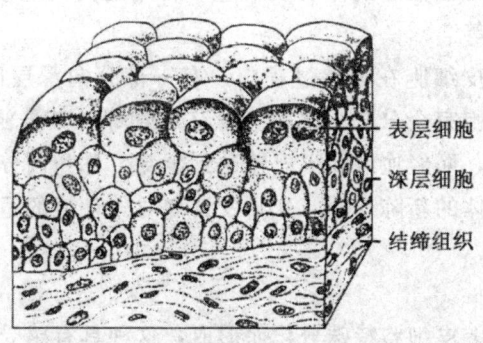

图1-7 变移上皮模拟图（膀胱）

2. 腺上皮

在人体内具有分泌功能的上皮统称为腺上皮，由腺细胞构成。以腺上皮为主要成分组成的器官称为腺或腺体。腺细胞的分泌物中含酶、糖蛋白（也称黏蛋白）或激素等，各有特定的作用。腺可分为外分泌腺和内分泌腺两类（图1-8）。

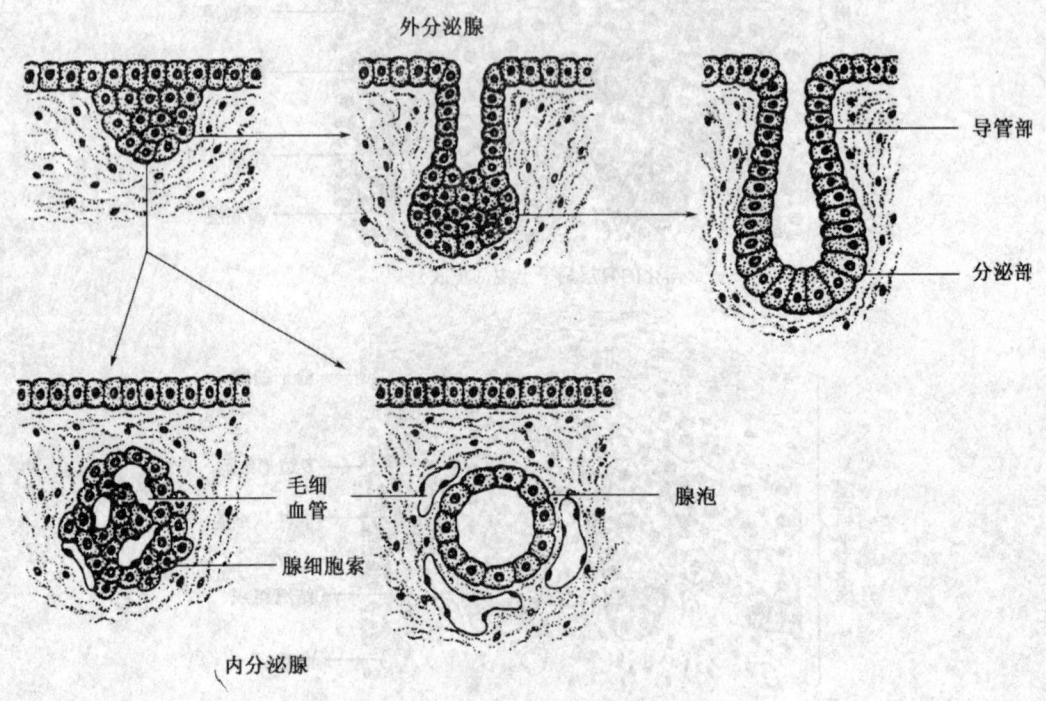

图1-8 外分泌腺和内分泌腺发生的模拟图

（1）外分泌腺：主要由具有分泌功能的腺细胞构成，可分为分泌部和导管部两部分。分泌物都需经过导管被输送到体表或某些器官的腔内，所以这种腺又称为有腺管，如唾液腺、汗腺和胰腺等。

（2）内分泌腺：上皮细胞在分化过程中，有一部分向深层凹陷形成独立的细胞团块，并与原来的上皮细胞完全分开。这种腺没有导管部，其分泌物的化学物质是激素，且分泌物不经导管排出，而经血液和淋巴输送到全身，称为内分泌腺，如甲状腺、肾上腺等。主要参与调节人体的新陈代谢、生长发育和对外环境的适应性。

3. 感觉上皮

感觉上皮是由某些上皮细胞特殊分化而形成，这种具有感受功能的上皮称为感觉上皮。主要分布在特殊的感觉器官内，如视上皮、听上皮、味上皮和嗅上皮等。

二、结缔组织

(一) 结缔组织的主要特点

结缔组织由少量的细胞和大量的细胞间质构成,结缔组织的细胞间质包括基质、细丝状的纤维和不断循环更新的组织液,具有重要的功能意义。结缔组织在体内广泛分布,形态多样,有的呈液态状,如血液和淋巴,有的呈半固体状或固体状,如纤维结缔组织、软骨组织和骨组织等。具有连接、支持、防御、修复、营养、保护和运输等功能。

(二) 结缔组织的分类

根据结缔组织的结构和功能的不同,可将其分为:纤维性结缔组织、支持性结缔组织和营养性结缔组织三类。

1. 纤维性结缔组织

通常所说的结缔组织仅指纤维性结缔组织而言,包括疏松结缔组织、致密结缔组织、脂肪组织和网状组织。

(1) 疏松结缔组织:疏松结缔组织由于结构疏松,呈蜂窝状,所以又称为蜂窝组织(图1-9)。结构特点是细胞种类较多,纤维较少,排列稀疏。分布于皮下组织(浅筋膜)、筋膜间隙、器官之间和血管神经束的周围。主要具有连接、支持、防御、营养和

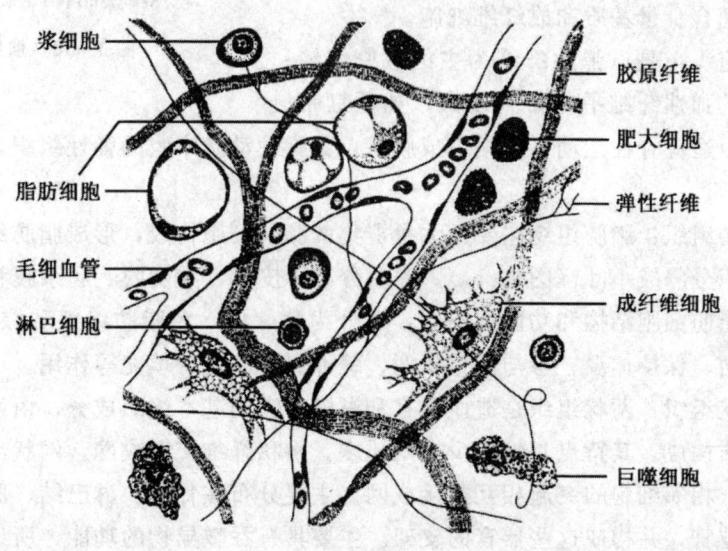

图1-9 疏松结缔组织切片

创伤修复等功能。

①细胞：疏松结缔组织的细胞种类较多，其中包括成纤维细胞、巨噬细胞、浆细胞和肥大细胞等。各类细胞的数量和分布随着疏松结缔组织存在的部位和功能状态而不同。成纤维细胞具有合成纤维和基质等功能，巨噬细胞和浆细胞主要有防御和保护等功能。

②细胞间质：细胞间质包括基质和纤维。基质是一种由生物大分子构成的胶状物质，具有一定的黏性。主要由蛋白质和黏多糖构成，可限制细菌、毒素的侵入和扩散。在细胞间质中含有从毛细血管动脉端渗入基质内的液体，称为组织液。它是细胞、组织和血液进行物质交换的场所。如组织液循环障碍，可形成水肿。纤维主要由成纤维细胞产生，呈细丝状，排列疏松，交织成网，可分为胶原纤维、弹性纤维和网状纤维三种。主要形成一些器官的支架，起支持作用。

（2）致密结缔组织：致密结缔组织也是由细胞和细胞间质组成的纤维性结缔组织，其特点是纤维粗大，排列致密，细胞主要是成纤维细胞，纤维主要是胶原纤维为主。主要以支持和连接为其功能。根据纤维的性质和排列方式，可分为以下几种类型。

①规则的致密结缔组织：主要构成肌腱（图1-10）和腱膜。大量密集的胶原纤维顺着受力的方向平行排列成束，基质和细胞很少，位于纤维之间。

②不规则的致密结缔组织：分布于真皮、硬脑膜、巩膜及许多器官的被膜等，特点是方向不一的粗大的胶原纤维彼此交织成致密的板层结构，纤维之间含少量基质和成纤维细胞。

③弹性组织：是以弹性纤维为主的致密结缔组织。粗大的弹性纤维平行排列成束，如项韧带

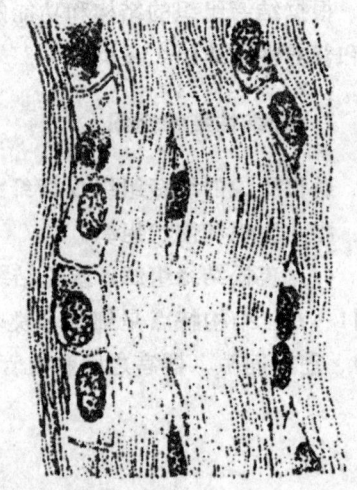

图1-10 肌腱

和黄韧带，以适应脊柱运动；或编织成膜状，如弹性动脉中膜的弹性组织，以缓冲血流压力。

（3）脂肪组织：脂肪组织主要由大量群集的脂肪细胞构成，形成脂肪细胞团，并被疏松结缔组织分隔成小叶（图1-11）。主要分布于皮下、大网膜、肠系膜和一些器官的周围。根据脂肪细胞结构和功能的不同，可分为黄（白）色脂肪组织和棕色脂肪组织。具有贮存脂肪、保持体温、参与能量代谢、缓冲保护和支持填充等作用。

（4）网状组织：网状组织是造血器官和淋巴器官的基本组织成分，由网状细胞、网状纤维和基质构成。其特点是细胞少、间质多，网状纤维交织成网。网状细胞是有突起的星状细胞，相邻细胞的突起相互连接成网。主要分布在骨髓、淋巴结、肝、脾等造血器官和淋巴器官，并构成这些器官的支架。主要具有吞噬异物的功能，所以它是人体内防御系统中的一个重要组成部分。

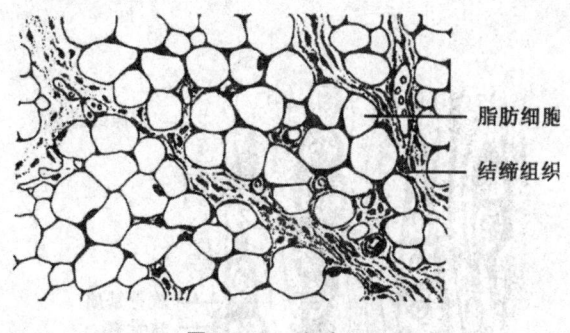

图1-11 脂肪组织

2. 支持性结缔组织

支持性结缔组织包括软骨组织和骨组织。

（1）软骨组织：软骨由软骨组织及其周围的软骨膜构成，软骨组织由软骨细胞、基质及纤维构成。软骨是固态的结缔组织，略有弹性，能承受压力和摩擦，有一定的支持和保护作用。胎儿早期的躯干和四肢支架主要为软骨，成人软骨仅分布于关节面、椎间盘、某些骨连接部位、呼吸道及耳廓等处。根据软骨组织内所含纤维的不同，可将软骨分为透明软骨、纤维软骨和弹性软骨三种。

①透明软骨：透明软骨的分布较广，结构也较典型，成人的关节软骨、肋软骨和呼吸道的一些软骨均属这种软骨。新鲜时呈半透明状，较脆，易折断。透明软骨间质中的纤维为胶原纤维，含量较少，基质较丰富（图1-12）。

②纤维软骨：纤维软骨分布于椎间盘、关节盘及耻骨联合等处。结构特点是有大量呈平行或交错排列的胶原纤维束，软骨细胞较小而少，常成行分布于纤维束之间（图

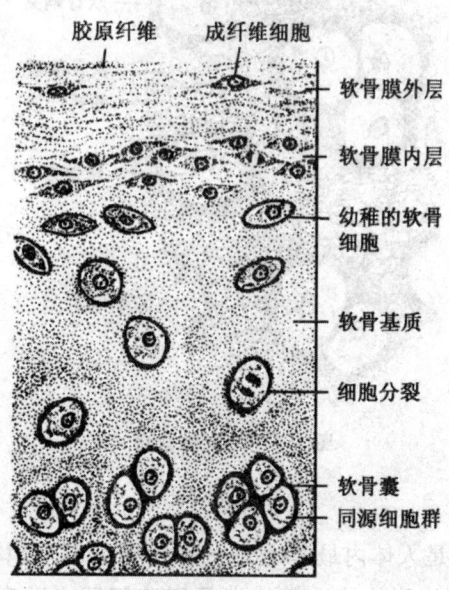

图1-12 透明软骨超微结构模式图

1-13)。

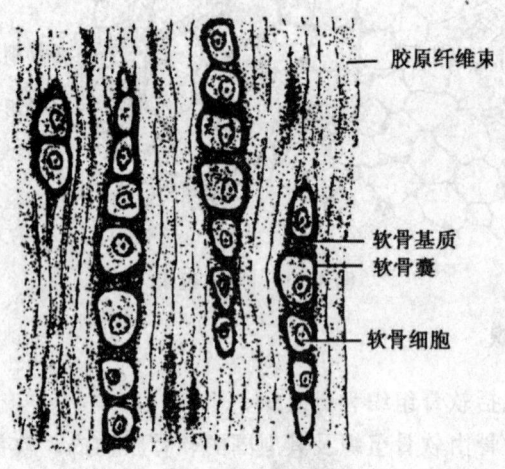

图1-13 纤维软骨

③弹性软骨：弹性软骨分布于耳廓及会厌等处。结构类似透明软骨，特点是间质中有大量交织成网的弹性纤维，纤维在软骨中部较密集，周边部较稀少（图1-14）。这种软骨具有良好的弹性。

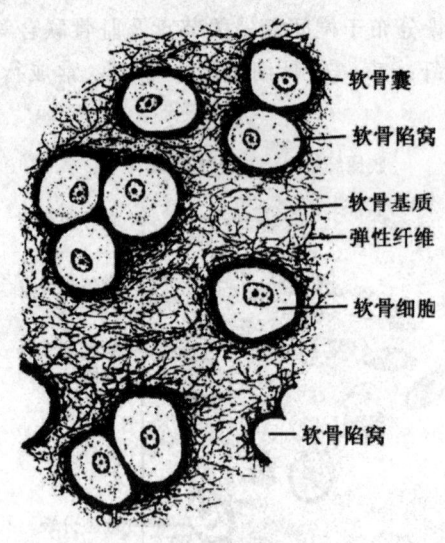

图1-14 弹性软骨

（2）骨组织：骨组织是人体内最坚硬的一种结缔组织，是构成骨的主要成分，由大量钙化的细胞间质及数种细胞构成。其特点是细胞间质内贮存着体内99%以上的钙，是机体重要的"钙库"。骨组织与钙和磷的代谢有关。钙化的细胞间质称为骨基质。骨组织的细胞有骨原细胞、成骨细胞、骨细胞及破骨细胞四种（图1-15）。

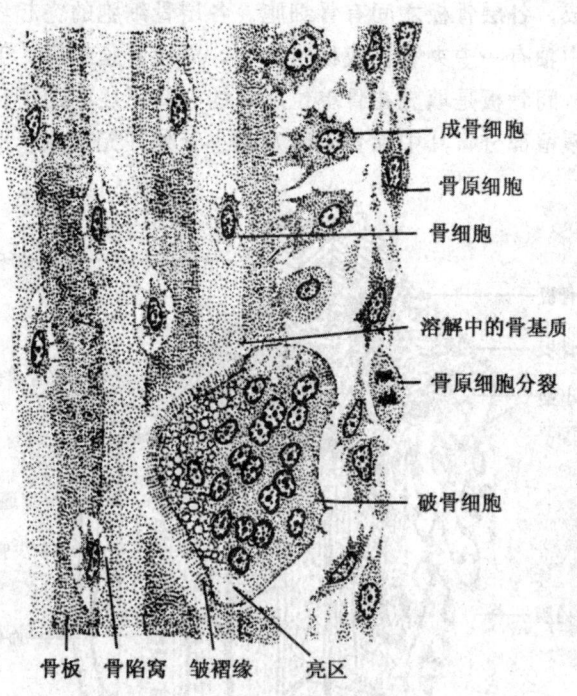

图1-15 骨组织的各种细胞

①骨组织的结构：骨组织由细胞、基质和纤维构成。

细胞按形态可分为骨细胞、骨原细胞、成骨细胞和破骨细胞四种，在不同条件下四种细胞可以相互转化。骨细胞是有许多细长突起的细胞，单个分散于骨板内或骨板间，胞体较小，呈扁椭圆形，其所在空隙称骨陷窝，突起所在的空隙称骨小管。骨小管彼此连通，骨陷窝和骨小管内含组织液，可营养骨细胞和输送代谢的产物。

骨基质即骨的细胞间质，由有机物和无机物构成，含水极少。有机物由成骨细胞分泌形成，约占成人骨干重的35%，主要成分是黏多糖和蛋白质。无机物又称骨盐，主要是含钙的盐类，约占成人骨干重的65%。有机物和无机物的紧密结合使骨十分坚硬。

纤维主要是胶原纤维，是基组织中的有机成分。每层纤维与基质结合在一起，形成骨板。成层排列的骨板犹如多层木质胶合板。同一骨板内的纤维相互平行，相邻骨板的纤维则相互垂直，这种结构形式有效地增强了骨的支持力。

②骨板的结构：根据骨板的分布和功能，可将骨板分为骨松质和骨密质。

骨松质分布于长骨的骨骺和扁骨、短骨与不规则骨的内部，是大量针状或片状骨小梁（骨板）相互交织而成的多孔隙网状结构，网孔即骨髓腔，其中充满骨髓。骨小梁由数层平行排列的骨板和骨细胞构成，其排列方向和张力方向一致。

骨密质分布于长骨骨干和扁骨、短骨与不规则骨的表层。主要由规则的骨板紧密排列而成。它的抗压、抗扭曲能力强。现以长骨的骨干为例，说明环骨板、骨单位和间骨板三种骨板的排列方式（图1-16）。环骨板分布于长骨干的外侧面及近骨髓腔的内侧面，分别称为外环骨板及内环骨板。骨单位又称哈佛系统，是长骨干起支持作用的主要结构单位，位于内、外环骨板之间，数量较多，呈筒状，由10～20层同心圆排列的骨板（哈佛骨板）围成。各层骨板之间有骨细胞。各层骨细胞的突起经骨小管穿越骨板相互连接。骨单位的中轴有一中央管，或称哈佛管，内含骨膜组织、毛细血管（有的是微动、静脉）和神经。间骨板是填充在骨单位之间的一些不规则的平行骨板，是陈旧的哈佛骨板被破坏后的残留部分，其中除骨陷窝及骨小管外，无其他管道。

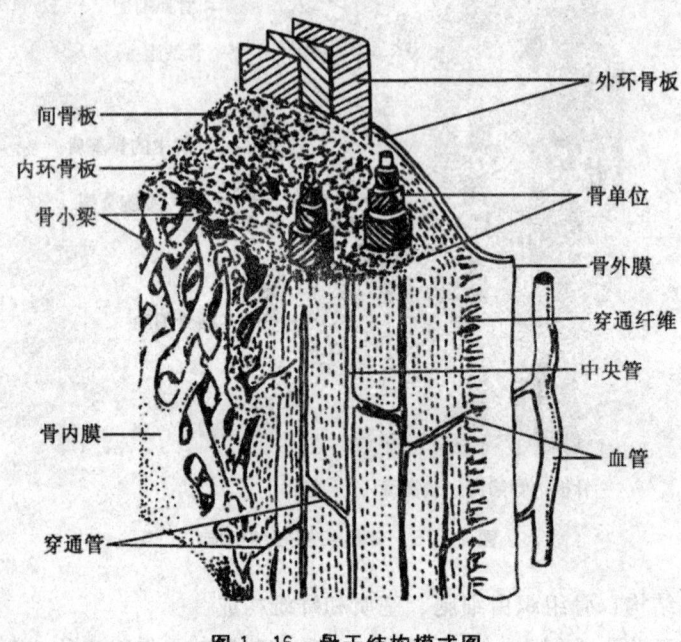

图1-16 骨干结构模式图

3. 营养性结缔组织

营养性结缔组织包括血液、淋巴液等（详见运动生理学）。

三、肌组织

肌组织广泛分布于骨骼、内脏和心血管等处。主要由肌细胞组成，肌细胞之间有少量的结缔组织以及血管和神经，肌细胞细长呈纤维状，故又称为肌纤维。肌纤维的细胞膜称肌膜，细胞质称肌浆，肌浆中有许多与细胞长轴相平行排列的肌丝，它们是肌纤维舒缩功能的主要物质基础。根据结构和功能的特点，将肌组织分为三类：骨骼肌、心肌和平滑肌。骨骼肌和心肌属于横纹肌；心肌和平滑肌受植物神经支配，为不随意肌。

人体的各种运动，如行走、跑跳、胃肠蠕动、呼吸、排泄和循环等活动，都需要依靠肌细胞的收缩和舒张来实现。

（一）骨骼肌

骨骼肌借肌腱附着在骨骼上，主要由骨骼肌纤维构成（图1-17）。骨骼肌纤维是呈长圆柱状的多核细胞。在光镜下可见明暗相间的横纹，故又称为横纹肌。它的活动受躯体神经支配，所以又称随意肌，完成人体的各种随意运动。

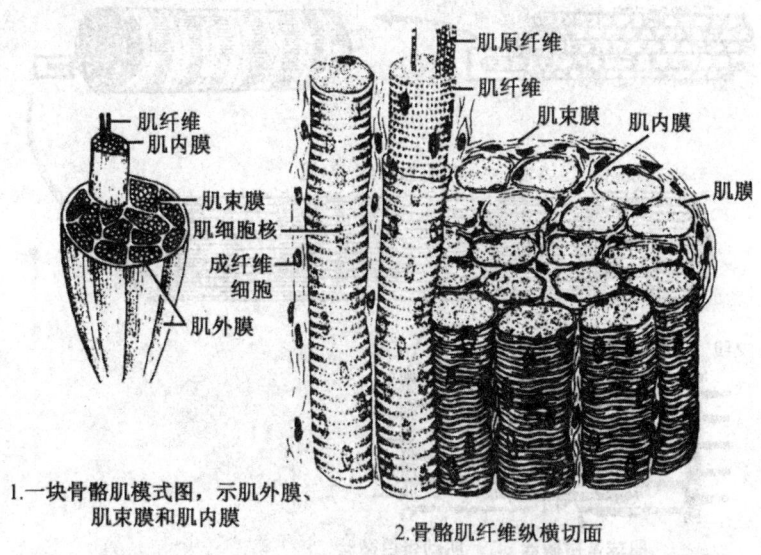

1. 一块骨骼肌模式图，示肌外膜、肌束膜和肌内膜
2. 骨骼肌纤维纵横切面

图 1-17 骨骼肌与周围结缔组织膜

1. 骨骼肌纤维的超微结构

骨骼肌纤维由肌膜、肌浆和肌细胞核三部分构成。

（1）肌膜：即肌细胞膜，分内、外两层。分布在每条肌纤维周围的少量结缔组织为肌内膜，肌内膜含有丰富的毛细血管。肌外膜以及血管和神经的分支伸入肌内，分隔和包围大小不等的肌束，形成肌束膜。

（2）肌浆：即肌细胞质。其中含有许多肌原纤维、肌浆网、肌红蛋白、线粒体、脂滴、糖原等重要物质。

①肌原纤维：是由上千条粗、细两种肌微丝有规律地平行排列组成的，明、暗带就是这两种肌微丝排布的结果。粗肌微丝位于肌节的 A 带，粗肌微丝中央借 M 线固定，两端游离。细肌微丝的一端固定在 Z 线上，另一端插入粗肌微丝之间，止于 H 带外侧。因此，I 带内只有细肌微丝，A 带中央的 H 带内只有粗肌微丝，而 H 带两侧的 A 带内既有粗肌微丝又有细肌微丝（图1-18）；所以在此处横切面上可见一条粗肌微丝周围有 6 条细肌微丝；而一条细肌微丝周围有 3 条粗肌微丝。两种肌微丝在肌节内的这种规则排列以及它们的分子结构，是肌纤维收缩功能的物质基础。

②肌浆网：是肌纤维内特化的滑面内质网，位于横小管之间，纵行包绕在每条肌原纤维周围，故又称纵小管。位于横小管两侧的肌浆网呈环行的扁囊，称终池，终池之间则是相互吻合的纵行小管网。每条横小管与其两侧的终池共同组成骨骼肌三联体（图1-19）。在横小管的肌膜和终池的肌浆网膜之间形成三联体连接，可将兴奋从肌膜传到肌浆网膜。肌浆网膜上有丰富的钙泵（一种 ATP 酶），有调节肌浆中 Ca^{2+}（钙离子）浓度的作用。

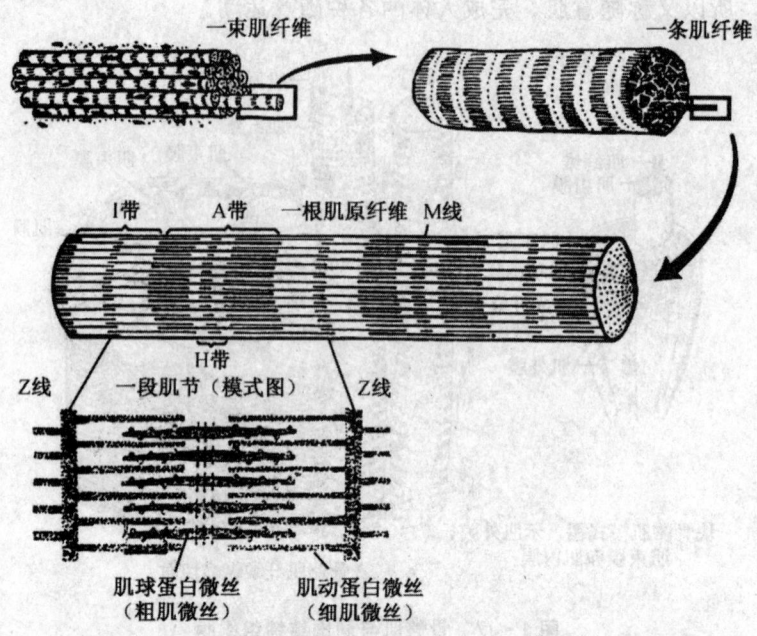

图1-18 骨骼肌肌原纤维超微结构及两种肌微丝分子结构模式图

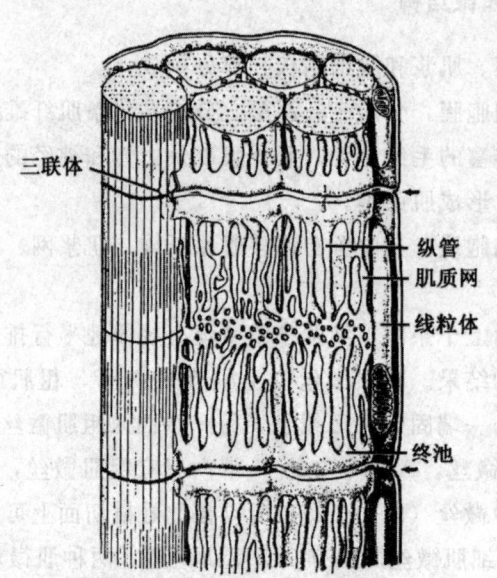

箭头所指为横小管，横小管与肌质网密切接触形成三联体（1,2,3）

图1-19 骨骼肌纤维超微结构立体模式图

2. 骨骼肌纤维的收缩原理

目前被公认的是肌微丝滑动学说。这一学说认为，当肌肉收缩或松弛时，主要是肌节中的肌微丝滑动的结果。其过程大致如下：

①运动神经末梢将神经冲动传递给肌膜；
②肌膜的兴奋经横小管迅速传向终池；
③肌浆网膜上的钙泵活动，将大量 Ca^{2+} 转运到肌浆内；
④肌原蛋白（Tn）C 与 Ca^{2+} 结合后，发生构型改变，进而使原肌球蛋白位置也随之变化；
⑤原来被掩盖的肌动蛋白位点暴露，迅即与肌球蛋白头接触；
⑥肌球蛋白头 ATP 酶被激活，分解了 ATP 并释放能量；
⑦肌球蛋白的头及杆发生屈曲转动，将肌动蛋白拉向 M 线（图1-20）；

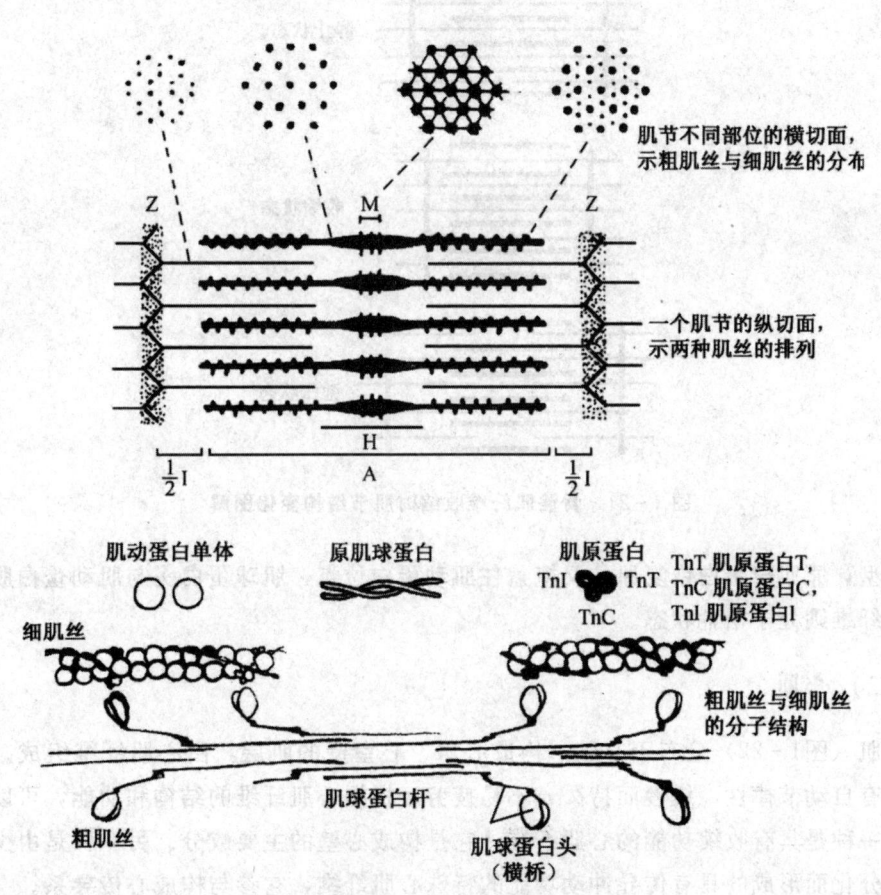

图1-20　骨骼肌纤维收缩的分子结构图解

⑧细肌微丝向 A 带内滑入，I 带变窄，A 带长度不变，但 H 带因细肌微丝的插入可消失（图1-21），由于细肌微丝在粗肌微丝之间向 M 线滑动，肌节缩短，肌纤维收缩；
⑨收缩完毕，肌浆内 Ca^{2+} 被泵入肌浆网内，肌浆内 Ca^{2+} 浓度降低，肌原蛋白恢复

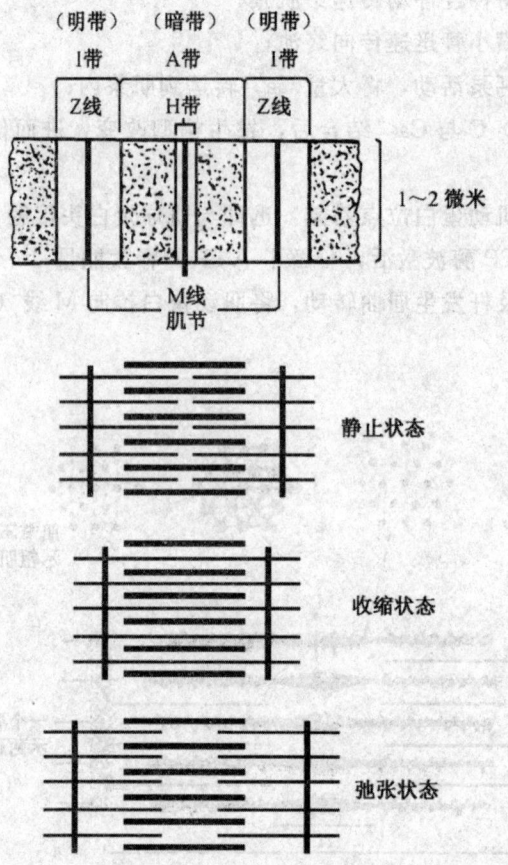

图 1-21 骨骼肌纤维收缩时肌节结构变化图解

原来构型，原肌球蛋白恢复原位又掩盖住肌动蛋白位点，肌球蛋白头与肌动蛋白脱离接触，肌纤维则处于松弛状态。

（二）心肌

心肌（图1-22）分布于心脏，构成心房、心室壁的肌层，由心肌纤维组成。心肌收缩具有自动节律性，缓慢而持久，不易疲劳。根据心肌纤维的结构和功能，可以分为两种，一种是具有收缩功能的心肌纤维，它是构成心壁的主要成分。另一种是由少数经过特殊分化而形成的具有传导冲动功能的特殊心肌纤维，它参与构成心传导系。

（三）平滑肌

平滑肌（图1-23）广泛分布于血管壁和许多内脏器官，又称内脏肌。平滑肌的收缩较为缓慢和持久。平滑肌纤维呈长梭形，无横纹，细胞核为单核，呈长椭圆形或杆状，位于中央。平滑肌纤维大小不一，一般长200微米，直径8微米；小血管壁平滑肌短至20微米，而妊娠子宫平滑肌可长达500微米。平滑肌纤维可单独存在，绝大部分是成束或成层分布。

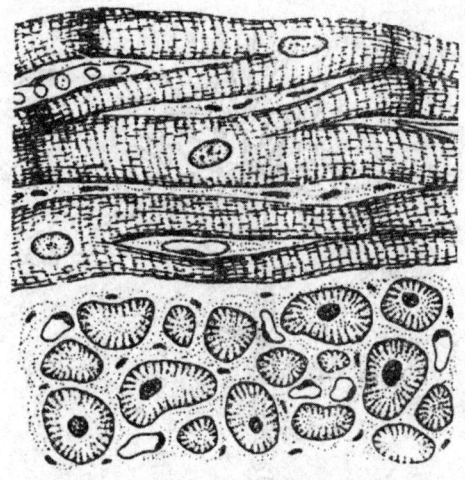

图 1-22 心肌

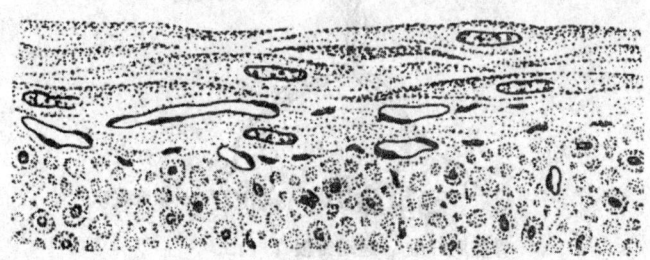

图 1-23 平滑肌

四、神经组织

神经组织构成神经系统，主要是由神经细胞和神经胶质细胞组成，它们都是有突起的细胞，但功能不同。神经元数量庞大，具有接受刺激、产生兴奋和传导兴奋（神经冲动）的作用。有些神经元还有内分泌功能。神经胶质细胞的数量比神经元多，主要的功能是对神经元起支持、保护、分隔、营养、修复等作用，两者的关系十分密切。

（一）神经细胞

1. 神经元的构造

神经细胞是神经系统的结构和功能单位，亦称神经元。神经元的形态多种多样，但每个神经元都可分为胞体和胞突两部分（图1-24）。

（1）胞体：是神经元的营养和机能中心，大小差异大，形态多种多样，但与体内其他细胞一样，都是由细胞膜、细胞质和细胞核三部分组成。

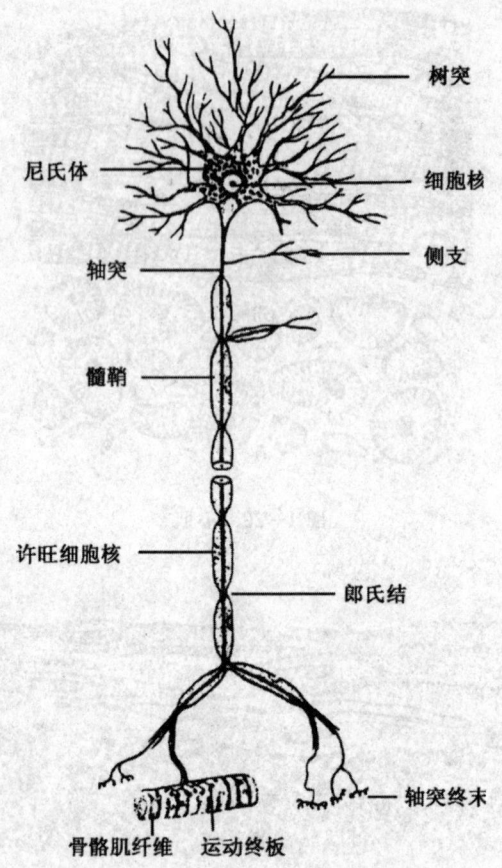

图1-24 运动神经元模式图

细胞膜：位于细胞的表面，除具有一般细胞膜的作用外，其主要生理机能特征是接受刺激、传导神经冲动和信息处理。

细胞质：除含有一般细胞器（如线粒体、中心体和高尔基复合体）外，还含有丰富的尼氏体和神经元纤维。大神经元尤其是运动神经元的尼氏体丰富而粗大，呈斑块状；小神经元的尼氏体较小而少。尼氏体大小和数量可随着生理状况的不同而发生变化。如神经细胞过度疲劳或损伤时，尼氏体变小，数量减少，甚至消失。当休息或损伤情况好转时，尼氏体又可复原。

细胞核：多为一个，大而且圆，位于细胞的中央。染色较浅，核仁大而明显，是合成核蛋白的主要结构。

（2）胞突：是由胞质连胞膜向外所形成的突起。根据胞突的形状和功能可分为树突和轴突两种。

树突：因呈树枝状而得名。树突的功能主要是接受刺激，树突上的树突棘使神经元的接受面积扩大。

轴突：轴突通常自胞体发出，但也有从主树突干的基部发出，长短不一，短者仅数微米,长者可达一米以上。轴突一般比树突细,全长直径较均一,有侧支呈直角分出。轴突的功能主要是传导神经冲动,是神经元发生冲动的起始部位。

2. 神经元的分类

(1) 根据神经元的功能可将神经元分为:感觉神经元、运动神经元和中间神经元。

①感觉神经元:或称传入神经元,多为假单极神经元,胞体主要位于脑、脊神经节内,其周围突的末梢分布在皮肤和肌肉等处,接受刺激,将刺激传向中枢。

②运动神经元:或称传出神经元,多为多极神经元,胞体主要位于脑、脊髓和植物神经节内,它把神经冲动传给肌肉或腺体,产生效应。

③中间神经元:介于前两种神经元之间,多为多极神经元。动物越进化,中间神经元越多,人神经系统中的中间神经元约占神经元总数的99%,构成中枢神经系统内的复杂网络。

(2) 根据突起的多少可将神经元分为三种:多极神经元、双极神经元和假单极神经元(图1-25)。

①多极神经元:有一个轴突和多个树突。

②双极神经元:有两个突起,一个是树突,另一个是轴突。

③假单极神经元:从胞体发出一个突起,距胞体不远又呈"T"形分为两支,一支分布到外周的其他组织的器官,称周围突;另一支进入中枢神经系统,称中枢突。假单

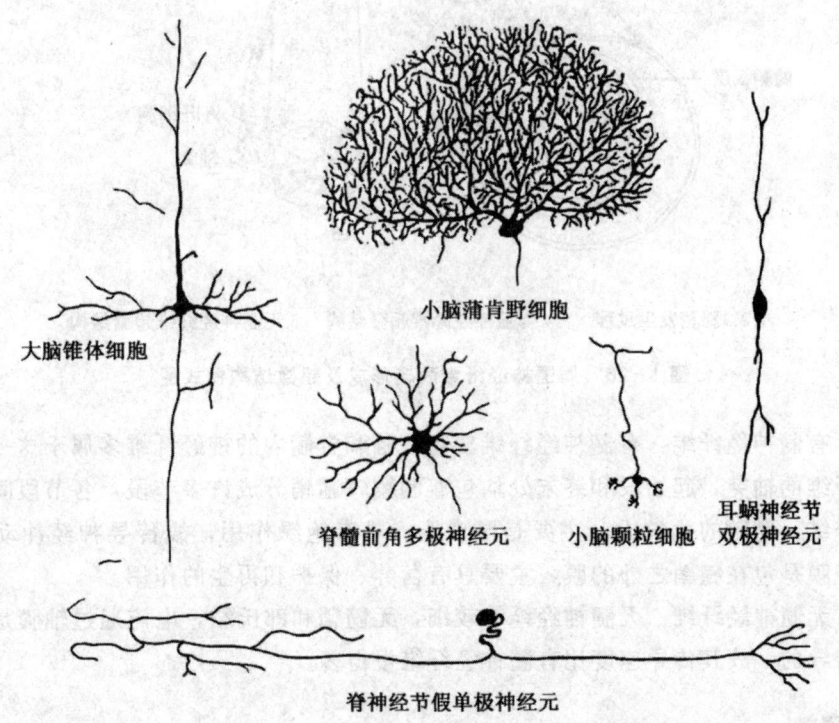

图1-25 神经元的几种主要形态类型

极神经元的这两个分支，按神经冲动的传导方向，中枢突是轴突，周围突是树突；但周围突细而长，与轴突的形态类似，故往往通称轴突。

3. 神经纤维

神经纤维是由神经元的长轴突外包神经胶质细胞所组成。根据包裹轴突的胶质细胞是否形成髓鞘，神经纤维可分为有髓神经纤维和无髓神经纤维。神经纤维主要构成中枢神经系统的白质及周围神经系统的脑神经、脊神经和植物神经（图1-26）。

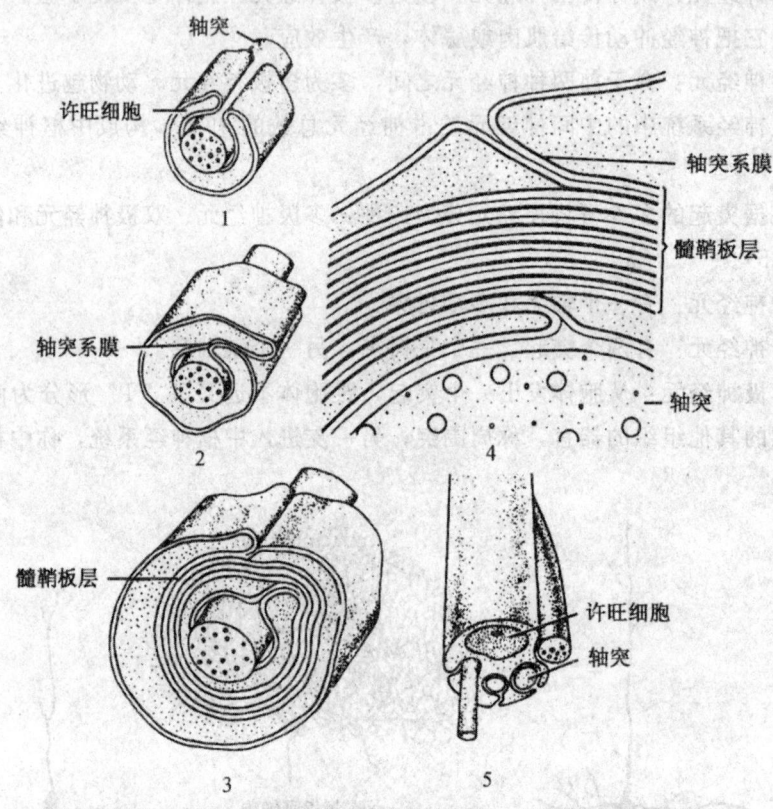

1、2、3髓鞘发生过程　4.有髓神经纤维超微结构　5.无髓神经纤维超微结构

图1-26　周围神经纤维髓鞘形成及超微结构模式图

（1）有髓神经纤维：有髓神经纤维较粗，脑和脊髓内的神经纤维多属于这一种。有髓神经纤维的轴突，起始段和终末处均包有髓鞘，髓鞘分成许多节段，各节段间的缩窄部称郎氏结。髓鞘的化学成分主要是髓磷脂，具有绝缘作用，故传导神经冲动的速度快。神经膜是包在髓鞘之外的膜，主要具有营养、保护和再生的作用。

（2）无髓神经纤维：无髓神经纤维较细，无髓鞘和郎氏结，电流通过轴膜是沿着轴突连续传导的，故其传导速度比有髓神经纤维慢得多。

4. 突触

突触是神经元传递信息的重要结构，它是神经元与神经元之间，或神经元与非神经细胞之间的一种特化的细胞连接,通过它的传递作用实现细胞与细胞之间的单向通讯。在神经元之间的连接中,最常见的是一个神经元的轴突终末与另一个神经元的树突、树突棘或胞体连接,构成了轴—树和轴—体突触。此外还有轴—轴和树—树突触等。突触可分为化学突触和电突触两大类。化学突触是以化学物质(神经递质)作为传递的媒介,电突触是以电流(电讯号)传递信息。哺乳动物神经系统以化学突触占大多数,通常所说的突触是指化学突触而言。

突触的结构可分突触前成分、突触间隙和突触后成分三部分。突触前、后成分彼此相对的细胞膜分别称为突触前膜和突触后膜,两者之间的狭窄间隙为突触间隙(图1-27)。

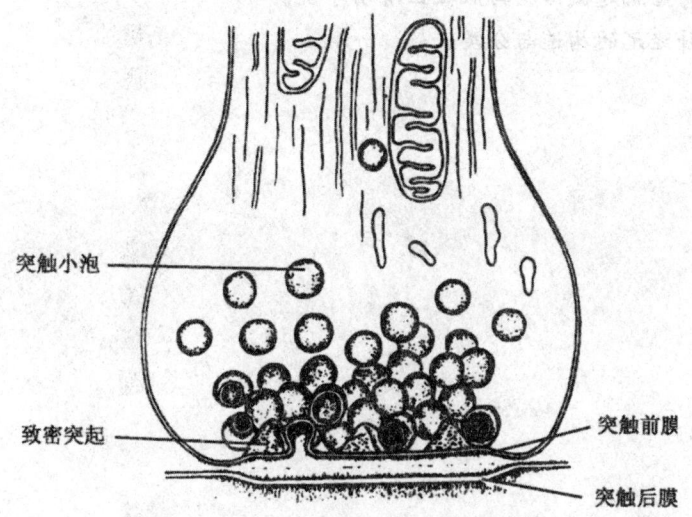

图1-27 化学突触超微结构模式图

(二)神经胶质细胞

神经胶质细胞简称神经胶质,广泛分布于中枢和周围神经系统,其数量比神经元的数量大得多,神经胶质与神经元数目之比为10:1~50:1。神经胶质与神经元一样具有突起,但其胞突不分树突和轴突,没有传导神经冲动的功能。它的形态结构和功能都与神经元不同,主要具有支持、保护、营养、运输、绝缘和修复等功能。

附一 器官的概念

由一种组织为主,几种不同的组织结合在一起构成具有一定功能的形态结构,称为器官,如心、肝、脾和胃等。

附二 系统的概念

由结构和功能上密切相关的许多器官相结合,共同执行某种特定的生理功能,称为系统。如运动、消化、呼吸、泌尿、脉管、神经、生殖、内分泌和感觉器九大系统。

复习与思考

(1) 细胞由哪几部分组成？
(2) 简述细胞膜的构成、特性与功能。
(3) 什么是细胞器？举1～2例说明其功能。
(4) 简述细胞核的组成与功能。
(5) 什么是细胞间质？
(6) 试述上皮组织的主要特点、分类与分布。
(7) 试述结缔组织的主要特点、分类与分布。
(8) 阐述骨骼肌超微结构与肌微丝滑动学说。
(9) 阐述神经元的构造与分类。

人体运动的执行体系

- 骨与骨连结
- 骨骼肌
- 体育动作解剖学分析

第二章

骨与骨连结

学习要求

(1) 了解正常人骨的形状与数目。
(2) 掌握新鲜骨的构造。
(3) 弄清骨的物理特性与化学成分。
(4) 明确骨化、骨的生长与骨龄。
(5) 了解骨的功能。
(6) 了解全身骨是怎样连结起来的（骨连结分类）。
(7) 掌握关节的主要构造和辅助结构。
(8) 熟练掌握关节的运动。
(9) 熟悉关节的分类。
(10) 了解关节的运动幅度及其影响因素。
(11) 重点掌握肩胛骨、肱骨、尺骨、桡骨、髋骨、股骨、胫骨、腓骨和一块椎骨。
(12) 重点掌握肩关节、肘关节、腕关节、髋关节、膝关节、踝关节和脊柱的组成、特点与运动。

知识点与应用

骨与骨连结（关节）是人体运动执行体系（即运动系统）的重要组成部分。它们相对骨骼肌（肌肉）来说，属于被动部分。首先必须弄清两个概述：一是骨概述，二是骨连结概述。然后掌握三个大块：一是躯干骨及其连结，二是上肢骨及其连结，三是下肢骨及其连结。具体来说每个学习者重点掌握9块骨的位置、形态、区分及重要骨性标志（组成关节的关节面名称；大块肌肉的附着点，即肌肉的起点或止点；在人体测量中常用的骨点；在针灸按摩中常用取穴位的参照物骨点）。此外还要了解六大关节和脊柱的组成、结构特点与运动，即肩关节、肘关节、腕关节、髋关节、膝关节、踝关节和脊柱的组成、结构特点、关节面形状与运动。

其次对肩带的组成与运动；骨盆的组成与运动；足弓的区分与意义；扁平足的区分与矫正等知识也应该掌握。

在对优秀运动员身体形态特征的研究中发现，不同项目运动员，上肢长度有较大的差异。投掷运动员上肢较长（指骨）且粗壮（指肌肉发达）。上肢长，则旋转半径长，最后用力的工作距离长，可以获得较大的线速度，有利于提高铁饼的出手初速度，它的效果就是投掷得更远，有利于提高掷铁饼的成绩。

举重运动员上肢相对较短，但肩较宽，手指骨较长，这些特征有利于举重成绩的提高。而体操运动员的肩胛骨与锁骨较平，手臂又较直，这些特征有利于支撑。

受试者两臂侧平举，按要求测得两手中指尖之间的最大距离，称为指距。一般指距大的运动员，从事篮球、排球、投掷铁饼、投掷标枪和划船运动十分有利。

下肢的长度在选材中很重要，速度性的运动员下肢较长，小腿长于大腿。体操运动员的小腿长，大腿较短，则动作造型更美。

测臂长是以大结节为标志，测腿长则是以大转子为标志，测肩宽是以两肩胛骨的肩峰为标志，测骨盆宽是以两边髂嵴之间最远点为标志，测胸围时男、女后部肩胛骨下角处是放置皮尺的地方，其他都按测量要求进行，就可以获得有关人体测量的参数。在选材工作中，这些操作方法比较容易掌握，而且准确。

肩关节是人体诸关节中最灵活的关节。它由肱骨头和关节盂组成，在关节分类中属单关节、单动关节和多轴关节。就形状而言，属于典型的球窝关节。它在结构上的特点主要是，关节面积差大；关节囊薄而松，尤其前下方；加固关节的韧带少而小。所以肩关节灵活性好，运动幅度大，但是牢固性较差。当人体运动中向后、向侧方摔倒时，易发生肱骨前下方脱位。这就告诉人们在向后、向侧方摔倒时，不可用手撑地，以免发生肩关节脱位。怎么办呢？这时应上臂内收紧贴胸廓，身体尽可能成为球形（低头、团身）顺势向后、向侧方滚翻进行缓冲，以避免肩关节脱位的发生。

肘关节由肱骨、尺骨和桡骨的相应关节面组成，属复关节。人体在运动中，有时因故向侧方或向后摔倒，这时若反射性地用手撑地，可能发生尺骨向肘关节后上方脱位，为了避免这一损伤的发生，其保护方法与肩关节的保护方法相同。

腕关节也叫桡腕关节。当人体运动时，向前摔倒，也会反射性地用手撑地，这时可能造成桡、尺骨双骨折，或者手舟骨骨折。为了避免这一损伤的发生，向前摔倒时，同样不能用手撑地，还是低头团身，使身体成为球形，顺势向前滚翻。

至于髋关节，其关节面积差小，关节囊厚而紧张，加固关节的韧带又多又强，这些特点就决定了髋关节很牢固，但是它的灵活性较差。所以在运动训练中主要是进行加强髋关节灵活性训练，可以多做一些踢腿（前、侧、后）、压腿和劈腿等练习，发展髋关节的灵活性，以增加关节的运动幅度。

膝关节是人体中最复杂的关节，属复关节，其形状接近滑车球窝关节（或滑车椭圆关节），它的基本运动是屈和伸。当膝关节屈，小腿可做幅度不大的内旋与外旋运动，还可做幅度不大的环转运动，足球运动员就是靠膝关节屈位做上述动作去控制球。

由于膝关节构造复杂，可能出现髌骨劳损、半月板撕裂、侧副韧带伤、十字韧带伤、滑囊炎、脂肪垫损伤等等。膝关节的基本运动是屈和伸，千万不要强行做外展与内收动作，在每次训练和比赛前一定要做好充分的准备活动，必要时可戴上护膝加以保护。关键是平时要加强下肢肌肉的力量练习，尤其是股四头肌的力量。凡是下肢肌肉力量强的人，膝关节损伤就比较少见。

踝关节由胫、腓骨和距骨的相应关节面组成，属复关节、特殊的滑车关节。它的主要运动也是屈伸，由于距骨滑车前宽后窄，当足屈时，距骨滑车窄的部位进了叉状关节窝内，这时脚可以绕矢状轴做内翻（即内收）和外翻（即外展）运动，正因为如此，脚只要落到不平的地面时，就会扭伤（俗称崴脚）。往往在脚屈时，并且在内翻位扭伤。篮球运动员争抢篮板球时落在他人脚上，体操运动员在器械上做下法落在垫子边上，长跑中脚踩了石头或凹地都可能崴脚。因此我们要有针对性的防范措施，一旦受伤可以迅速将脚放在冷水中浸泡10多分钟进行冷敷，减少内出血，或者加压包扎也可以止住内出血，为以后的治疗创造有利的条件。

一般的人都有足弓（内侧纵弓、外侧纵弓和横弓）。具有足弓很有意义：足弓具有弹性，可以缓冲运动中的震动，有保护作用；足底的血管、神经不受压迫，足长时间运动（走、跑、跳等）不易疲劳；有足弓的脚三点着地，稳定而有利于平衡。然而有的人是扁平足。扁平足分为解剖性扁平足（外表扁平，但功能好）和功能性扁平足（外表扁平，走、跑、跳的功能不好），如果选材时碰到这种情况，可以测试一下。对于属解剖性扁平足的人，我们应该大胆地挑选，实际上优秀的运动员中，这种人并不少见。

正常成人脊柱应该具有颈前弯、胸后弯、腰前弯和骶后弯四个弯曲，称之为生理弯曲。可是有的人脊柱出现了左、右侧弯，这是不正常的弯曲，应该矫正。

第一节 骨概述

一、骨的数目与形状

正常成人的骨共有206块，儿童少年正处在生长发育时期，骨化没有完成，有的骨被软骨分隔成几个部分，故儿童少年骨总数约270余块（图2-1）。骨在人体内多数成对，如四肢骨。全身的骨分为两大部分：中轴骨和附肢骨（即四肢骨）。

1. 中轴骨（80块）

  颅骨（29）〔含听骨（3×2）+舌骨（1）〕

  胸骨（1）

  肋骨（12×2）

  椎骨（24）

  骶骨（1）

  尾骨（1）

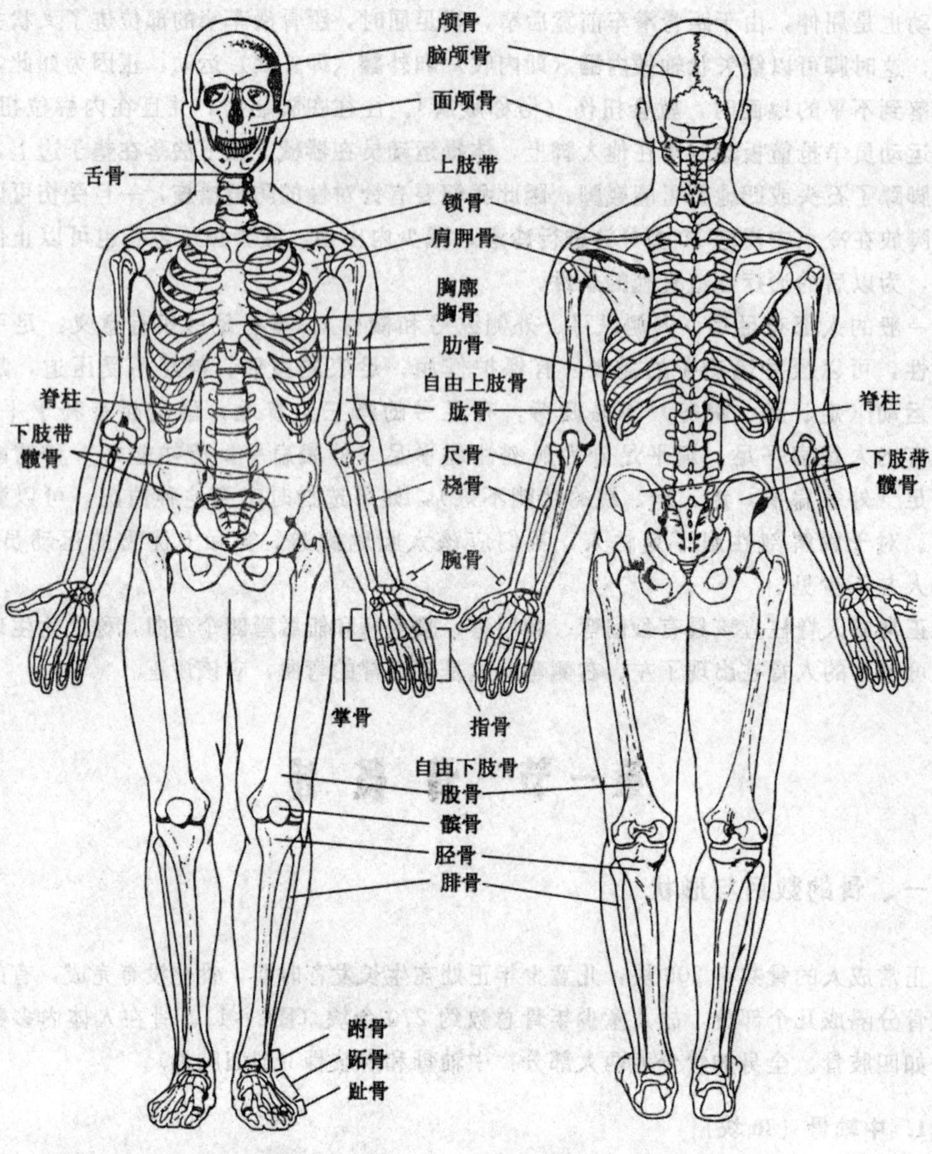

a. 人体骨骼前面　　　　b. 人体骨骼后面

图 2-1　人体骨骼

2. 上肢骨（64 块）

锁骨（1×2） ⎫ 上肢带骨
肩胛骨（1×2）⎭

肱骨（1×2） 上臂骨 ⎫
尺骨（1×2）⎫ 前臂骨 ⎬ 自由上肢骨
桡骨（1×2）⎭   ⎪
腕骨（8×2）⎫   ⎪
掌骨（5×2）⎬ 手骨   ⎭
指骨（14×2）⎭

3. 下肢骨（62块）

髋骨（1×2）下肢带骨
股骨（1×2）⎱
髌骨（1×2）⎰大腿骨
胫骨（1×2）⎱
腓骨（1×2）⎰小腿骨 ⎱自由下肢骨
跗骨（7×2）
跖骨（5×2）⎱足骨
趾骨（14×2）

人体的骨按形状分为长骨、短骨、扁骨和不规则骨四类（图2-2）。

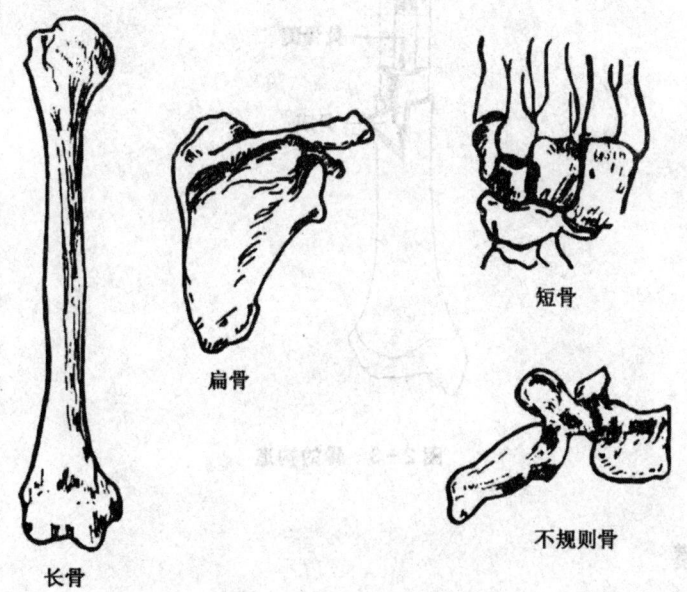

图2-2 骨的形状

长骨：长骨分为两端一体，两端叫骨骺，中部叫体（或骨干），体呈管状且中空，这类骨主要分布在四肢，在运动中起杠杆作用。

短骨：骨的长、宽、高三径大约相等，这类骨主要分布在腕部和踝部。

扁骨：骨的长、宽两径大，呈板状，如肩胛骨和颅骨等，具有保护作用。

不规则骨：如椎骨和髋骨等。

此外，某些颅骨有空腔（有共鸣作用），其内有空气，故称为含气骨。还有一种存在肌腱或韧带内，呈圆形结节状的小骨，称为籽骨。

二、骨的构造

实验用的骨，在处理过程中，已将骨膜、关节面软骨和骨髓去掉，只剩下骨质部分，这种骨叫枯骨。这里讲述骨的构造，是指新鲜骨的构造。

新鲜骨由骨膜（骨外膜和骨内膜）、骨质和骨髓三部分组成（图2-3）。

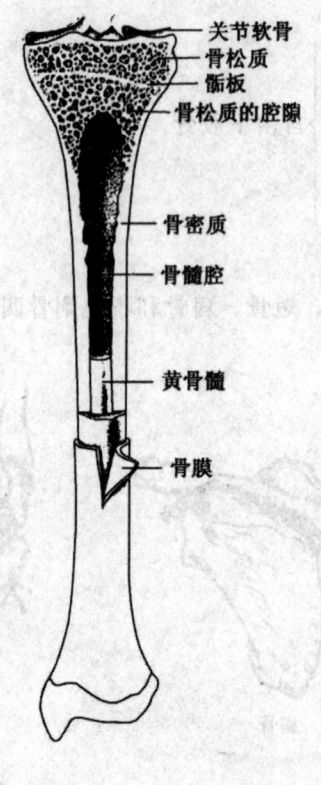

图2-3 骨的构造

（一）骨膜

分布于所有骨的表面（关节面除外）的结缔组织膜叫骨外膜。其内层有成骨细胞，可产生骨质，对骨的生长和骨折后的修复有着重要的作用。分布在长骨髓腔内壁的薄层结缔组织膜叫骨内膜，内有破骨细胞，能破坏与吸收骨质，扩大骨髓腔。骨膜内有丰富的神经和血管。

（二）骨质

骨质是骨的主要部分，它分为骨密质和骨松质两种。骨密质分布于所有骨质的外部和长骨的骨干，骨质排列密实，抗压、拉、弯曲、扭转和撞击的能力较强。

骨松质分布在所有骨密质的内部及长骨的两端。骨松质呈针状或片状称为骨小梁，它的排列服从于力学规律，按所受的压力和张力的大小与方向进行排列，分别形成压力曲线和张力曲线（图2-4）。这种曲线并非固定不变，它随所受压力、张力大小和方向的改变而变化。

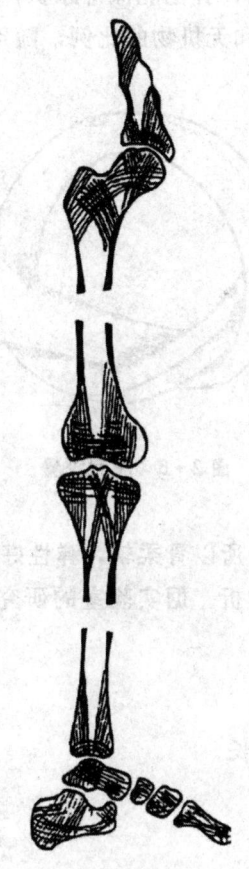

图 2-4 骨小梁的配布

(三) 骨髓

3~5岁以前的儿童全身的骨髓均为红骨髓。以后长骨骨髓腔内的红骨髓被脂肪逐渐代替，而变成黄骨髓。红骨髓存在于长骨的两端、短骨、扁骨和不规则骨的骨松质网眼内，终生不变，呈红色、胶冻状，能产生红细胞和白细胞。黄骨髓主要由脂肪组织组成，没有造血功能，但在人体因故失血过多或在重病后的恢复期，黄骨髓会暂时变为红骨髓，具有造血功能。

三、骨的物理性质与化学成分

骨的物理性质是：骨具有坚硬性，也富有弹性。这两个物理性质与骨的化学成分分不开。

骨是由有机物和无机物构成。成人骨中有机物（骨胶原）约占 28.2%，无机物

（水和钙盐等）约占71.8%。若将骨火化，仍保持原状，失掉有机物，骨具有脆性易碎。若将骨放入稀盐酸中浸泡脱钙，骨也能保持原状，但失去了坚硬性，变得柔软而富有弹性（图2-5）。骨中的有机物和无机物的比例，随年龄变化而变化。

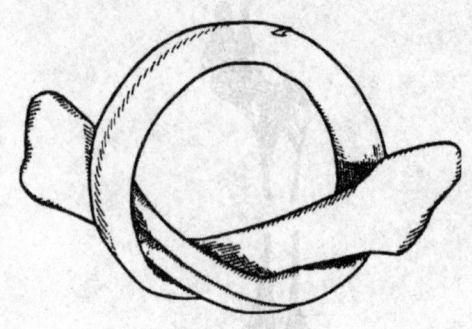

图2-5 脱钙腓骨

儿童少年骨中有机物比例大，所以骨柔软，弹性好，但易变形；而老人骨的无机物比例大，所以骨的弹性差，容易骨折。据实验室的研究，骨的坚硬性超过了花岗岩石，弹性超过了橡木。

四、骨化、骨龄和骨的生长

（一）骨化

骨化是指在结缔组织膜（即间充质）或软骨的基础上变成骨的过程。前者叫膜化骨，如颅骨。后者叫软骨化骨，如四肢的长骨。

（二）骨龄

骨龄指骨骼的年龄，一是指小骨骨化中心出现的时间，二是指长骨骨骺与骨干愈合的时间。骨龄在运动员选材、预测身高及运动成绩方面有一定的参考价值（表2）。

表2 人体中主要骨的骨化愈合年龄表

部 位		骨化愈合年龄（岁）	
		男	女
上肢骨	锁骨	17～20	15～21
	肩胛骨	17～20	14～20
	肱骨	17～20	16～17
	尺骨	18～20	16～20
	桡骨	17～20	17～20

续表

部 位		骨化愈合年龄（岁）	
		男	女
下肢骨	髋骨	16～25	13～25
	股骨	17～22	15～18
	髌骨	4～7	3～4
	胫骨	16～20	15～18
	腓骨	16～20	15～16
躯干骨	椎骨	25	25
	胸骨	12～15	12～15
	肋骨	20	20

（三）骨的生长

骨的生长包括骨长长和长粗两个方面，儿童少年时期，骺软骨（骨骺与骨干之间的透明软骨）不断增生，同时不断地骨化使骨长长。当骺软骨不存在了（骺软骨全部骨化了），人的身高也就不再增长了，大多在18～22岁，女性比男性略早2～3年。

骨的长粗是由于骨外膜内层中的成骨细胞不断地制造骨质，骨内膜中的破骨细胞不断破坏与吸收骨质，二者同时进行的结果。

五、骨的功能

骨是人体中最坚硬的组织，具有支持、保护、运动和造血的功能，此外它还是钙和磷的储备库。

第二节 骨连结概述

骨连结是指骨与骨之间通过纤维性结缔组织、软骨组织和骨组织相连结。

一、骨连结的分类

根据骨连结的方式不同，将骨连结分为直接连结（不动关节或纤维连结）和间接连结（动关节或滑膜连结）两大类。此外，有人认为耻骨联合为半关节（过渡型关节）。

（一）不动关节

骨与骨之间没有腔隙的连结，这种连结方式不能活动或活动幅度很小，故称为不动关节（图2-6）。如前臂骨之间的连结；椎体间的连结；髂、耻、坐骨之间的连结；肋骨与胸骨之间的连结等。

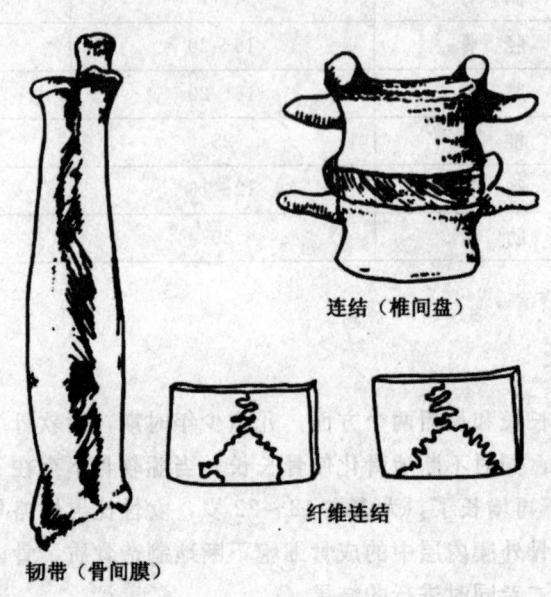

图2-6 不动关节

（二）动关节

骨与骨之间具有腔隙的连结，这种连结方式能活动，有的运动幅度很大，故称为动关节，通常称为关节。

二、关节的主要结构

关节的主要结构包括关节面及关节面软骨、关节囊和关节腔三个部分（图2-7），上述的三种结构称之为关节的三要素，是每个关节必备的要素。否则不叫关节。

（一）关节面及关节面软骨

关节面是组成关节骨相邻的骨面，多数为一凸一凹，凸面为关节头，凹面为关节窝。关节面处无骨膜，但有透明软骨，具有弹性，能缓冲运动中的震动。实验证明，充分的准备活动可以使关节面软骨略有增厚，从而进一步增强了缓冲能力，当运动停下来以后，关节面软骨又恢复到安静时的厚度。

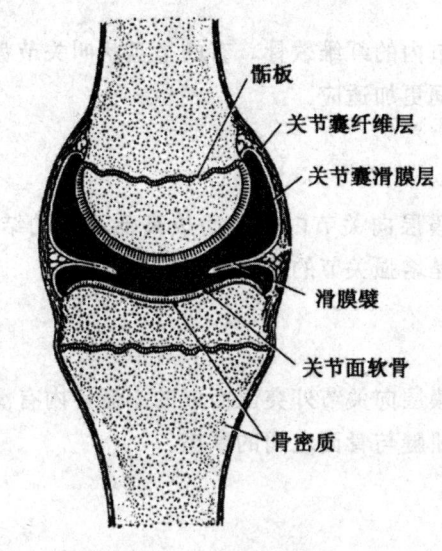

图 2-7 关节主要结构模式图

（二）关节囊

关节囊是关节周围的纤维性结缔组织囊，分内、外两层。外层厚，为纤维层，致密而坚韧；内层薄而光滑，为滑膜层，能分泌少量滑液，用来润滑关节面。

（三）关节腔

关节面和关节囊共同围成的腔叫关节腔。腔内除了有少量的滑液外，还有负压（低于大气压），对加固关节有重要的作用。

三、关节的辅助结构

关节的辅助结构有关节韧带、关节唇、关节内软骨、滑膜襞和滑膜囊等。

（一）关节韧带

关节韧带有囊外韧带、囊内韧带和囊韧带，它们的共同作用是加固关节，限制关节在某方位的运动幅度。

（二）关节唇

关节唇为关节面周围的纤维软骨环，其主要作用是加大关节面、加深关节窝，使关节更加稳固。

（三）关节内软骨

关节内软骨是位于关节内的纤维软骨，有的呈盘状叫关节盘，有的呈半月形叫半月板，其作用是使关节面之间更加适应。

（四）滑膜襞

滑膜襞是关节囊的滑膜层向关节内突入而成高低不平的结构，往往有脂肪组织填充，故称脂肪垫，其作用是增强关节的稳固性。

（五）滑膜囊

滑膜囊是关节囊的滑膜层向关节外突出而成的小囊，内有滑液，位于肌腱与骨面之间，其作用是运动时减少肌腱与骨面之间的摩擦。

四、关节的运动

在了解关节运动之前，首先必须了解什么是环节和运动环节。人体内两个相邻关节之间的部分叫环节，它是一个静态概念。能绕关节某运动轴进行运动的环节叫运动环节，它是一个动态概念。有时几个环节合为一个运动环节，如两臂侧平举动作中的臂，就是由很多环节组成的运动环节。关节的运动包括以下五组（图2-8）。

（一）屈和伸

运动环节绕额状轴在矢状面内，向前的运动叫屈，反之叫伸（膝关节及以下的关节相反）。

（二）外展与内收

运动环节绕矢状轴在额状面内，远离正中面的运动叫外展，靠近正中面的运动叫内收（只用于四肢的关节运动，头颈和躯干的同样运动叫左侧屈或右侧屈）。

（三）回旋（内旋与外旋）

运动环节绕垂直轴在水平面内，由前向内的转动叫内旋（旋内或旋前）；由前向外的转动叫外旋（旋外或旋后）。以上只适用于四肢的关节运动。而头颈和躯干的转动叫左回旋或右回旋，躯干的回旋运动可以叫右转体或左转体。

（四）环转（也叫绕环）

运动环节绕中间轴（三个基本轴的过渡轴）所进行的运动，运动环节运动的轨迹是圆锥体，圆锥体的尖在关节中心，运动环节末端描成圆锥体的底。

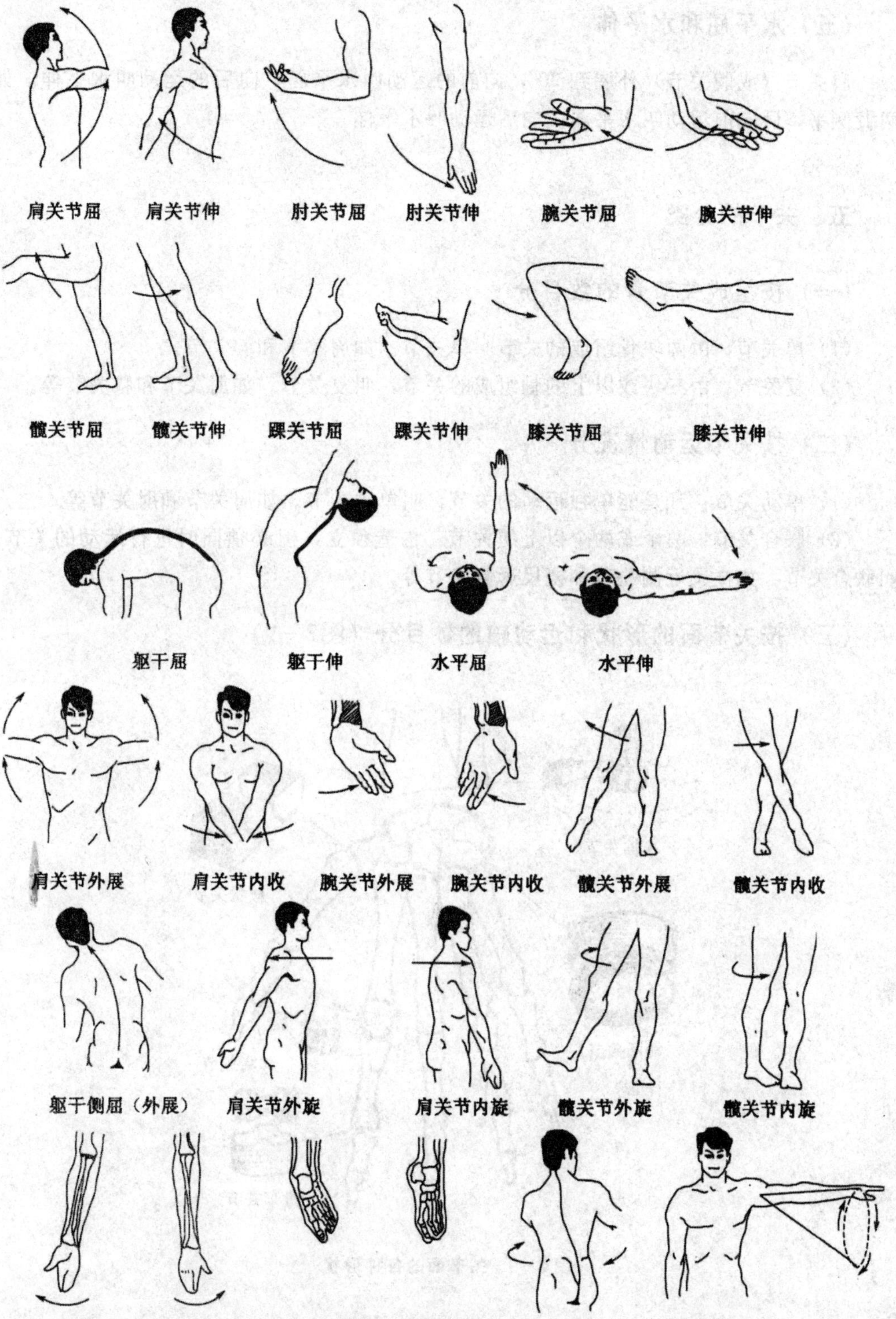
肩关节屈
肩关节伸
肘关节屈
肘关节伸
腕关节屈
腕关节伸
髋关节屈
髋关节伸
踝关节屈
踝关节伸
膝关节屈
膝关节伸
躯干屈
躯干伸
水平屈
水平伸
肩关节外展
肩关节内收
腕关节外展
腕关节内收
髋关节外展
髋关节内收
躯干侧屈（外展）
肩关节外旋
肩关节内旋
髋关节外旋
髋关节内旋
肘关节外旋
肘关节内旋
足外翻
足内翻
躯干回旋
上臂环转

图 2－8 关节的运动

（五）水平屈和水平伸

肩关节（或髋关节）外展到 90°，向前的运动叫水平屈，向后的运动叫水平伸。如两臂侧平举后向前运动叫水平屈，向后运动叫水平伸。

五、关节的分类

（一）按组成关节骨的数目分

(1) 单关节：由两块骨组成的关节叫单关节。如肩关节和髋关节。
(2) 复关节：由三块或以上的骨组成的关节，叫复关节。如肘关节和膝关节等。

（二）按关节运动情况分

(1) 单动关节：凡是能单独运动的关节，叫单动关节。如肩关节和肘关节等。
(2) 联合关节：两个或两个以上的关节，构造独立，但必须同时进行运动的关节，叫联合关节。如桡尺近侧关节和桡尺远侧关节等。

（三）按关节面的形状和运动轴的数目分（图2-9）

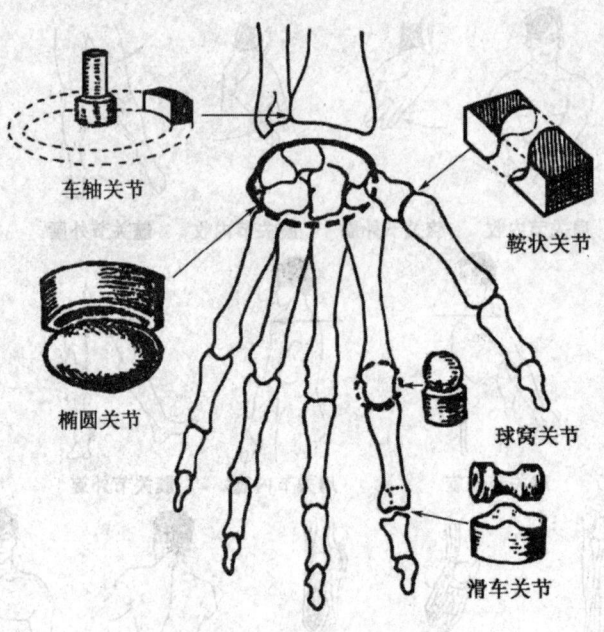

图 2-9　关节面的各种形状

(1) 单轴关节：只有一个运动轴的关节，叫单轴关节。如滑车关节——肱尺关节，车轴关节——桡尺近侧关节和桡尺远侧关节。
(2) 双轴关节：具有两个运动轴的关节，叫双轴关节。如椭圆关节——桡腕关节，鞍状关节——拇指腕掌关节。

(3) 多轴关节：具有多个运动轴的关节，叫多轴关节。如球窝关节——肩关节，平面关节——骶髂关节。

六、关节的运动幅度及其影响因素

所谓关节的运动幅度，是指运动环节绕关节某运动轴所能转动的最大范围，通常用转动角度的大小来表示。影响关节运动幅度大小的因素如下：

(1) 关节面积差的大小。关节面积差大的关节，则运动幅度大，反之则小。

(2) 关节囊的厚薄与松紧度。关节囊厚而紧的关节，运动幅度小，反之则大。

(3) 关节周围韧带的多少与强弱。加固关节的韧带多而强的关节，运动幅度小，反之则大。

(4) 关节周围骨突的大小与多少。关节周围的骨突大、多的关节，运动幅度小，反之则大。

(5) 关节周围肌肉伸展性与弹性的好坏。关节周围肌肉的伸展性与弹性好的，运动幅度大，反之则小。

(6) 关节周围肌肉体积的大小。关节周围肌肉体积大的运动幅度小，反之则大。

(7) 其他因素。如年龄、性别、项目、训练水平、准备活动是否充分、当时的气温高低等，都在影响关节的运动幅度。

第三节 躯干骨及其连结

一、躯干骨

躯干骨由脊柱骨（24块独立椎骨，1块骶骨和1块尾骨）、12对肋骨及1块胸骨组成，共计51块。

（一）脊柱骨

1. 椎骨

椎骨包括颈椎7块、胸椎12块、腰椎5块，此外还有1块骶骨和1块尾骨共五部分。

(1) 椎骨的一般特性。自第三颈椎向下直到第五腰椎，每个椎骨都有一个椎体（在前方）和一个椎弓（在后方），椎体与椎弓共同围成的孔叫椎孔，所有椎孔重叠起来叫椎管，其内有脊髓；与椎体相连的椎弓叫椎弓根，上、下都有切迹，所以较细，上、下相邻的椎弓根围成的孔叫椎间孔，此处有脊神经通过；自椎弓上发出7个突起，向后的一个突起叫棘突，向两侧的突起叫横突，向上向下的两对，分别叫上关节突和下关节突

（图2-10）。

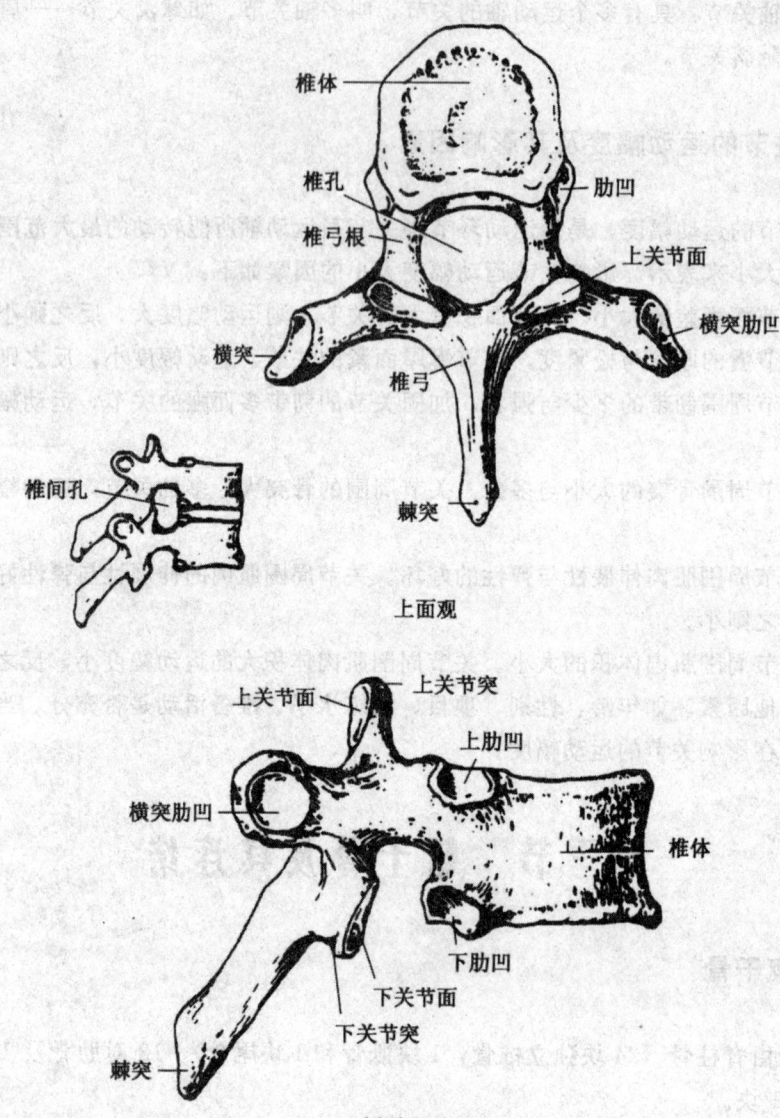

图2-10 椎骨的一般特征

(2) 各部椎骨的主要特征。颈椎（图2-11）共7块，其主要特征是横突上有横突孔。

第一颈椎叫寰椎，无椎体和棘突，有前、后弓，在前弓后方有一光滑面叫齿凹。

第二颈椎叫枢椎，在椎体上方有一齿突，与第一颈椎的齿凹组成寰枢关节。

第七颈椎叫隆椎，它的棘突最长，不分叉呈结节状，低头时易摸着，是数棘突的重要标志。

胸椎（图2-12）共有12块，主要特征是椎体侧面和横突上有光滑的关节面叫肋凹（即上肋凹、下肋凹和横突肋凹）。

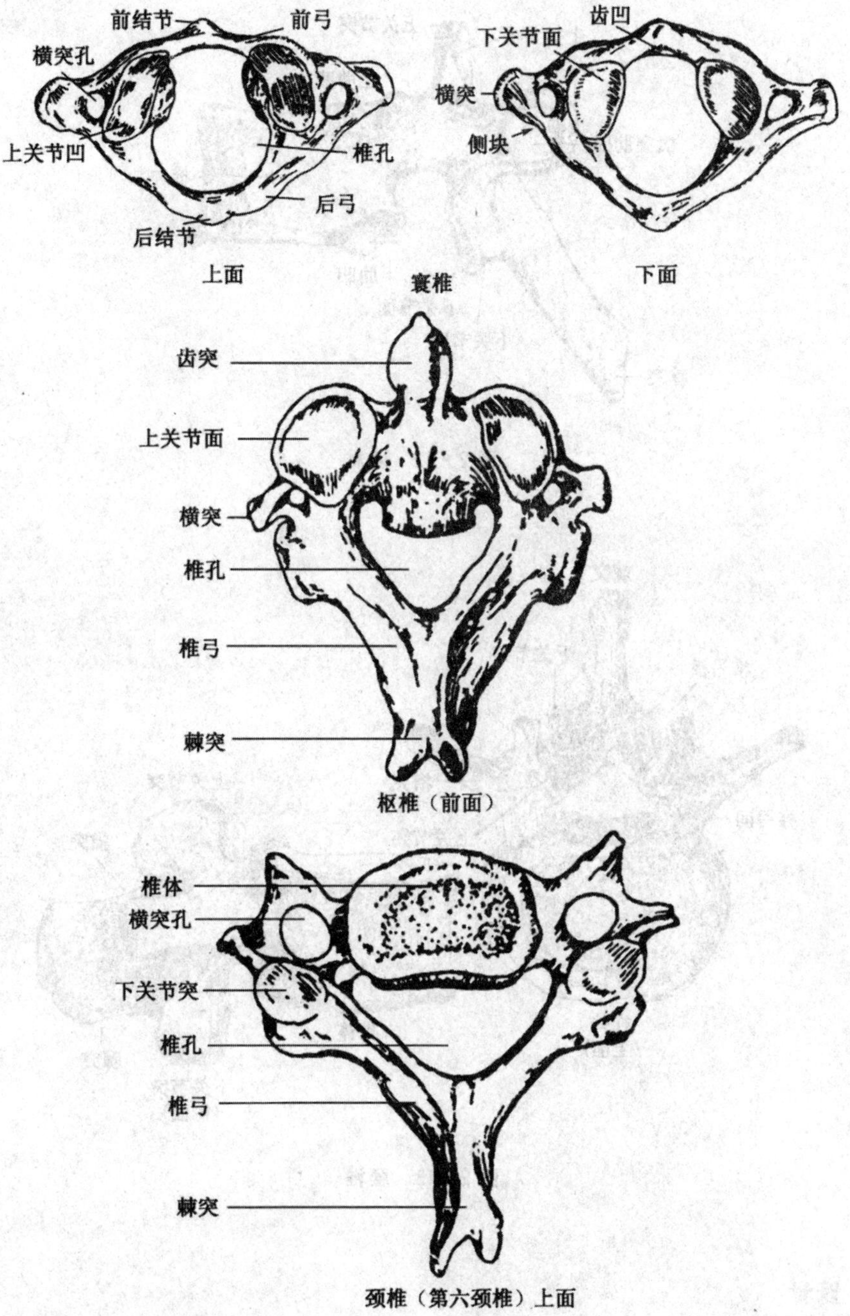

第二章 骨与骨连结

图2-11 颈椎

腰椎（图2-13）共有5块，主要特征是椎体大、棘突短、厚呈水平状向后突出。

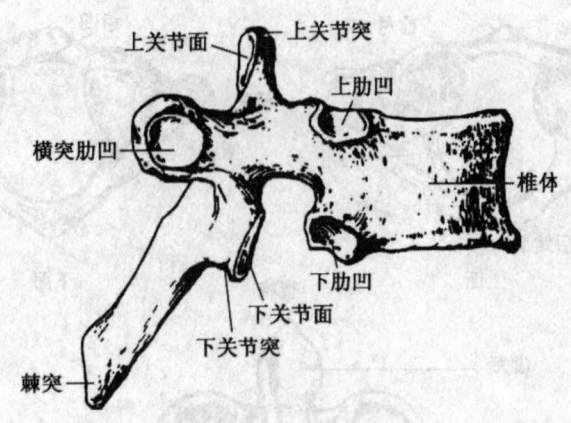

图2-12 胸椎

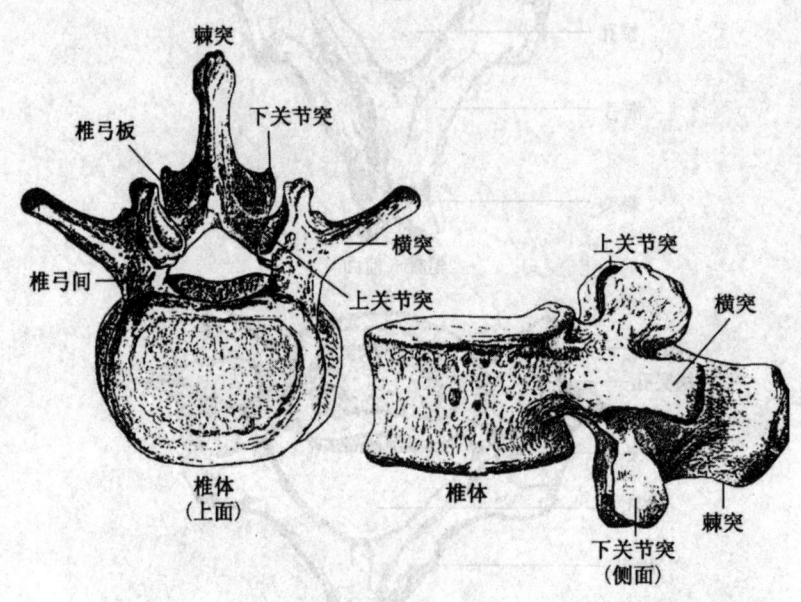

图2-13 腰椎

2. 骶骨

儿童少年的骶骨由5块骶椎组成，成人骶骨则成为1块，呈倒三角形，前面光滑凹陷，有4条骶横线和4对骶前孔，后面粗糙，有骶中嵴和骶后孔，上部两侧有耳状面，正中有骶管向上通椎管（图2-14）。

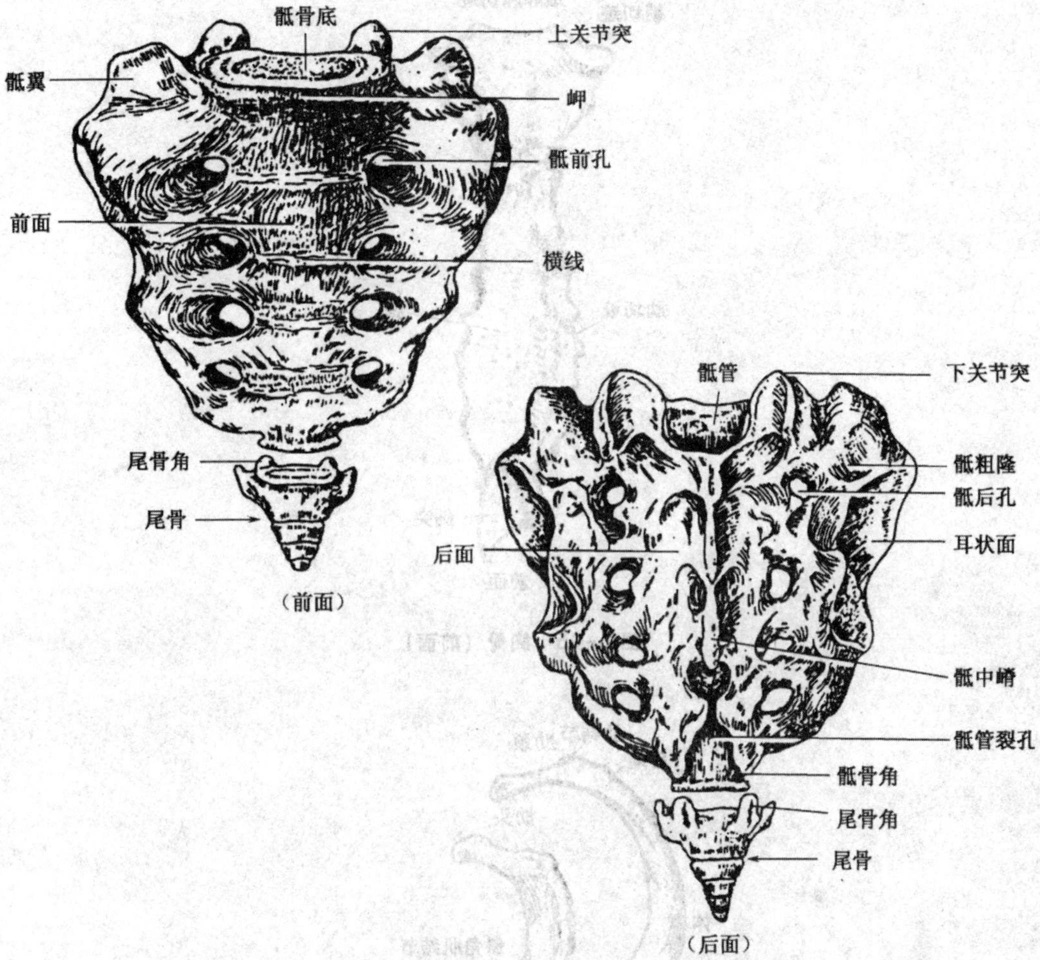

图 2-14 骶骨与尾骨

3. 尾骨

儿童少年的尾骨由 4～5 块尾椎组成，成人尾骨为 1 块。

（二）胸骨

由胸骨柄、胸骨体和剑突三部分组成 1 块胸骨。两侧有锁切迹和 7 对肋切迹（图 2-15）。

（三）肋骨

肋骨（图 2-16）共有 12 对，每条肋骨分为中部的体、前端和后端（包括肋头、肋颈和肋结节三部分）。

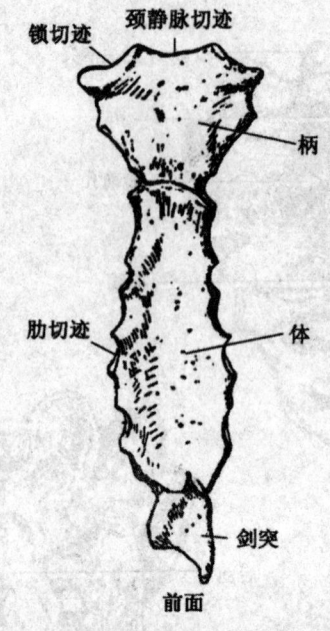

图 2-15 胸骨（前面）

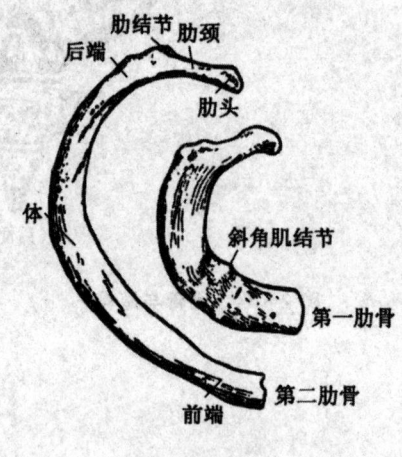

图 2-16 肋骨

二、躯干骨的连结

躯干骨之间的连结十分复杂，这里着重介绍一般椎骨椎体间的连结、脊柱和胸廓的组成与运动。

（一）一般椎骨椎体间的连结

一般椎骨椎体间借椎间盘和前、后纵韧带相连结（图2-17）。

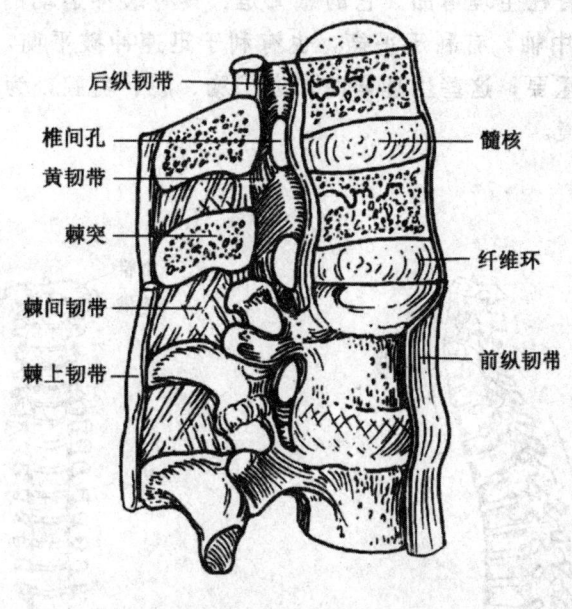

图 2-17 椎体间的连结

1. 椎间盘

自第二颈椎椎体下方向下直到第五腰椎椎体下方，均有椎间盘，共 23 个。椎间盘的大小与形状同它所连结的椎体相一致，总的来说，从上往下逐渐加大。胸部的椎间盘最薄，腰部椎间盘最厚，所有椎间盘加起来的总厚度约相当于骶骨以上脊柱全长的四分之一。

每个椎间盘均由中部的髓核和周围的纤维环（为纤维软骨）两部分组成。髓核是一种胶冻状物质，具有伸缩性，受压时可以变薄，当压力解除后，又可恢复原状，所以髓核具有缓冲功能。人在一天 24 小时内身高有 2～3 厘米的变化，早上起床时身高最高，所以在进行人体测量时，要注意这一点。

2. 前、后纵韧带

前纵韧带位于椎体和椎间盘前方，从上至下，宽扁较厚，它的作用除了加固脊柱以外，还可防止脊柱过度伸。后纵韧带位于椎体和椎间盘的后方（或者说位于椎管的前壁），较前纵韧带细而弱，其作用除了加固脊柱外，还限制脊柱过度屈。

（二）脊柱的组成与运动

脊柱是由全部椎骨（包括骶骨和尾骨）、椎间盘和复杂的关节、韧带组成（图 2-18）。脊柱是躯干的中轴和支柱，是上、下肢运动的枢纽。正常的脊柱从前、后面观察呈一直线。正常成人的脊柱，从侧面观察有颈前弯、胸后弯、腰前弯和骶后弯四个弯曲，这叫脊柱生理弯曲。它的意义是：具有缓冲运动的震动作用；使人体总重心位于人体的中轴，有利于平衡，也有利于迅速冲破平衡，这对体育运动中，加快起动速度十分重要；这些生理弯曲加大了胸、腹、盆腔，为内脏器官的生长发育提供了良好的环境。

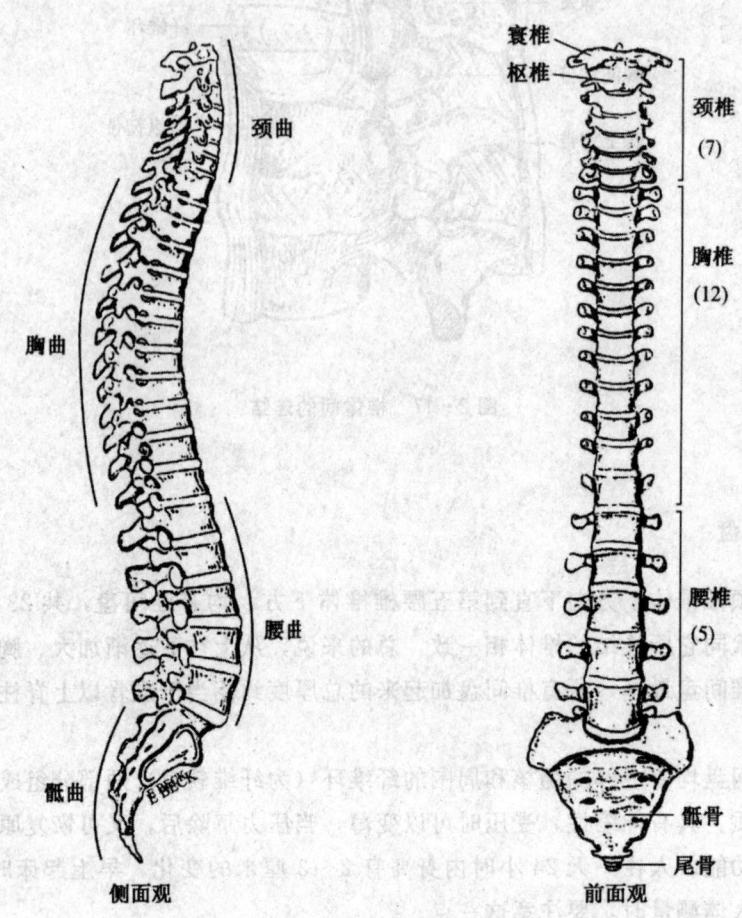

图 2-18　脊柱

脊柱绕额状轴做屈和伸的运动，绕矢状轴做侧屈，绕垂直轴做回旋运动。此外绕中间轴可做环转运动。

（三）胸廓的组成与运动

胸廓由 12 块胸椎、12 对肋、1 块胸骨、胸部的椎间盘和它们之间复杂的关节、韧带组成（图2-19）。

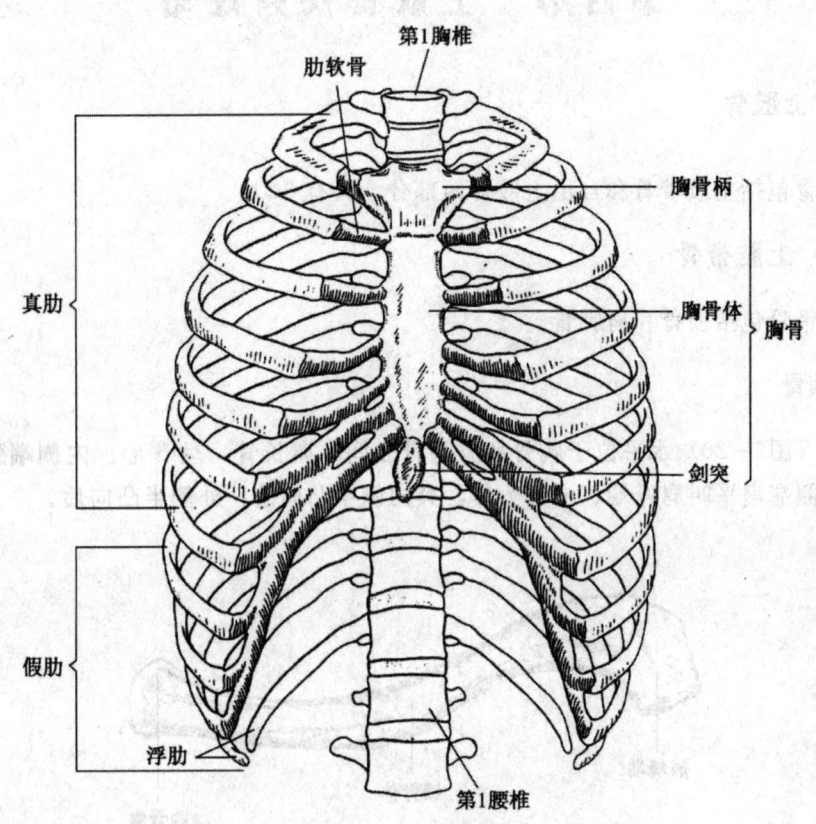

图 2-19　胸廓（前面）

　　胸廓有上、下两个口，下口被膈肌封闭。胸围的大小是评定人体生长发育的重要指标之一，背面第八肋处胸围最大，最大胸围约为身高的一半。胸廓有矢状径、额状径（即横径）和垂直径。人类胸廓的额状径大于矢状径。

　　胸廓的运动主要是进行呼吸，当三径扩大时吸气，反之则呼气。

　　肋共有12对，每根肋均由后部的肋骨和前部的肋软骨组成。上7对肋直接连于胸骨，故称为真肋。第八、九、十3对肋借自己的肋软骨连于上位肋软骨，再连于胸骨，故称为假肋，它们的肋软骨形成的弓叫肋弓。最后两对肋的前端游离，故称浮肋。

　　肋骨后端与胸椎相连结，构成肋头关节和肋横突关节。

第四节 上肢骨及其连结

一、上肢骨

上肢骨包括上肢带骨和自由上肢骨两部分，共有64块。

（一）上肢带骨

上肢带骨包括锁骨和肩胛骨。

1. 锁骨

锁骨（图2-20）水平位于胸骨和肩胛骨之间，属长骨，呈S形。内侧端膨大叫胸骨端，外侧端扁平叫肩峰端，中部为体。其内侧半凸向前，外侧半凸向后。

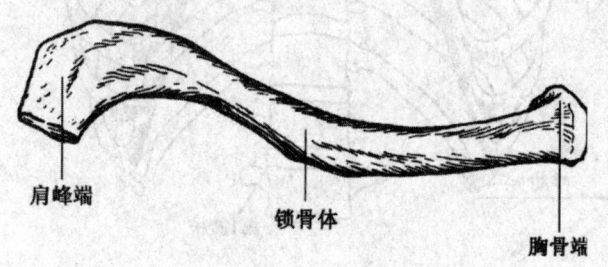

图2-20 锁骨

2. 肩胛骨

肩胛骨（图2-21）是位于背部上外方（第二至第七肋间）呈倒三角形的扁骨。可分为三个角、三个缘和两个面，即外侧角、内侧角和下角；上缘、内侧缘和外侧缘；前面和后面。

外侧角膨大有梨形关节面叫关节盂，其上、下分别有盂上结节和盂下结节。下角是测量胸围放置皮尺处。上缘外方有一指状突起叫喙突。肩胛骨前面凹陷叫肩胛下窝。后面有一高起的肩胛冈，肩胛冈的最高点叫肩峰，是测量肩宽的骨点。肩胛冈上、下方的凹陷，分别叫冈上窝和冈下窝。

（二）自由上肢骨

自由上肢骨包括上臂骨（即肱骨）、前臂骨（即尺骨和桡骨）和手骨（即腕骨、掌骨和指骨）三部分，两侧共60块，下面重点介绍肱骨、尺骨和桡骨。

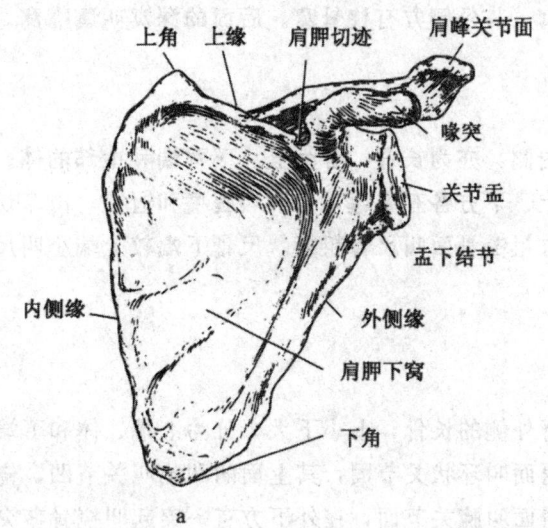

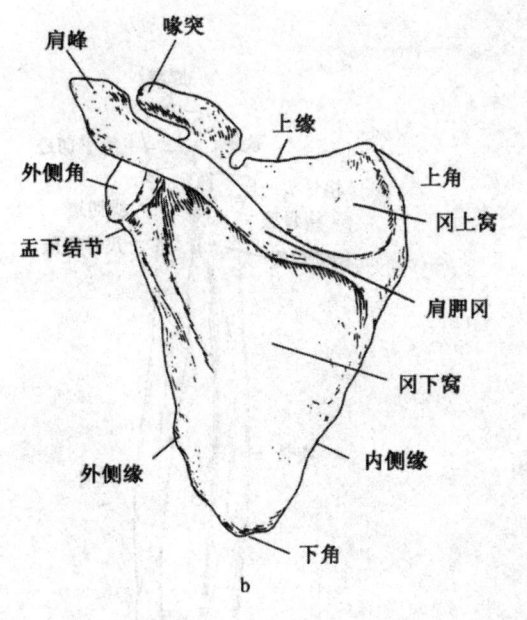

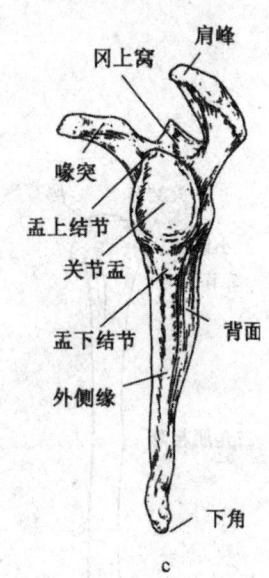

图 2-21 肩胛骨

1. 肱骨

肱骨（图 2-22）位于上臂，为一典型长骨，可分为上端、体、下端三部分。上端内侧呈球形的光滑面叫肱骨头，外侧的隆起叫大结节，前方的隆起叫小结节，两结节向下延伸的嵴，分别叫大结节嵴和小结节嵴，其间的长沟叫结节间沟（其内有肱二头肌长头腱经过），肱骨头向外的一圈凹陷叫解剖颈，上端与体交接处叫外科颈。

肱骨体外侧中上部粗糙处叫三角肌粗隆，其下方有一斜形的沟叫桡神经沟。

肱骨下端前后稍扁，自内向外有内上髁、肱骨滑车、肱骨小头和外上髁。肱骨滑车前上方的窝叫冠突窝，其外侧方有桡骨窝。后面的深窝叫鹰嘴窝。

2. 尺骨

尺骨位于前臂内侧，亦为长骨，分为上、下两端和中部的体。上端前方有半月形凹陷叫滑车切迹，其上、下方各有突起，分别叫鹰嘴和冠突。滑车切迹外方有光滑凹陷叫桡切迹，冠突前下方粗糙骨面叫尺骨粗隆。尺骨下端较上端小叫尺骨头，其内下方的突起叫尺骨茎突。

3. 桡骨

桡骨是位于前臂外侧的长骨，上小下大，分为上端、体和下端三部分。上端呈圆形叫桡骨头，周缘光滑面叫环状关节面，其上面的凹陷叫关节凹，桡骨头下方较细为桡骨颈，其内下方的光滑面叫腕关节面，在外下方有一突起叫桡骨茎突（图2-23）。

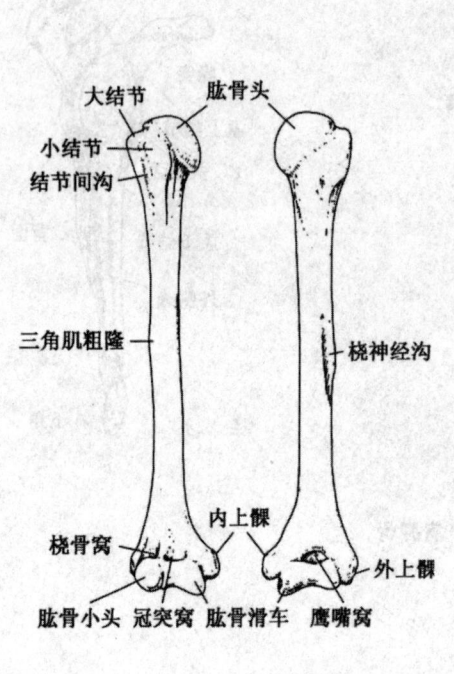

图2-22 肱骨（前、后面）

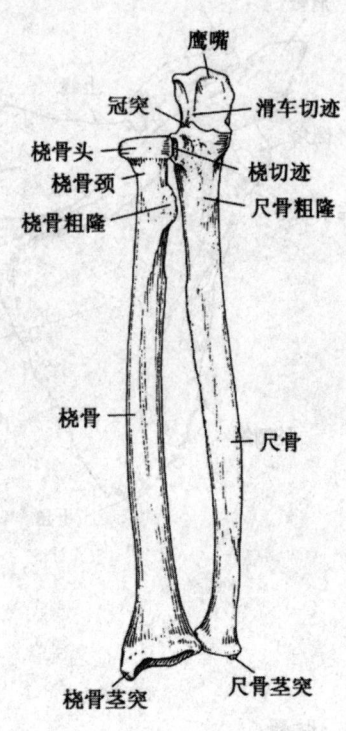

图2-23 尺骨和桡骨

4. 手骨

手骨（图2-24）由8块腕骨、5块掌骨和14块指骨三部分组成。腕骨包括近侧列的手舟骨、月骨、三角骨和豌豆骨，远侧列的大多角骨、小多角骨、头状骨和钩骨。

掌骨均为长骨，由外向内依次为第一、第二、第三、第四和第五掌骨。

指骨除拇指为两节外，其余均为三节，共14块。

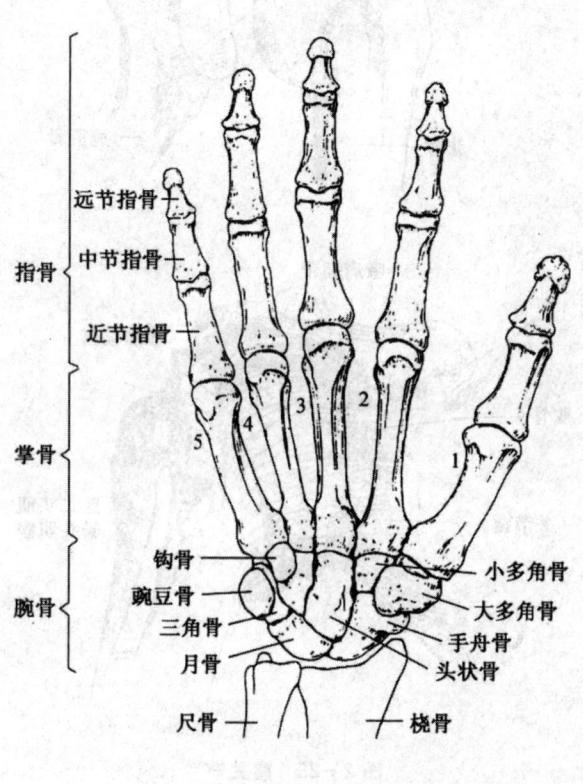

图2-24 手骨

二、上肢骨连结

（一）肩关节

肩关节（图2-25）由肱骨头和关节盂组成。在关节盂的周围有盂唇，加大了关节面。但此关节的面积差大；关节囊薄而松弛，尤其前下方；加固关节的韧带小而少，主要是喙肱韧带和盂肱韧带。肩关节呈球窝形，属多轴关节，可以做屈、伸、外展与内收、内旋与外旋、环转、水平屈和水平伸等运动。

65

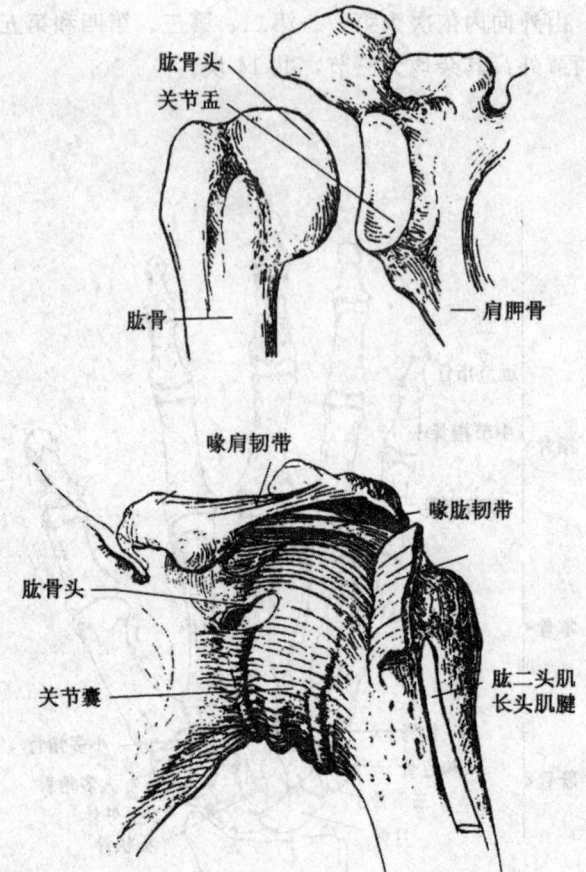

图 2-25 肩关节

（二）肘关节

肘关节（图2-26）由肱骨远端和桡、尺骨近侧端的相应关节面组成。具体的是：肱骨滑车与滑车切迹组成肱尺关节；肱骨小头与关节凹组成肱桡关节；桡切迹和环状关节面组成桡尺近侧关节。上述三个关节包在一个关节囊内，故肘关节为复关节。

肘关节囊前后松弛，两侧紧张；加固关节的韧带有尺侧副韧带、桡侧副韧带和桡骨环状韧带三条。以上三条韧带都要附着于尺骨，但都不附着于桡骨，所以桡骨可以自由地转动。

肱尺关节为滑车关节，肱桡关节为球窝关节，桡尺近侧关节为车轴关节。肘关节的整体运动主要是屈和伸，其次在桡尺远侧关节的配合下，可做内旋和外旋运动。

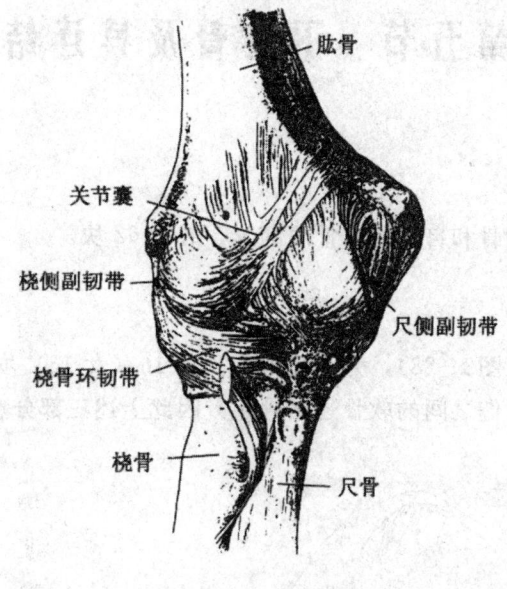

图 2-26 肘关节

（三）桡腕关节（腕关节）

桡腕关节（图2-27）是由腕关节面和三角形关节盘组成关节窝（尺骨不参加），由近侧列腕骨中的手舟骨、月骨和三角骨组成关节头（豌豆骨不参加）。关节囊前后比两侧松弛；关节周围均有韧带加固（即桡腕掌侧韧带、桡腕背侧韧带、腕尺侧副韧带和腕桡侧副韧带）。关节的形状为椭圆关节，属双轴关节。

桡腕关节可做屈和伸、外展和内收运动，此外还可做环转运动。

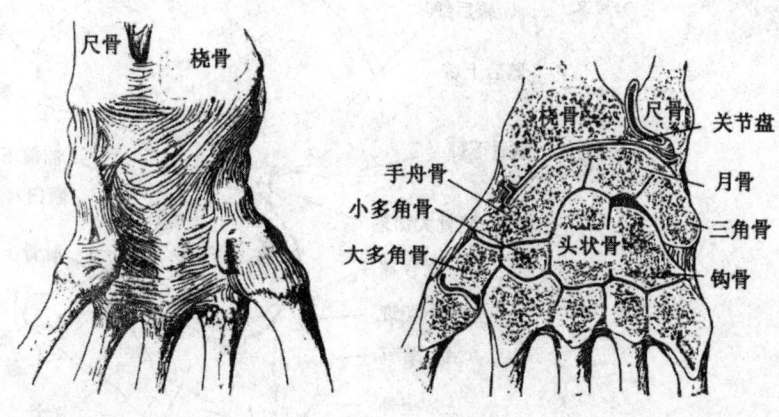

图 2-27 桡腕关节

第五节 下肢骨及其连结

一、下肢骨

下肢骨包括下肢带骨和自由下肢骨两部分，共有62块。

（一）下肢带骨

下肢带骨即髋骨（图2-28），为不规则骨。男16（女13）岁前由髂骨、坐骨和耻骨三部分组成，后来它们之间的软骨逐渐骨化，因此上述三部分愈合成一块骨，在愈合

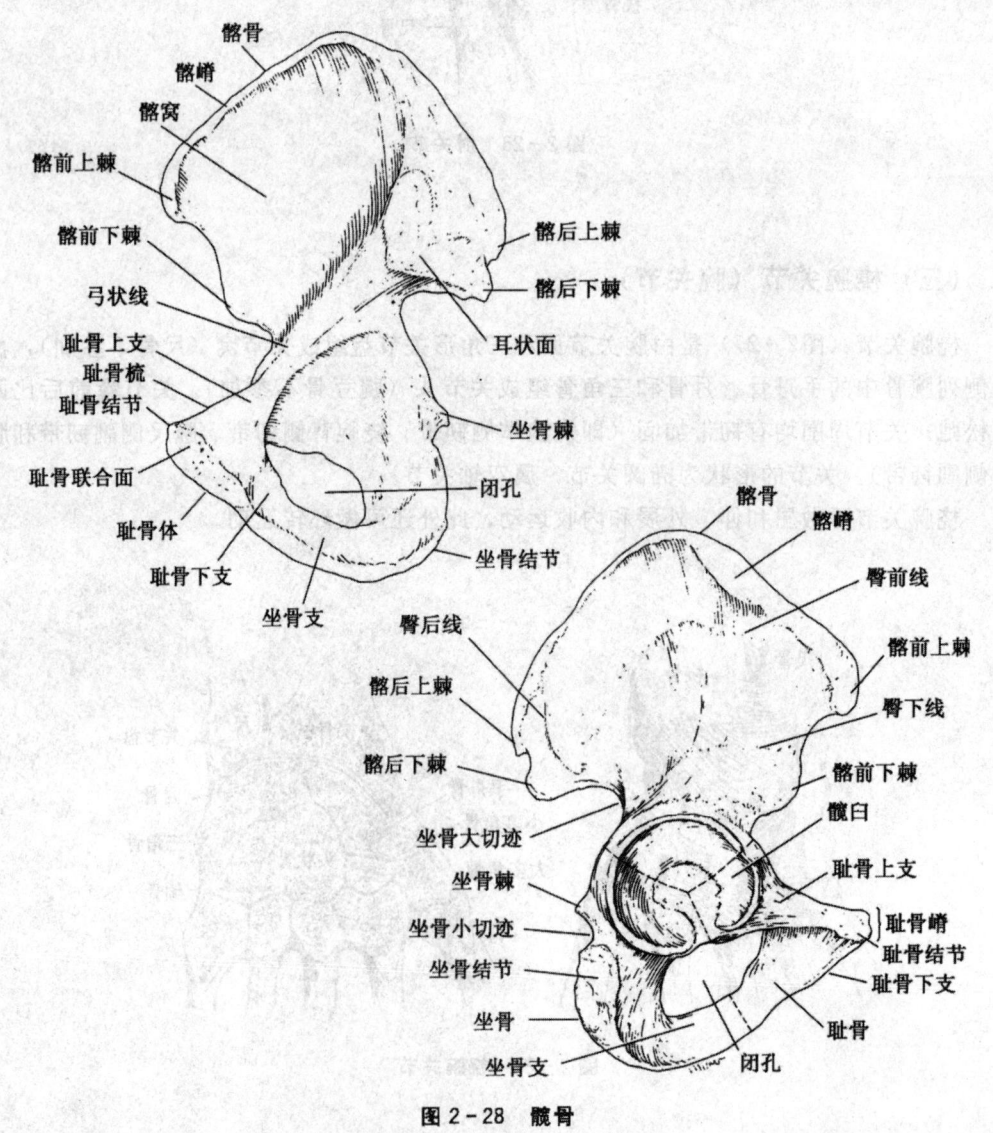

图2-28 髋骨

处外方有一深窝叫髋臼。

1. 髂骨

髂骨位于髋臼中点上部，包括组成髋臼上部的髂骨体和上面宽阔的部分叫髂骨翼。髂骨翼上方骨缘粗糙叫髂嵴。两侧髂嵴之间最远处为测量骨盆宽的骨点。髂嵴前方的突起叫髂前上棘，其下方的突起叫髂前下棘。髂嵴后方也有相应的髂后上棘和髂后下棘。髂骨外面粗糙不平，内面前方光滑凹陷叫髂窝，其后方有一平面叫耳状面。

2. 坐骨

坐骨位于髋臼中点后下部。髋臼后下部叫坐骨体，向前弯曲部叫坐骨支。坐骨体后下部的粗糙骨面叫坐骨结节。

3. 耻骨

耻骨位于髋臼中点前下部，髋臼的前下部叫耻骨体，向前延伸部分叫耻骨上支，再弯曲向后与坐骨支相接的部分叫耻骨下支。耻骨上支末端上方有一突起叫耻骨结节，耻骨内侧有一平面叫耻骨联合面。耻骨与坐骨共同围成的孔叫闭孔。

（三）自由下肢骨

自由下肢骨包括大腿骨（即股骨和髌骨）、小腿骨（内侧为胫骨，外侧为腓骨）和足骨（跗骨、跖骨和趾骨）三部分，共60块。

1. 股骨

股骨（图2-29）位于大腿，是人体中最粗大的骨，可分为上端、体和下端三部分。股骨上端内侧的球形结构叫股骨头，头外下方处细小部分叫股骨颈，上外方有一大突起叫大转子，其后下内方有一小突起叫小转子，两转子前方粗糙线叫转子间线，其后方高起部分叫转子间嵴。

股骨体前方光滑，略向前弯曲，后方粗糙由上下方向的内侧

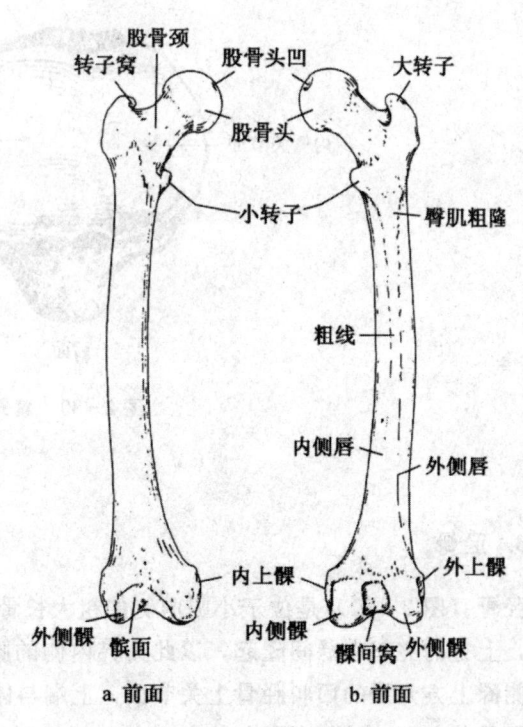

图2-29 股骨

唇（由小转子向下）和外侧唇（由大转子向下）组成股骨粗线，其上部粗糙的骨面叫臀肌粗隆。

股骨下端有两个膨大，分别叫内侧髁和外侧髁，其前方光滑的面叫髌面，两髁下面的光滑面叫内、外侧髁关节面。内侧髁的内侧和外侧髁的外侧均有小骨突，分别叫内上髁和外上髁。内、外侧髁后方的窝叫髁间窝。

2. 髌骨

髌骨（图2-30）位于髌面前方，呈板栗状，前面粗糙，后面光滑叫关节面，与股骨的髌面相关节。

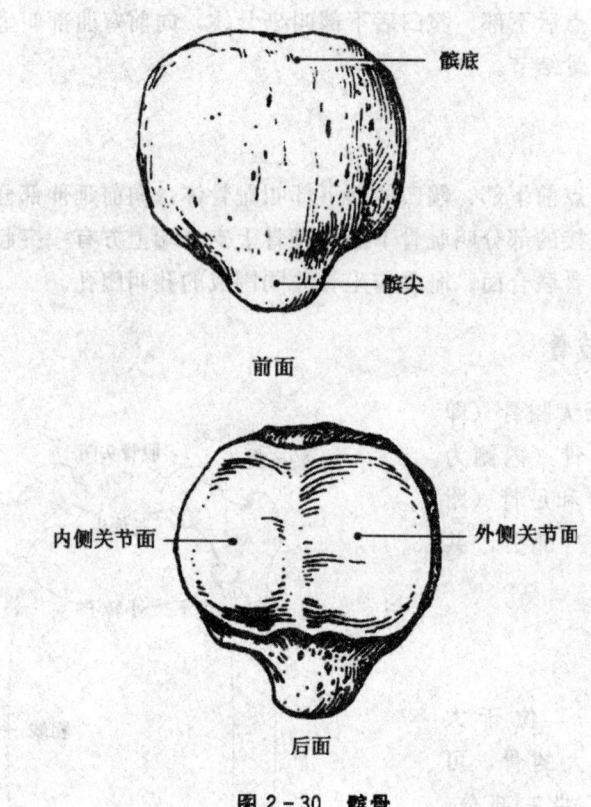

图2-30 髌骨

3. 胫骨

胫骨（图2-31）是位于小腿内侧的粗大长骨，分为上端、体和下端三部分。上端粗大，上方的突起叫髁间隆起，以此为界内侧的膨大叫内侧髁，外侧的膨大叫外侧髁。两个侧髁上方光滑的面叫胫骨上关节面，上端与体交界的前方有一突起叫胫骨粗隆。

胫骨体呈三棱形，因此有内、外、后三个面和前、内、外三个缘，其中前缘锐利。

胫骨下面光滑叫胫骨下关节面，其内下方的突起叫内踝，内踝外方的光滑面叫内踝关节面。

4. 腓骨

腓骨（参见图2-31）是位于小腿外侧的细长骨。它区分为上端（叫腓骨头）、体和下端（叫外踝），外踝内侧的光滑面叫外踝关节面。

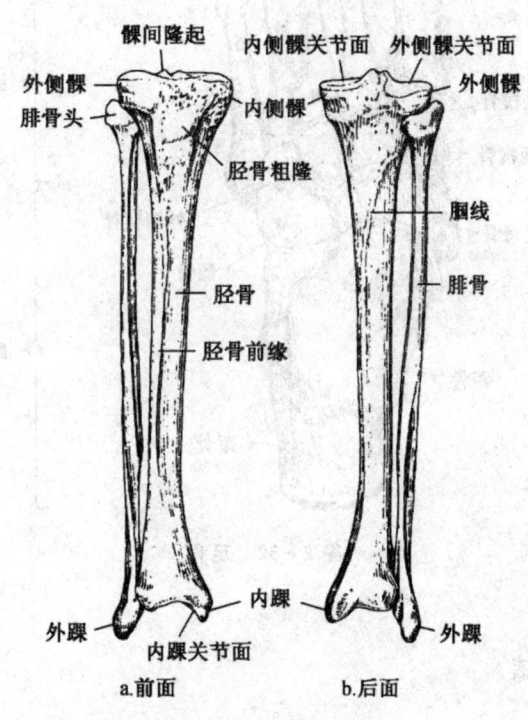

图2-31 胫骨和腓骨

5. 足骨

一侧足的跗骨共7块，位于足后部，分别是距骨、跟骨、足舟骨、骰骨和1、2、3楔骨。在距骨上方有一前宽后窄的光滑面叫距骨滑车。跟骨是跗骨中最大的一块，其后方粗糙的骨面叫跟结节。

一侧足的跖骨共有5块，位于足的中部，由内向外依次是第一、二、三、四、五跖骨，全是长骨。

一侧足的趾骨共有14块，除踇趾两节外，其余均为三节（图2-32）。

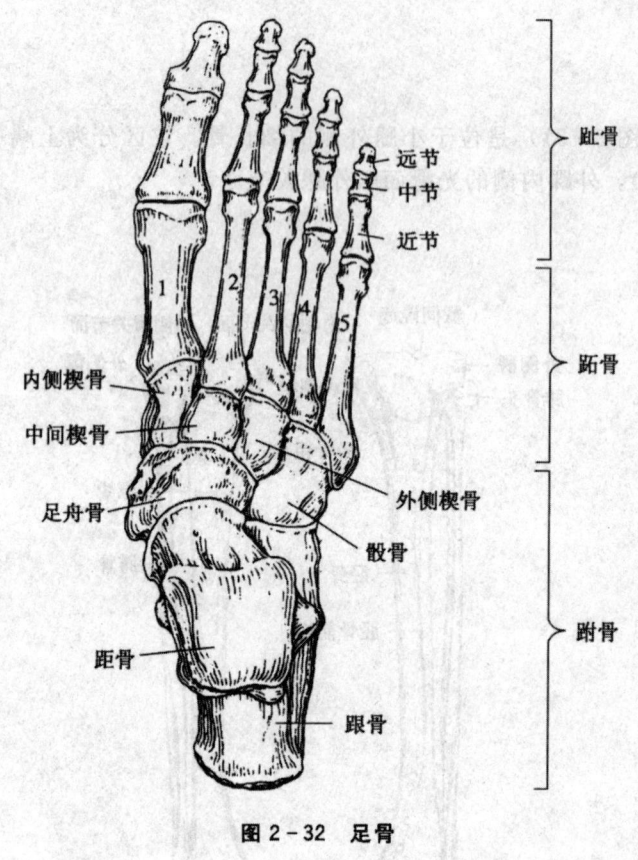

图 2-32 足骨

二、下肢骨连结

下肢骨的连结内容较多，这里重点介绍骨盆、髋关节、膝关节、踝关节和足弓五个部分。

（一）骨盆

骨盆（图2-33）是连结躯干与自由下肢骨之间的一个完整骨环。它由左、右髋骨、骶骨、尾骨及它们之间一系列的关节和韧带组成。骨盆分为大骨盆和小骨盆，以骶岬、弓状线、耻骨梳、耻骨结节及耻骨联合上缘的环线为界，上为大骨盆，下为小骨盆。

骨盆的整体形状似拱形建筑，具有节省材料，又能承受较大负荷的优越性。人体直立时的重力由腰椎、骶骨、髋臼传至股骨头形成"立弓"；人体坐位时的重力由骶骨、髋臼传至坐骨结节，形成"坐弓"。

成年男女的骨盆有显著的差异。其主要差异是，女性较男性骨盆低而宽，髂骨翼外翻，坐骨结节间距离大，耻骨角为钝角（男成锐角），小骨盆呈圆筒状（男呈漏斗

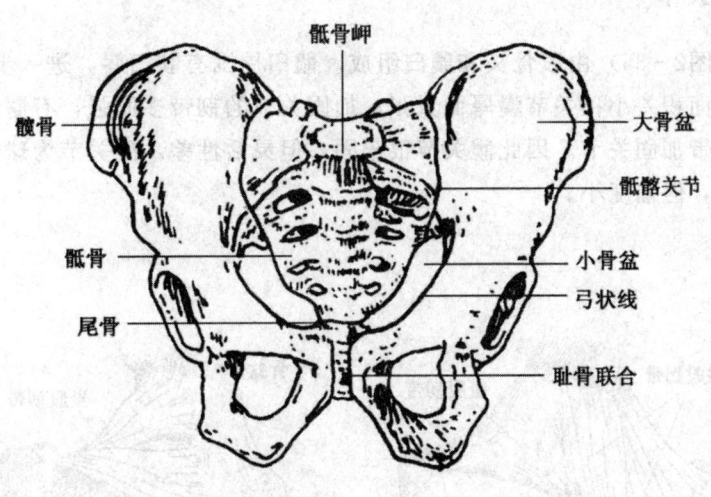

图 2-33 骨盆

状）等。

骨盆的运动是整体运动，可做前倾、后倾、侧倾和回旋等运动。人体直立时，骨盆处于前倾位，人体坐位时，骨盆处于水平位。

在竞走和跑步时，骨盆围绕支撑腿髋关节积极向前运动，这就是常说的"送髋"，它的意义在于增大腿长（实质是增大步幅），提高运动成绩（图 2-34）。

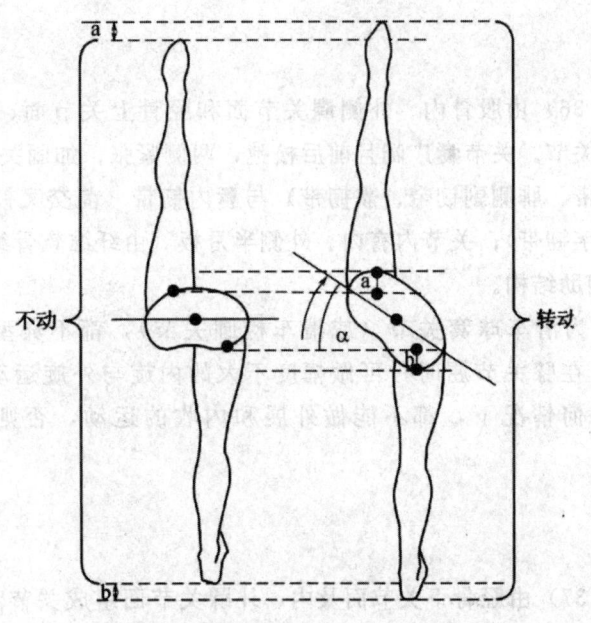

图 2-34 骨盆转动的意义

（二）髋关节

髋关节（图2-35）由股骨头和髋臼组成。髋臼周围有髋臼唇，进一步加深关节窝，所以髋关节的面积差小；关节囊厚而紧张；加固关节的韧带多而强，有髂股韧带、耻股韧带和坐股韧带加固关节。因此髋关节很牢固，但灵活性差。髋关节为球窝形关节，其运动同肩关节，但幅度小。

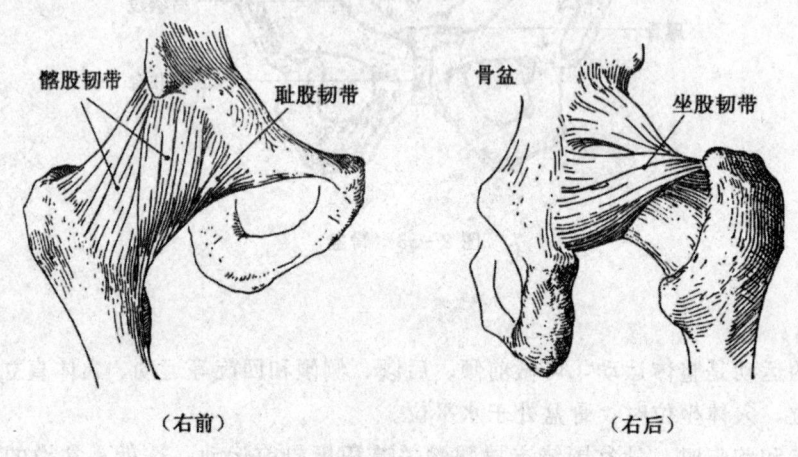

图2-35 髋关节

（三）膝关节

膝关节（图2-36）由股骨内、外侧髁关节面和胫骨上关节面、髌骨关节面组成，是人体中最复杂的关节。关节囊广阔且前后松弛，两侧紧张；加固关节的韧带多，有囊外韧带（胫侧副韧带、腓侧副韧带、髌韧带）与囊内韧带（前交叉韧带和后交叉韧带，两者合起来也叫十字韧带）；关节内有内、外侧半月板（由纤维软骨组成）；还有滑膜襞（也叫脂肪垫）等辅助结构。

膝关节的形状为滑车球窝关节（或滑车椭圆关节），都不典型。它的基本运动是屈和伸，此外，在膝关节屈时，可做幅度不大的内旋与外旋运动。这里必须强调的是，膝关节在任何情况下，都不能做外展和内收的运动，否则会引起侧副韧带拉伤。

（四）踝关节

踝关节（图2-37）由胫骨下关节面及内、外踝关节面组成关节窝，距骨滑车为关节头。关节囊的前后较两侧松弛；加固关节的韧带多，内侧有发达的三角韧带，外侧有距腓前、后韧带和跟腓韧带。踝关节的形状属于特殊的滑车关节（因为距骨滑车前宽后

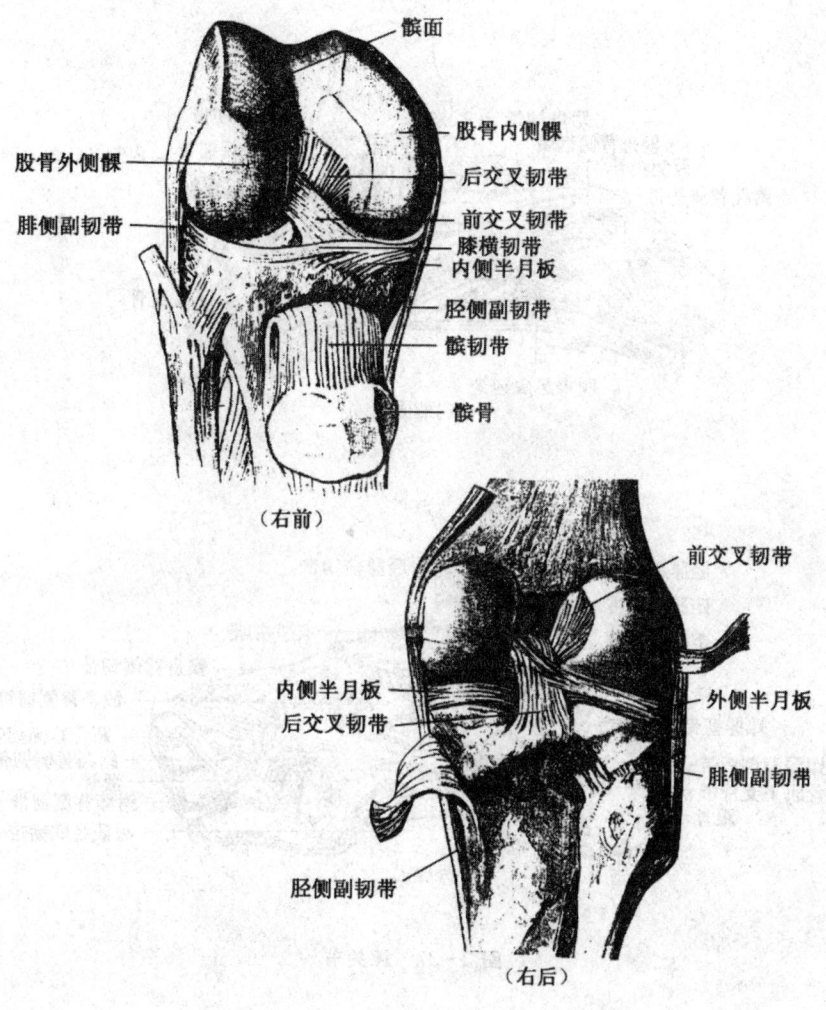

图 2-36 膝关节

窄)。

踝关节的基本运动是屈和伸,当足屈时,可以做幅度不大的内翻(也叫内收或外旋)和外翻(也叫外展或内旋)运动。在走、跑、跳的运动中,脚落到不平的地面时容易过度内翻拉伤距腓前韧带(也叫崴脚)。

(五) 足弓

足弓(图2-38)是由7块跗骨与5块跖骨组成,可分为内侧纵弓(弹性足弓)、外侧纵弓(支撑性足弓)和横弓(由骰骨与3块楔骨组成)。

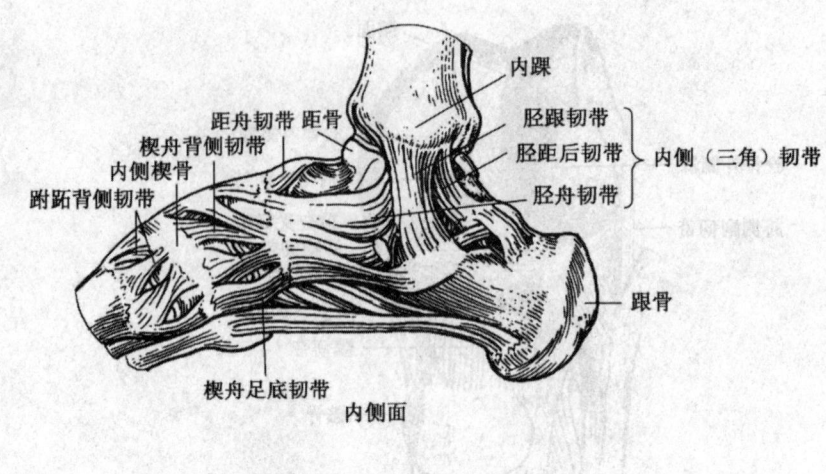

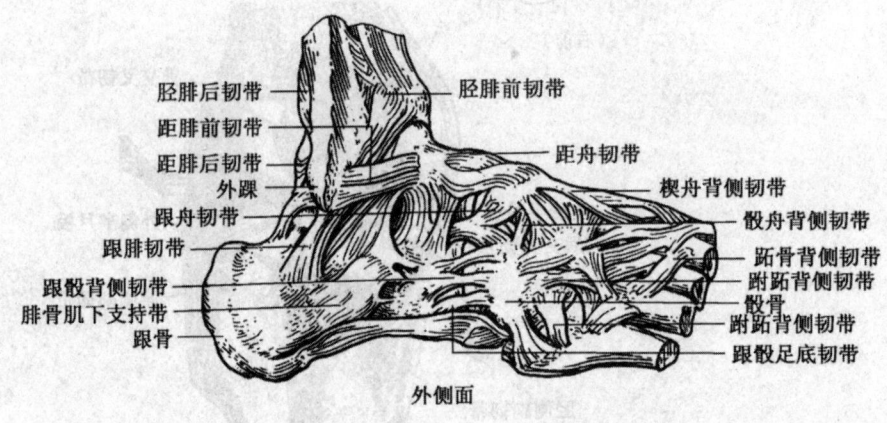

图 2-37 踝关节

足弓靠跖长韧带和跖侧的深层韧带，及其胫骨前肌和腓骨长肌在脚底形成的肌腱袢来维持。

足弓具有弹性，当人体进行走、跑、跳、翻腾等运动时，足弓是最先缓冲震动的结构；对足弓下面的神经和血管有保护作用，使之不受压迫，脚可以长时间地运动；有足弓的脚，三点着地，稳定性好，有利于人体的平衡。

通过印迹法测量足弓，发现有弹性足弓、正常足弓和扁平足（分为轻度、中度和重度）三种类型。对于扁平足又可分为两种，一是解剖性扁平足，二是功能性扁平足。从外观上看为扁平足，但走、跑、跳的功能很好，称之为解剖性扁平足；从外观上看也是扁平足，而且走、跑、跳的功能很差，则为功能性扁平足。

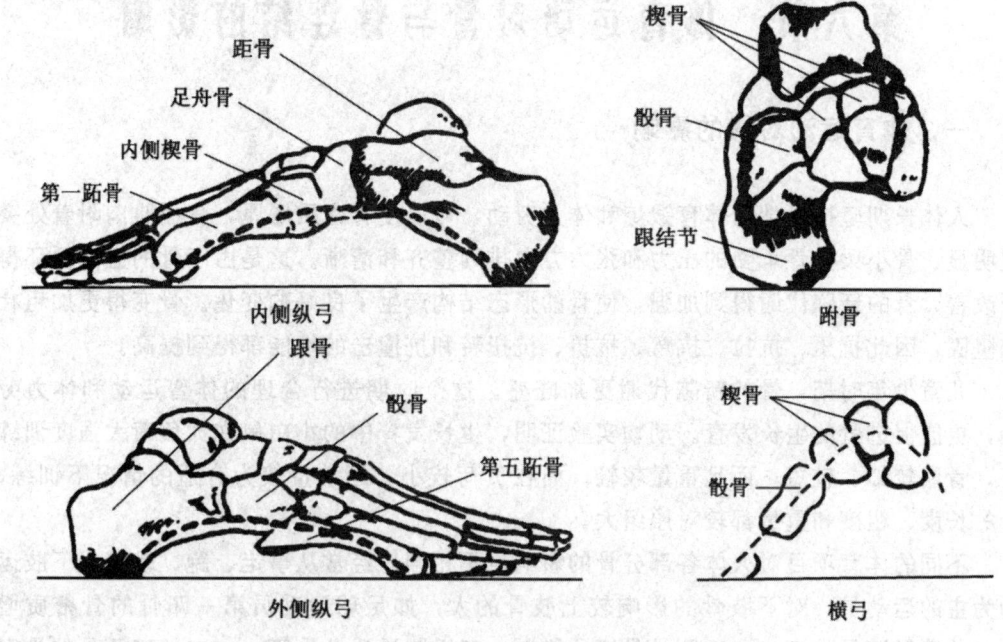

图 2-38 足弓

附三 颅骨简介

颅骨由 8 块脑颅骨和 14 块面颅骨组成。脑颅骨中成对的有顶骨和颞骨，不成对的有枕骨、蝶骨、额骨和筛骨。面颅骨成对的有上颌骨、腭骨、颧骨、鼻骨、泪骨和下鼻甲骨，不成对的有犁骨和下颌骨（图2-39）。此外 1 块舌骨和 6 块听小骨也归属颅骨，故颅骨总数为 29 块。

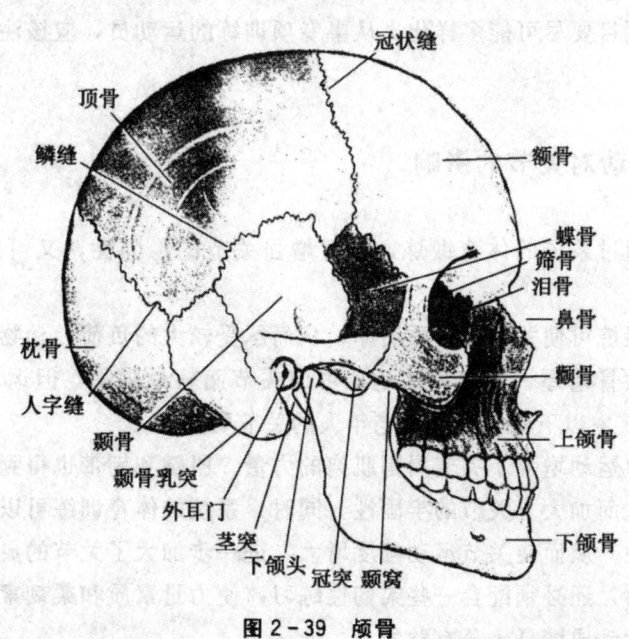

图 2-39 颅骨

第六节 体育运动对骨与骨连结的影响

一、体育运动对骨的影响

人体长期坚持科学的体育锻炼和体力劳动，可以使骨密质增厚，骨面肌肉附着处突起明显，骨小梁按骨承受的压力和张力方向排列整齐和清晰。这是由于骨的血液循环得到改善，骨的新陈代谢得到加强，使骨的形态结构产生了良好的变化。骨变得更加粗壮和坚固，因此抗压、抗拉、抗弯、抗折、抗扭转和抗撞击的性能都得到提高。

儿童少年时期，骨的新陈代谢更加旺盛。这个时期进行合理的体育运动和体力劳动，更能促进骨的生长发育。动物实验证明，生长发育中的小白鼠在大负荷大强度训练下，骨骼较细、较短，而且重量较轻。而在负荷较小、运动量较为合适的情况下训练，骨的长度、粗度和重量都较对照组大。

不同的体育项目对人体各部分骨的影响也不相同。经常从事走、跑、跳等以下肢运动为主的运动员，对下肢骨的影响较上肢骨的大，如足球运动员第一跖骨的骨密质增厚，芭蕾舞演员的第二、三跖骨骨密质增厚，三级跳远运动员第一、二、三跖骨的骨密质明显增厚。经常从事举重和体操等以上肢运动为主的运动员，上肢骨变化明显，骨密质增厚，如拳击运动员的桡骨骨密质明显增厚。

在同一个人身上，体育运动对骨的影响也不一样，如体操和游泳运动员、赛艇和皮艇运动员两侧骨的情况基本上相同。而投掷和击剑运动员，则一侧的上肢骨较另一侧上肢骨发达。

当体育锻炼停止后，骨所获得的这些良好变化，就会慢慢消退。因此体育锻炼应该经常化，锻炼的项目要尽可能多样化。从事专项训练的运动员，应该注意专项训练与全面训练相结合。

二、体育运动对关节的影响

总的来说，通过系统的体育锻炼，既可增强关节的稳固性，又可以提高关节的灵活性。

系统的体育锻炼可使关节骨密质增厚，从而承受较大的负荷。动物实验证明，长期运动可使关节面软骨增厚，短时间的运动可使关节面软骨肿胀，但运动停止后肿胀消失。这种变化，25岁以下的年轻人比老年人的关节明显。

经常参加体育运动增强了关节周围肌肉的力量，肌腱和韧带也得到了增强，关节面软骨适当增厚，从而加大了关节的牢固性。同时，系统的体育训练可以增强关节囊、肌腱和韧带的伸展性，从而使关节运动幅度增大，进一步加大了关节的灵活性。因此在进行力量练习的同时，还必须配合一些柔韧性练习，使力量素质和柔韧素质都得到相应的发展，这对提高运动成绩是十分有益的。

体育运动项目繁多，不同的运动项目对身体各关节的要求是不一致的。如游泳运动员的肩、肘、腕、踝关节运动幅度较一般人大，跳高和跨栏运动员的髋关节运动幅度大，艺术体操和花样滑冰运动员的脊柱运动幅度大，杂技演员在表演顶碗和咬花动作中，脊柱的屈伸幅度是惊人的。

复习与思考

（1）正常成人与儿童少年的骨各有多少？为什么不相同？

（2）骨有哪些基本形状？

（3）新鲜骨的构造怎样？

（4）骨有哪些物理特性？它的化学成分怎样？

（5）儿童少年的骨有何特点？体育运动中应注意些什么？

（6）骨是怎样长长和长粗的？

（7）什么是骨化和骨龄？

（8）骨有哪些功能？

（9）试述躯干骨、上肢骨和下肢骨的组成。

（10）肩胛骨、肱骨、尺骨、桡骨、髋骨、股骨、胫骨、腓骨和椎骨上有哪些主要骨性标志？

（11）骨的连结形式分为哪些？

（12）试述关节的主要构造和辅助结构。

（13）试述关节的运动。

（14）关节怎样分类？

（15）试述影响关节运动幅度大小的因素有哪些？

（16）试述六大关节（肩关节、肘关节、桡腕关节、髋关节、膝关节和踝关节）的组成、结构特点与运动。

（17）试比较肩关节与髋关节的相同点与不同点。

（18）试述椎体间的连结。

（19）椎间盘的构造怎样？

（20）试述脊柱的组成与运动。

（21）试述胸廓的组成与运动。

（22）试述脊柱的生理弯曲与意义。

（23）试述骨盆的组成、分类、性别特点与运动。

（24）试述足弓的分类与意义。

（25）什么是解剖性扁平足和功能性扁平足？

第三章 骨骼肌

学习要求

(1) 了解肌肉的数目与形状。
(2) 弄清肌肉的主要结构与辅助结构。
(3) 明确肌肉的物理特性与配布规律。
(4) 掌握研究肌肉机能的方法，重点是解剖学分析法。
(5) 熟悉肌肉的协作关系、工作性质与工作条件。
(6) 了解影响肌肉力量发挥的解剖学因素。
(7) 了解多关节肌在工作时所发生的"主动不足"和"被动不足"现象实质是什么，怎样克服上述两种现象。
(8) 掌握运动上肢、下肢和躯干的主要肌肉位置、形态、功能及锻炼方法（具体的肌肉是：斜方肌、前锯肌、胸大肌、背阔肌、三角肌、肱二头肌、肱肌、肱三头肌、髂腰肌、臀大肌、大收肌、股四头肌、半腱肌、半膜肌、小腿三头肌、腹直肌、腹外斜肌、腹内斜肌、竖脊肌和膈肌等20块肌肉）。
(9) 掌握发展肌肉力量与伸展性的基本原则与方法。
(10) 了解体育运动对骨骼肌的影响。

知识点与应用

人体中肌肉具有哪些形状？总数共有多少？肌肉的主要结构和辅助结构怎样？肌肉在人体中的配布规律怎样？肌肉有哪些物理特性？研究肌肉机能的解剖学分析法有哪些基本内容？熟悉肌肉的协作关系、工作性质。明确影响肌肉力量发挥的解剖学因素，多关节肌在工作时容易出现哪两种不好的现象？怎样去克服？掌握运动各关节（或环节）的主要肌肉位置、形态、功能和锻炼方法（练力量与伸展性）。经常从事体育运动对骨骼肌有哪些影响。

体重是反映人体骨骼、肌肉发育程度和营养状况的基本指标，对评价人体生长发育和健康状况有着重要意义。胸围是反映胸廓的大小和胸部肌肉发育状况的重要指标。此外还有皮褶厚度、上臂围、前臂围、大腿围、小腿围、臀围、腰围等各种围度，直接反映了各个局部的发育程度和肌肉情况。以上诸指标的测量，均按人体测量的要求进行。

对于肌肉来说，主要是两个方面的锻炼，一是如何发展肌肉力量，二是如何发展肌肉的伸展性。

人体在运动中克服内部与外部阻力的能力，这应该是力量素质的真正内涵。通过科学地训练，力量素质提高了，就会使人跑得快、跳得高、掷得远、运动效率高。一个力量素质较好的人往往运动损伤发生少，这是因为力量训练加强了关节的牢固性。

发展肌肉力量的方法很多，但最基本的方法是肌肉收缩抗阻力练力。这个阻力可以来自体外，也可以来自体内。在练习时，肌肉起止点的动与静主要有三种变化形式：一是肌肉止点向起点靠近，二是肌肉起点向止点靠近，三是肌肉起、止点互相靠近（相向运动中多见）。此外，还有肌肉收缩的力量很大但肌肉起止点都固定不动时，人体往往维持某种身体姿势不动（体操运动中较多见）。

以上只是定性的分析，而定量是一个难题，要因人、因项目不同而进行设计，这一点对教练员的要求较高。一个优秀的教练员决不死搬硬套，应该因人、因项目、因训练目的而大胆尝试和探索，要善于总结经验和教训，善于调整计划，要勇于创新，更要善于创新。因此在这里，就不具体列举肌肉力量训练的实例了。

关于肌肉伸展性训练，是对肌肉进行训练的又一个重要问题。任何专项运动都要求有一定的柔韧素质。柔韧素质的好坏直接影响肌肉的工作效果、动作技术的质量和运动损伤的预防。不同的运动专项对柔韧素质的要求也不一样。如体操、武术和摔跤等运动项目对躯干的柔韧素质要求较高，游泳和投掷运动员对肩关节的柔韧素质较高，短跑、跨栏运动对髋关节和踝关节的柔韧素质要求较高。

发展肌肉伸展性是提高柔韧素质的重要方面，它的基本原则是尽可能使肌肉的起、止点在动作过程中远离。这方面的训练千万不能操之过急，一定要循序渐进，采用动、静力性练习相结合，按照交替性原则，柔韧素质训练与力量性训练相结合，交替进行。

关于股后肌群（股二头肌、半腱肌和半膜肌）的训练，常用正踢腿、正压腿、纵劈腿、人体直立（伸膝）时体前屈等动作进行练习，效果较好。这仅仅是定性分析，至于定量又是一难题，需要教练员因人、因项目、因目的制订出有针对性的计划，同样也要善于调整计划，善于总结。

肩袖是由冈上肌、冈下肌、小圆肌和肩胛下肌的肌腱组成，肩袖也称为"腱袖"，有人称它为"旋转袖"。上述任何一块肌肉损伤，都称为肩袖损伤。一旦肩袖损伤，则会出现损伤部位疼痛，而且功能受限，也就是不能进行正常运动。这在人体运动中常有发生。就一般人来说，好发年龄在50岁左右，因此称为"五十肩"，如果功能受限很严重，则有人称之为"冻结肩"。到了这种程度，不谈运动训练，就连正常生活自理都困难。因此运动训练和比赛之前必须把肩关节活动开，人到中、老年要经常活动肩，预防"肩周炎"的发生。

在掷标枪的最后用力时，上肢要做好鞭打动作。完成鞭打动作的主要肌肉是胸大肌和背阔肌，在平时训练中，应对它们进行训练，尽可能做一些与鞭打动作相似的动作。

股四头肌是人体肌肉中体积最大的肌肉，它的四个头除了股直肌参与屈大腿外，从整块肌肉来说，主要功能是使膝关节伸。这块肌肉力量很大，但是在运动实践中，它的力量往往不能满足需要。如不少人运动中得了"髌骨劳损"，表现出除了疼痛以外，就是跳不起来。这说明平时加强股四头肌的力量练习很重要，事实上凡是股四头肌力量强的人，往往不会得"髌骨劳损"。经常采用立定跳远、蛙跳、多级跨跳、后蹬跑、跳台阶、上坡跑、蹲杠铃、纵跳摸高等练习可发展股四头肌的力量。有不少的篮球队在训练或比赛结束之后还要求队员进行站"马步桩"练习，可以预防"髌骨劳损"。

第一节 骨骼肌概述

大部分骨骼肌都附着在骨骼上，它收缩产生力量拉动骨杠杆绕关节轴进行运动。骨骼肌是运动系统中的主要部分。全身共有400多块肌肉，约占体重的40%（女性约占35%），四肢肌约占全身肌肉的80%，上、下肢肌分别占30%与50%。

一、肌肉的形状

肌肉的形状（图3-1）多种多样，可分为长肌、短肌、扁肌和轮匝肌等。长肌主要分布于四肢，收缩时可引起肢体进行大幅度运动；短肌主要分布于躯干深层，能持久收缩；扁肌（也叫阔肌）主要分布于胸腹壁，除运动功能外，还有保持脏器的作用；轮匝

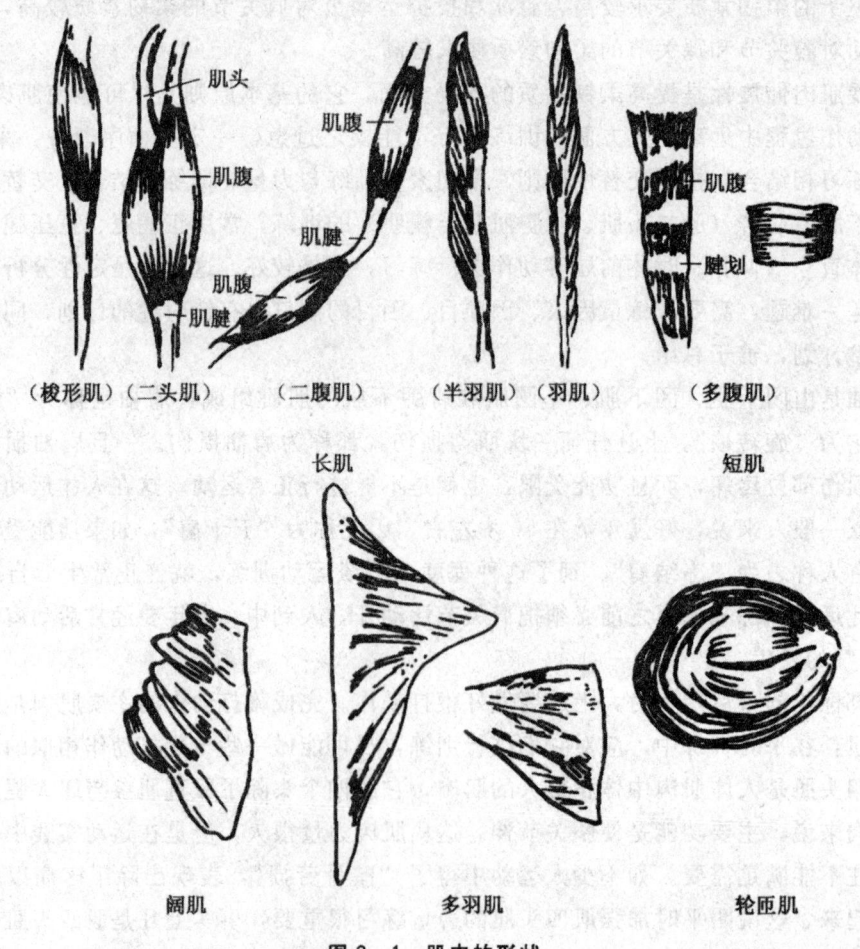

图3-1 肌肉的形状

肌分布于孔裂周围，由环形肌纤维构成，收缩时使孔、裂闭合。

此外，还有斜方形、三角形、菱形、齿状、梭形、羽状（半羽肌、全羽肌和多羽肌）、二头、三头、四头、二腹、多腹等不同形状的肌肉，适应身体各部分的需要。

二、肌肉的主要构造

每块肌肉都是一个器官，都是由中部的肌腹、两端的肌腱（或腱膜）、神经和血管构成（图3-2）。

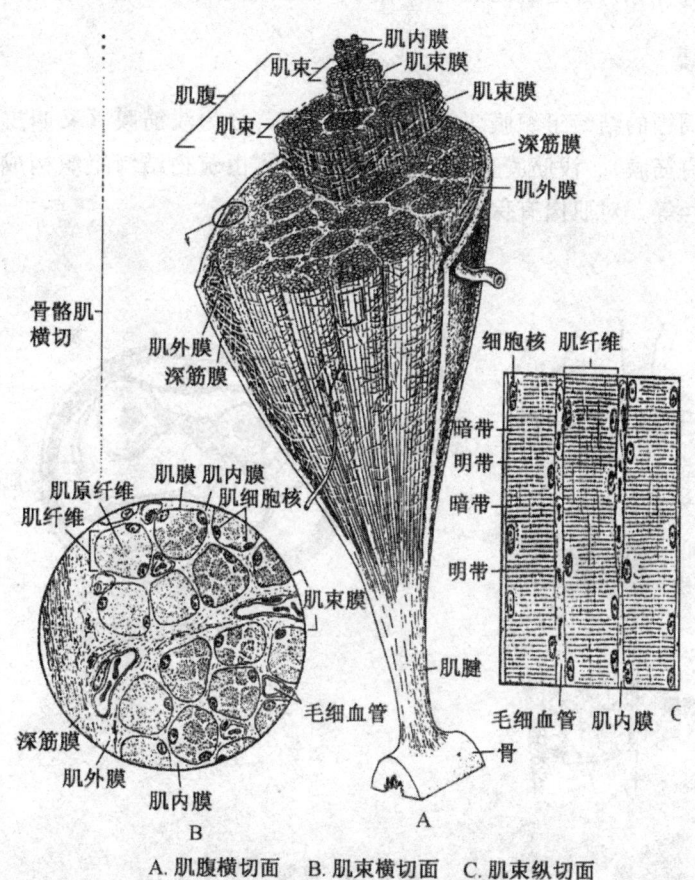

A. 肌腹横切面　B. 肌束横切面　C. 肌束纵切面

图3-2　肌肉的构造

肌腹主要由骨骼肌组成。每个肌细胞呈长丝状，故称为肌纤维。由许多肌纤维组成小肌束，几个小肌束组成大肌束，它们外面都有结缔组织膜包裹，叫肌束膜（或肌内衣）。由几个大肌束组成的肌腹，其外面也有结缔组织膜包裹，叫肌外膜（也叫肌外衣），肌腹内分布有丰富的血管和神经。

肌腱（或腱膜）位于一块肌肉的两端，由致密结缔组织组成，一端与骨膜结合，另一端移行于肌束膜和肌外膜。肌腱主要由胶原纤维构成，所以抗张力能力较强。据实验报道，成人的肌腱每平方厘米的抗张力为611～1265公斤，而松弛的肌肉抗张力每平方厘米只有5.44公斤。

三、肌肉的辅助结构

在肌肉周围还有一些结构，它们保护肌肉并为其提供有利的力学条件，如筋膜、腱鞘、滑膜囊和籽骨等，都是肌肉的辅助结构。下面重点介绍筋膜和腱鞘。

（一）筋膜

包在肌肉周围的结缔组织膜叫筋膜（图3-3），分为浅筋膜（又叫皮下筋膜）和深筋膜（又叫固有筋膜）。浅筋膜直接位于皮肤深层，由疏松结缔组织构成，其中含有脂肪、血管和神经等，对肌肉有保护作用。

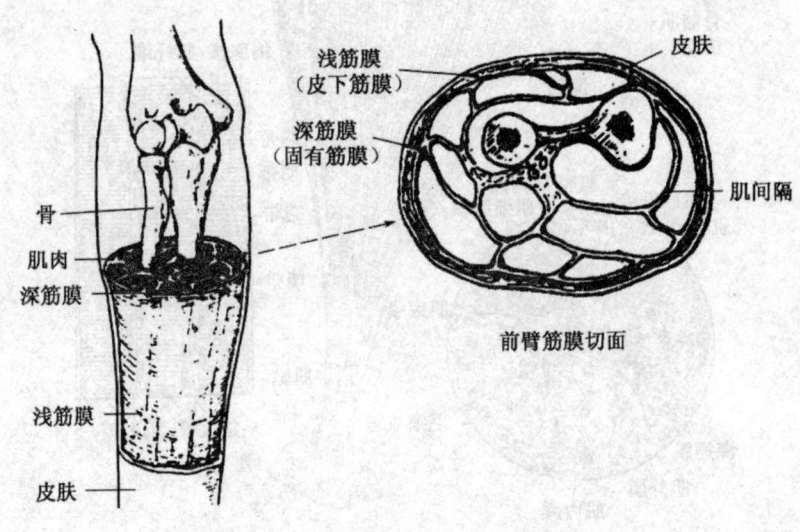

图3-3 筋膜

深筋膜位于浅筋膜深层，由致密结缔组织构成，包裹全身的肌肉、血管和神经等。深筋膜可深入肌肉之间，构成肌间隔和肌鞘，分隔肌肉或肌群，有利于每块肌肉或肌群单独活动，互不干扰，保证动作的准确性；深筋膜作为部分肌肉或部分肌纤维的附着面，扩大了肌肉的附着面积，给肌肉收缩以稳固的支撑点，便于肌肉收缩发挥力量；在病理情况下，深筋膜可以限制炎症的扩散，具有保护的功能。

(二) 腱鞘

腱鞘（图3-4）是套在肌腱外面双层封闭的筒状结构，分布在腕、手指、踝和足趾等处。腱鞘由外层（腱纤维鞘）和内层（腱滑膜鞘）组成，两层之间有少量滑液，肌腱在腱鞘内可以自由滑动。腱鞘对肌腱具有固定、减少运动时腱与骨面之间的摩擦等功能。

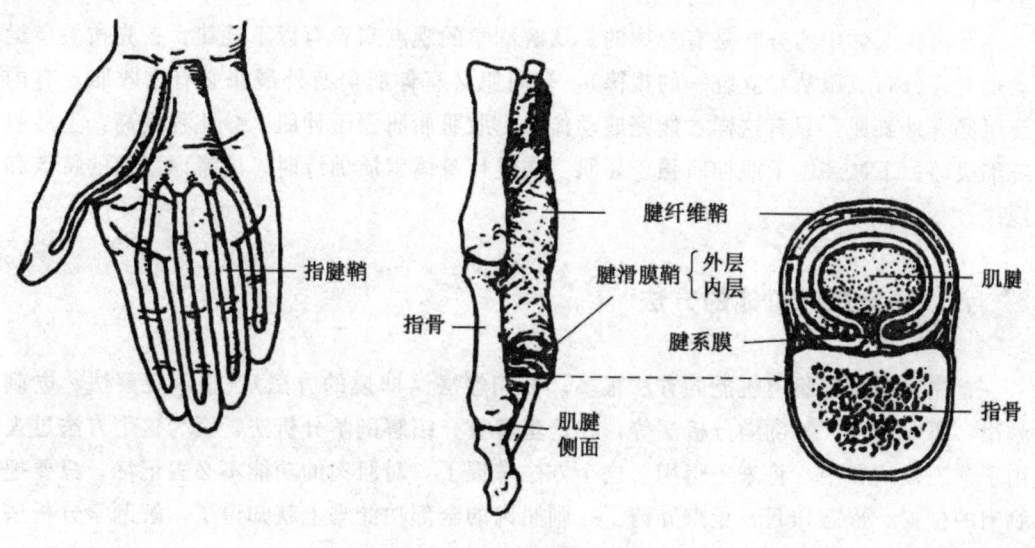

图3-4 腱鞘

滑膜囊是关节囊的滑膜层向关节外突出而成，多半存在于肌腱与骨面之间，内有少量滑液，可以减小运动时肌腱与骨面之间的摩擦。

籽骨通常由肌腱骨化而成，存在于肌腱止点与骨之间，它可以改变肌腱的抵止角度，加大肌肉的力臂，为肌肉工作创造有利条件。人体中最大的籽骨是髌骨。

四、肌肉的物理特性

骨骼肌具有伸展性、弹性和黏滞性等物理特性。

(一) 伸展性与弹性

骨骼肌具有伸展性和弹性。骨骼肌在外力作用下可以被拉长的特性称为伸展性，当外力去掉之后，肌肉又恢复原来状态的性质叫弹性。在体育运动中，应该加强肌肉伸展性与弹性的训练，对增加关节的运动幅度和增强关节柔韧性、提高动作质量十分有利。

(二) 黏滞性

骨骼肌的黏滞性，是肌肉内部胶状物（原生质）所造成的，具体来说，是运动中肌纤维之间、肌肉之间、肌群之间摩擦力的外在表现。它的大小与温度密切相关，温度高时，肌肉黏滞性小，对运动有利。反之对运动不利。因此每次训练或比赛之前要做好充分的准备活动，可以提高肌肉温度，减小肌肉黏滞性，有利于提高运动成绩和减少运动损伤的发生。

五、肌肉的配布规律

肌肉在人体中的分布是有规律的。从解剖学的观点来看有以下规律：首先按关节运动轴对应分布（服从对立统一的规律），有屈肌必有伸肌，有外展肌必有内收肌，有内旋肌必有外旋肌，只有这样才能完成动作；上肢肌屈肌强于伸肌，分化程度高，上肢肌纤细灵巧；下肢和躯干肌伸肌强于屈肌。在进行身体素质训练时，应考虑以上的特点和规律。

六、研究肌肉机能的方法

首先说明研究肌肉机能的方法很多，如扪触法（即摸的方法）、临床观察法、电刺激法、肌电图法、解剖学分析法等，在这里着重介绍解剖学分析法，因为这个方法过去用了，现在正在用，将来还得用。这个方法掌握了，对肌肉的功能不必去记忆，只要把肌肉的位置、形态和起、止点弄清了，则肌肉的全部功能马上就知道了。解剖学分析法要依据两点：

第一，根据肌肉起、止点，动、定点，近固定、远固定，上固定、下固定和无固定来分析。

肌肉的起、止点是世界公认的。决定肌肉的起点与止点一般有两个原则。首先考虑肌肉两端中哪一端靠近正中面，则这一端是起点，另一端为止点。如胸锁乳突肌的起点在胸骨柄和胸骨端，止点在颞骨乳突。再就是看肌肉两端中哪一端靠近头顶侧，则这一端就是起点，另一端就是止点。如三角肌的起点在肩胛冈、肩峰和锁骨肩峰端，止点在三角肌粗隆。肌肉的起、止点在运动中不发生任何变化。

肌肉在工作中，它的起点与止点都在动，只是相对哪一点动得明显，则这一点就是动点，另一端则称为定点，肌肉的定点与动点在不同的动作中有不同的变化。如做前臂负重弯举动作中，肱肌的起点是定点，止点是动点。但是在做引体向上动作中，肱肌的止点是定点，而起点变成了动点，因此肌肉的动点与定点是可以变化的。

近固定，就是指肌肉在工作中起点固定不动。远固定，是指肌肉在工作中止点固定不动。如做前臂负重弯举时，肱肌是近固定。但在做引体向上动作时，肱肌是远固定。

上固定，是指肌肉在工作中，上端不动叫上固定，下端不动叫下固定，若两端都在动则叫无固定。如做仰卧举腿动作时，腹直肌是上固定；做仰卧起坐动作时，腹直肌是下固定；做仰卧两头起动作时，则为无固定。

以上所说的五种固定情况，都是肌肉的工作条件，近固定与远固定适用于四肢肌

（包括有的肌肉一端附着在四肢，另一端附着在头颈和躯干上）；上固定、下固定和无固定适用于头颈和躯干肌。肌肉工作的固定情况是肌肉工作的重要条件，因此，在训练肌肉力量和伸展性时考虑这一点十分重要，因为它直接影响训练效果。

第二，根据肌肉拉力线跨过关节运动轴的哪一侧，来分析肌肉的功能。因为肌肉的形状多种多样，很多时候是肌群（多块肌肉）参加工作，因此必须明确什么是肌肉拉力线？肌肉拉力线是肌肉合力作用线，它所表示的力量既有大小（通常线的长短表示），又有方向，并始终朝向肌肉的固定点（即定点），是一个矢量。肌肉拉力线有时是弯的，但多半是直的。

当肌肉拉力线跨过关节额状轴前方，肌肉收缩做屈的动作，反之做伸的动作（膝及其以下关节相反）。当肌肉拉力线跨过关节矢状轴上方（或上外方），肌肉收缩做外展的动作，反之做内收的动作（适用于四肢肌），头颈、躯干同侧的肌肉收缩，使头颈或躯干做侧屈。当肌肉拉力线跨过关节垂直轴，若由前往外，则肌肉收缩做内旋动作，如三角肌的前部纤维收缩，使上臂内旋；若由后向外，则肌肉收缩做外旋动作，如三角肌的后部纤维收缩，则使上臂外旋。以上适用于四肢肌，在头颈和躯干部则叫右回旋或左回旋。当肌肉拉力线与环节纵轴线平行时，则不能使环节回旋，若使环节做回旋动作，肌肉拉力线必须与环节纵轴线成角度（0°＜这个角度＜180°）。

七、肌肉的协作关系

人体运动的动作千姿百态，千变万化。最简单的动作完成也不可能由一块肌肉来实现，总是由许多肌肉、肌群互相配合，在神经系统指挥与调节下去完成。根据肌肉在运动中所起作用的不同，通常分为原动肌、主动肌、次动肌（副动肌）和对抗肌等。

（一）原动肌

直接完成某动作的肌肉（或肌群）叫原动肌。如前臂负重弯举动作，肘关节屈，这时肱肌、肱二头肌、肱桡肌和旋前圆肌就是这个动作的原动肌。

（二）主动肌和次动肌

在原动肌中，起主要作用的肌肉叫主动肌；起次要作用的肌肉叫次动肌。如前臂负重弯举动作中，肱肌和肱二头肌为主动肌；肱桡肌和旋前圆肌则为次动肌。

（三）对抗肌

与原动肌功能相反的肌肉叫对抗肌。如前臂负重弯举动作中，肱三头肌和肘肌为对抗肌。

八、肌肉的工作性质

就肌肉收缩牵引骨引起的机械运动来说，肌肉的工作性质分为动力性动作和静力性动作两大类,具体分为向心工作(也叫克制工作)、离心工作(也叫退让工作)、支持工作、加固工作和固定工作五种。

人体或局部不断地改变运动方向、速度和位置的动作称为动力性动作,包括向心工作和离心工作两种。在动力性动作中,肌肉收缩变短、变粗,这时肌力大于阻力,使运动环节朝向肌肉拉力方向运动,叫向心工作。如前臂负重弯举时,肘关节的屈肌做向心工作。又如正踢腿动作,髋关节的屈肌做向心工作。

在动力性动作中,肌肉在被拉长的情况下收缩,肌力小于阻力,这时运动环节背向肌肉拉力方向进行缓慢运动,这时的肌肉工作称为离心工作。如前臂负重弯举之后,接着慢慢做肘关节伸的动作,这时肘关节的屈肌做离心工作。

人体(或局部)处于相对静止状态的动作,称为静力性动作,包括支持工作、加固工作和固定工作三种。在静力性动作中,肌肉拉力矩和阻力矩相等,这时的肌肉做支持工作。如两臂负重外展到侧平举位不动,这时肩关节的外展肌做支持工作。在静力性动作中,运动环节在关节处企图拉离,这时关节周围的肌肉做加固工作。如单杠悬垂时,两肘关节周围的肌肉做加固工作。在静力性动作中,运动环节在关节处互相靠紧,这时关节周围的肌肉做固定工作,如人体站立时,两膝关节周围的肌肉做固定工作。

九、影响肌肉力量发挥的解剖学因素

影响肌肉力量发挥的解剖学因素主要是肌肉生理横断面的大小和肌肉初长度的长短。

(一)肌肉生理横断面

横切整块肌肉所有肌纤维断面的总和叫肌肉生理横断面(图3-5)。梭形肌的

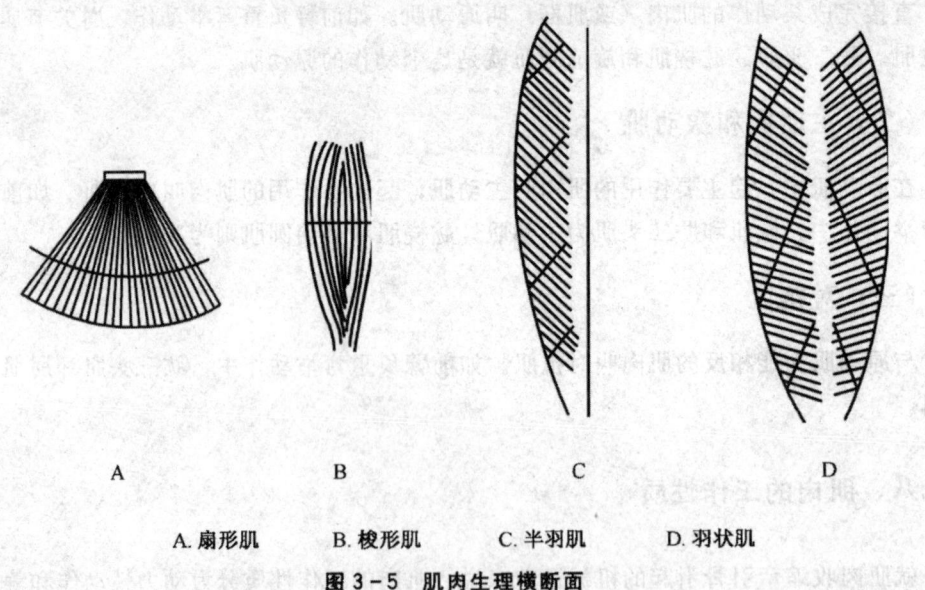

A. 扇形肌　　B. 梭形肌　　C. 半羽肌　　D. 羽状肌

图3-5 肌肉生理横断面

肌肉生理横断面与解剖横断面（整块肌肉的横断面叫解剖横断面）相等，而羽状肌的肌肉生理横断面大于肌肉的解剖横断面。不管是什么形状的肌肉，只要体积相同，谁的生理横断面大，则力量大。经常参加体育锻炼，尤其侧重力量练习的人，肌肉练得粗大、结实有力。如投掷运动员、摔跤运动员等很明显。通过科学的锻炼不是使肌纤维数量的增加，而是使每根肌纤维增粗和质量的提高，所以肌肉力量增大。

（二）肌肉初长度

肌肉在收缩（工作）之前的长度，叫肌肉初长度。实验证明最长和最短的肌肉初长度，肌肉收缩发力最小，只有适宜的初长度（或称为最佳初长度），肌肉收缩产生的力量才最大。因此体育运动中的一些投掷项目，必须做好身体超越器械动作，在最后用力时，器械才会被投得更远，取得更好的成绩。

十、多关节肌的工作特点

跨过一个关节的肌肉叫单关节肌，如胸大肌、三角肌等，因为它只跨过一个关节，所以一心一意地工作在这个关节，没有什么特点。

跨过两个关节的肌肉叫双关节肌，跨过三个或以上关节的肌肉叫多关节肌。在这里把双关节肌归属到多关节肌里，因为肌肉跨过的关节多，工作就比较复杂，容易出现多关节肌主动不足，或多关节肌被动不足的现象，这两种现象的出现，对完成体育动作都是不利的，影响运动成绩，甚至会出现运动损伤。

（一）多关节肌主动不足

多关节肌在工作中以原动肌的身份出现时，在一个关节处已充分发挥了力量，再不能很好作用于其他关节而表现出力量不足的现象，叫多关节肌主动不足。它的实质是力量不足，若有此现象发生，在运动训练中，应加强其力量练习。如手指的屈肌群是多关节肌，当用手指紧紧握住匕首接着做充分屈腕的动作时，原来被紧紧握住的匕首会松脱，这一现象就是手指屈肌发生了多关节肌主动不足。

（二）多关节肌被动不足

多关节肌在工作中以对抗肌的身份出现时，由于它的长度（或伸展性）不够而阻碍了运动环节的运动幅度，这一现象叫多关节肌被动不足。实质是肌肉的长度（或伸展性）不足，因此在运动训练中，应加强肌肉伸展性练习，以增大关节的运动幅度，保证动作顺利完成。如屈小腿之后屈大腿很容易，可是在伸直小腿后再屈大腿就很难，这是因为大腿后方的肌肉（股二头肌、半腱肌和半膜肌）发生了多关节肌被动不足。所以在运动训练中，常用正踢腿、正压腿、前摆腿等练习，发展股后肌群的伸展性。

通过以上十个问题集中地介绍了肌肉的概述，下面把全身的肌肉（图3-6、

图3-7）按上肢运动的肌肉、下肢运动的肌肉和躯干运动的肌肉三部分进行介绍。首先以关节运动为中心，按肌肉在运动中起作用的主、次顺序，出现肌肉的名称。然后介绍一些大块肌肉的位置与形态、起点、止点和功能，并附上肌肉力量和伸展性的一些练习方法。

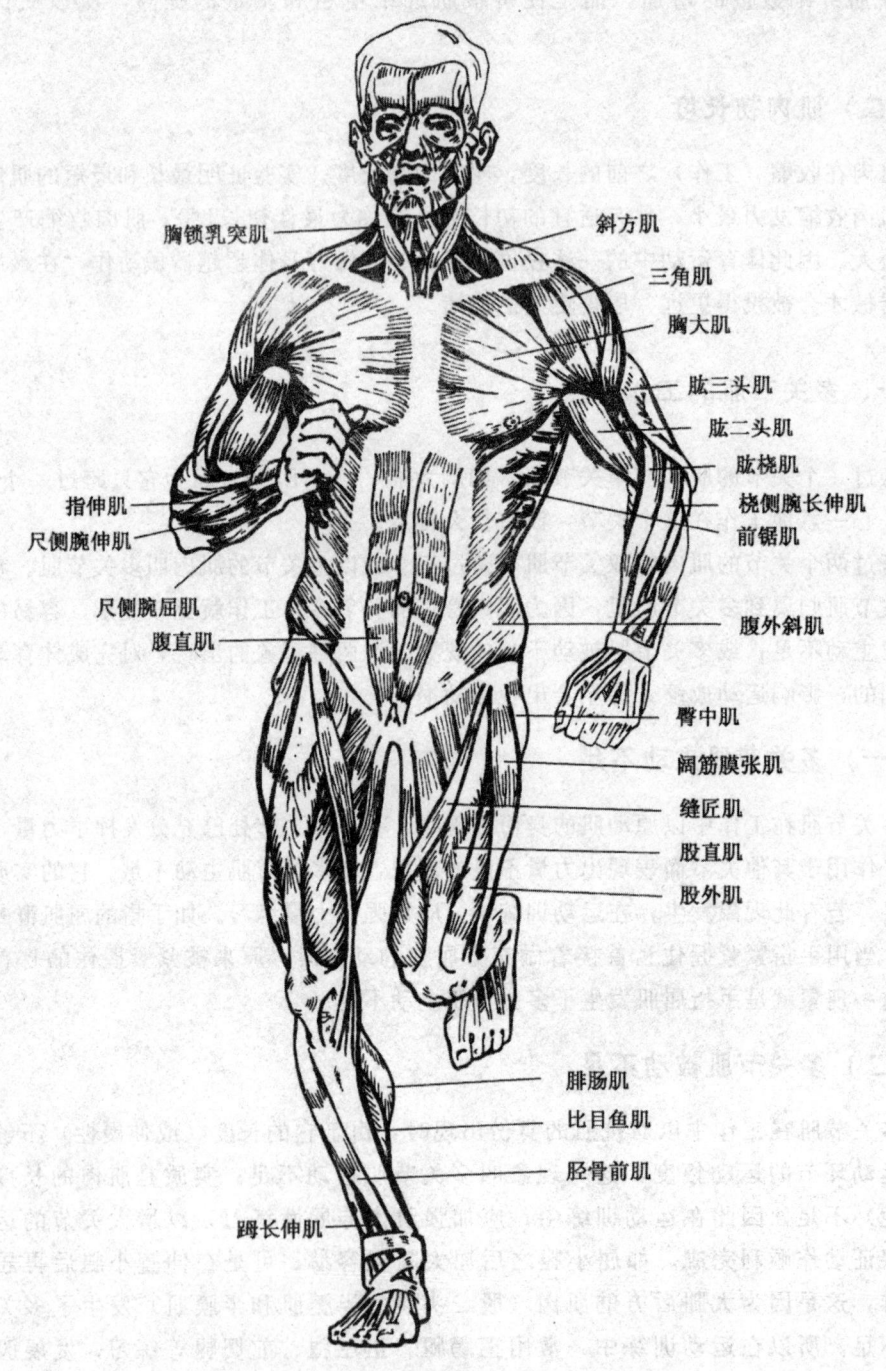

图3-6 人体肌肉（前面）

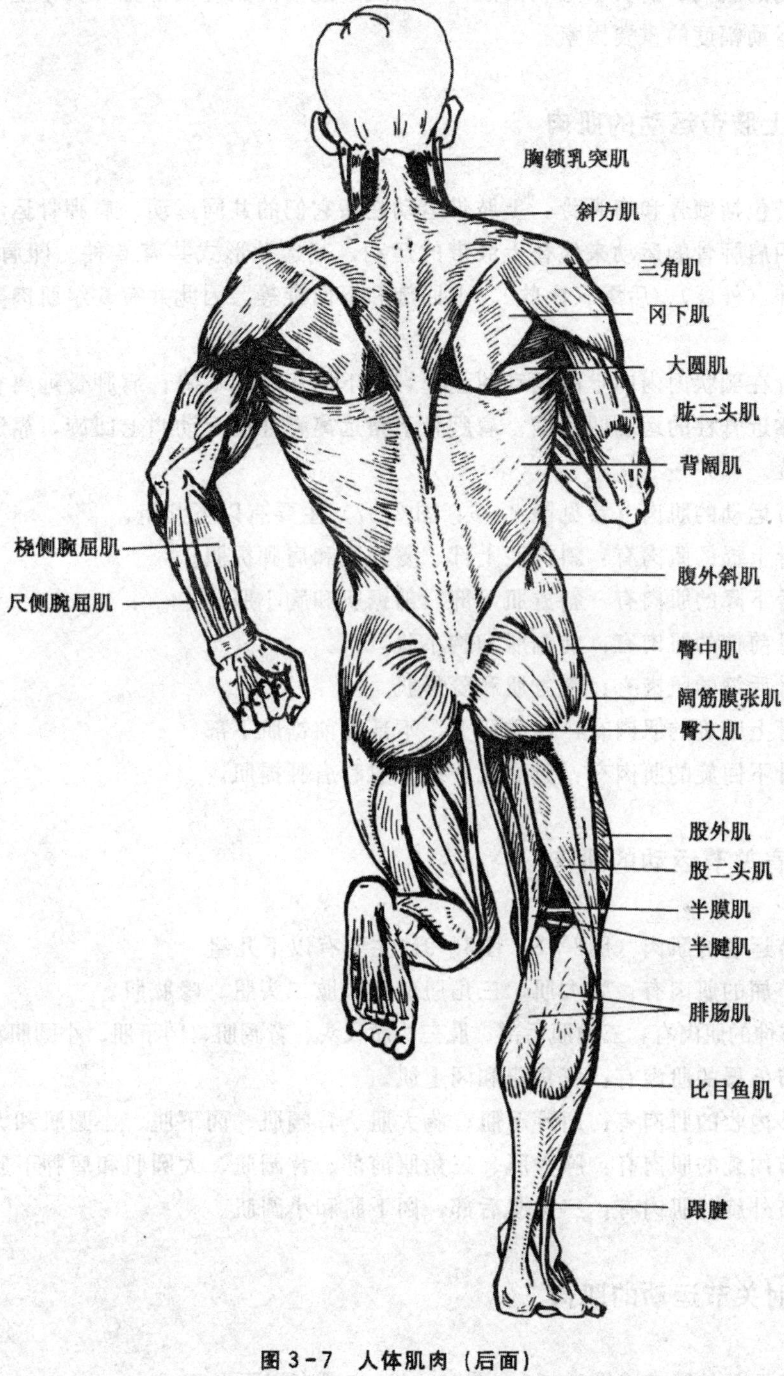

图 3-7 人体肌肉（后面）

第二节 上肢运动的肌肉

上肢肌是人体运动器官中最灵活的部分。上肢运动的肌肉包括上肢带运动的肌肉、肩关节运动的肌肉、肘关节运动的肌肉和腕关节运动的肌肉四部分，其中上肢带运动是加大上肢运动幅度的重要因素。

一、上肢带运动的肌肉

上肢带包括锁骨和肩胛骨。上肢带运动是指它们的共同运动，肩胛骨运动的幅度较大，通常用肩胛骨的运动来代替上肢带的运动，其运动形式共有6种。即肩胛骨上提、下降、前伸（外展）、后缩（内收）、上回旋和下回旋等。因此共有6组肌肉实现上述的6种运动。

肩胛骨在额状面内向上的运动叫上提，向下的运动叫下降；肩胛骨远离脊柱的运动叫前伸，靠近脊柱的运动叫后缩；肩胛骨下角远离脊柱的运动叫上回旋，靠近脊柱的运动叫下回旋。

上肢带运动的肌肉（参见图3-6、图3-7）主要有以下几组。

肩胛骨上提的肌肉有：斜方肌上部、菱形肌和肩胛提肌。

肩胛骨下降的肌肉有：斜方肌下部、前锯肌和胸小肌。

肩胛骨前伸的肌肉有：前锯肌和胸小肌。

肩胛骨后缩的肌肉有：斜方肌和菱形肌。

肩胛骨上回旋的肌肉有：斜方肌上、下部和前锯肌下部。

肩胛骨下回旋的肌肉有：胸小肌、菱形肌和肩胛提肌。

二、肩关节运动的肌肉

肩关节运动的肌肉（图3-8、图3-9）主要有以下几组。

肩关节屈的肌肉有：胸大肌、三角肌前部、肱二头肌、喙肱肌。

肩关节伸的肌肉有：三角肌后部、肱三头肌长头、背阔肌、冈下肌、小圆肌和大圆肌。

肩关节外展的肌肉有：三角肌和冈上肌。

肩关节内收的肌肉有：肩胛下肌、胸大肌、背阔肌、冈下肌、小圆肌和大圆肌。

肩关节内旋的肌肉有：胸大肌、三角肌前部、背阔肌、大圆肌和肩胛下肌。

肩关节外旋的肌肉有：三角肌后部、冈下肌和小圆肌。

三、肘关节运动的肌肉

肘关节运动的肌肉（图3-10、图3-11）主要有以下几组。

肘关节屈的肌肉有：肱肌、肱二头肌、肱桡肌和旋前圆肌。

肘关节伸的肌肉有：肱三头肌和肘肌。

前臂内旋的肌肉有：旋前圆肌和旋前方肌。

前臂外旋的肌肉有：旋后肌、当前臂内旋时还有肱二头肌和肱桡肌。

第三章 骨骼肌

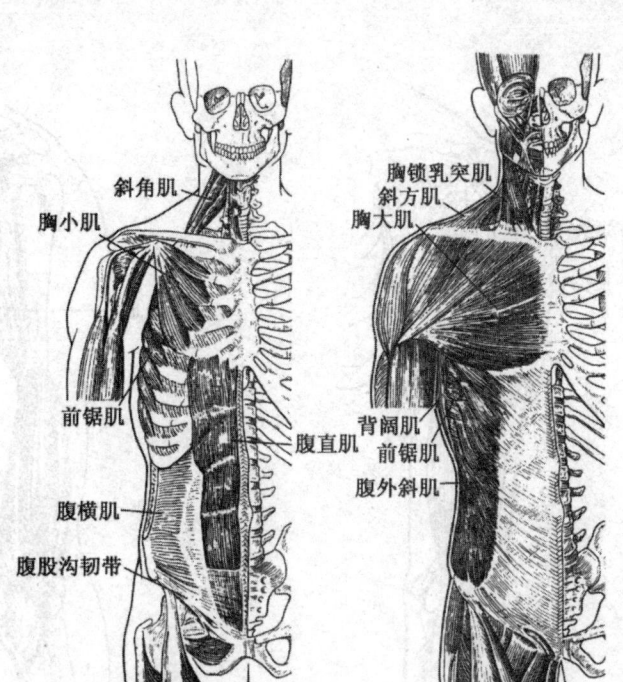

图3-8 胸腹壁浅层肌

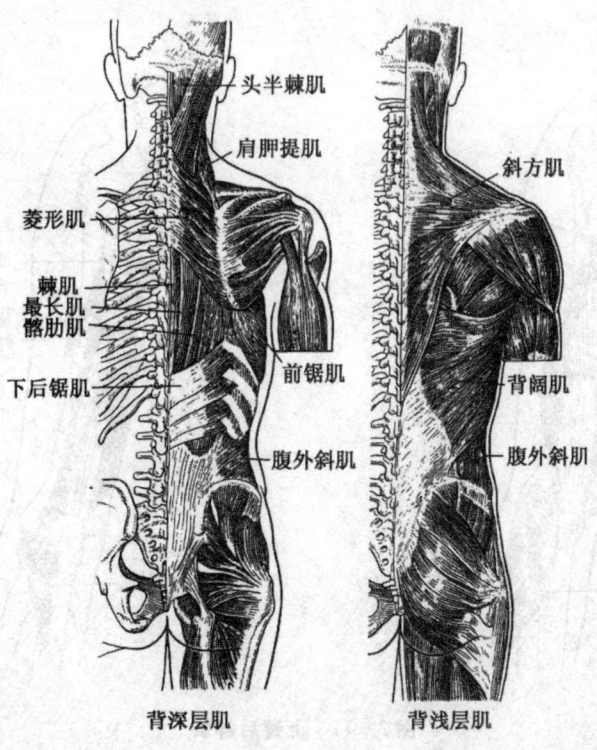

图3-9 背肌

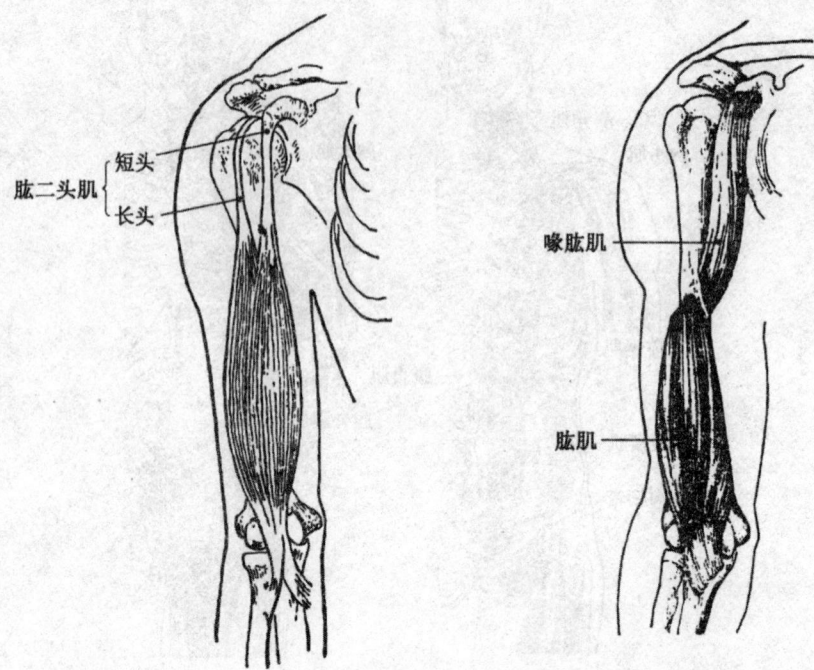

图 3-10 上臂前群肌

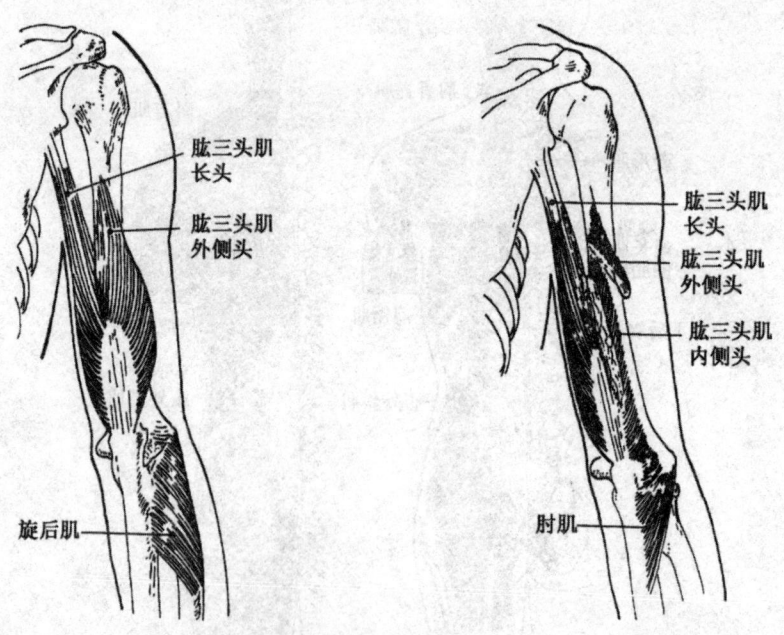

图 3-11 上臂后群肌

四、腕关节运动的肌肉

腕关节运动的肌肉（图3-12、图3-13）主要有以下几组。

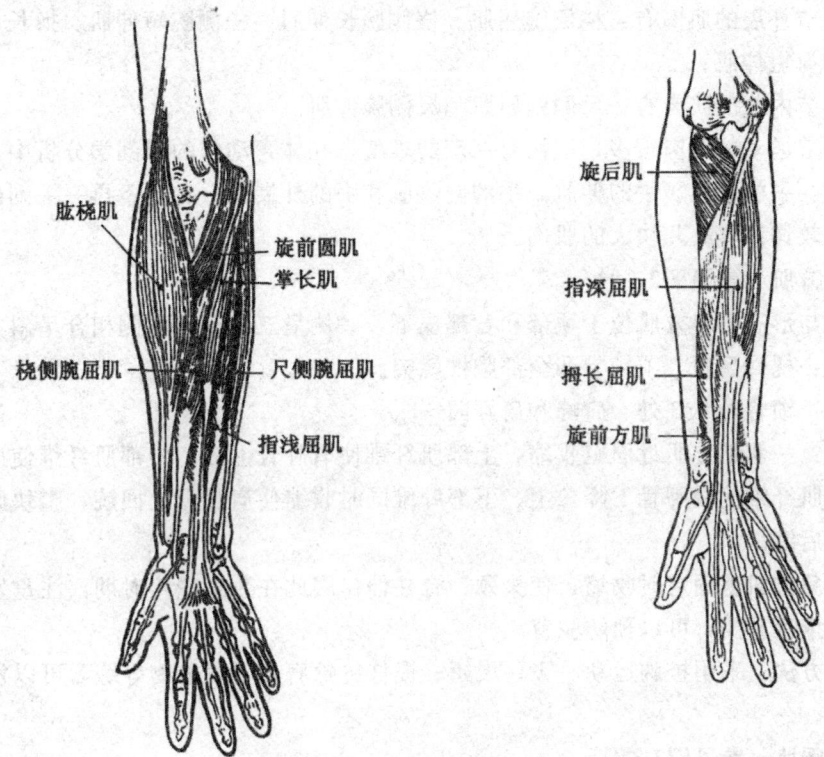

图3-12 前臂前群肌

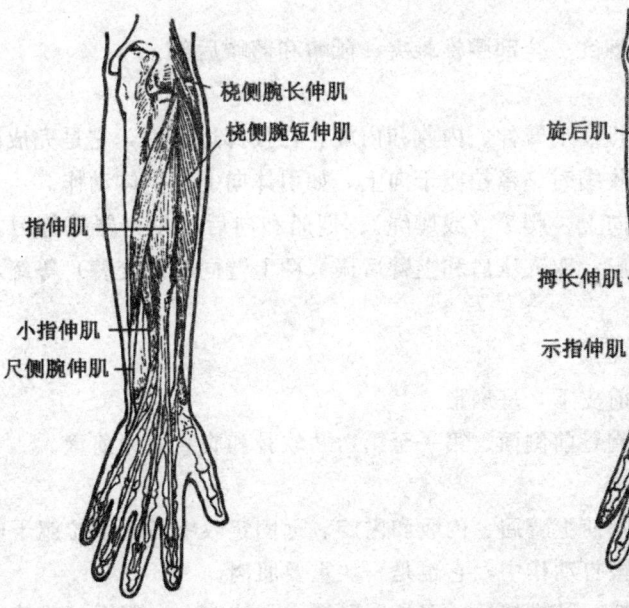

图3-13 前臂后群肌

腕关节屈的肌肉有：桡侧腕屈肌、掌长肌、指浅屈肌、尺侧腕屈肌、拇长屈肌和指深屈肌。

腕关节伸的肌肉有：桡侧腕长伸肌、桡侧腕短伸肌、指伸肌、小指伸肌、尺侧腕伸肌、拇长展肌、拇短伸肌、拇长伸肌和示指伸肌。

腕关节外展的肌肉有：桡侧腕屈肌、桡侧腕长伸肌、桡侧腕短伸肌、拇长展肌、拇长伸肌和拇短伸肌。

腕关节内收的肌肉有：尺侧腕屈肌和尺侧腕伸肌。

腕关节运动的肌肉很多，记忆有一定的难度，在体育动作的解剖学分析中，可以直接概括为：手的屈肌、手的伸肌、手的内收肌和手的外展肌。此处不再一一列出。

下面较详细介绍几块大的肌肉。

• **斜方肌**（参见图3-9）

位置与形态：斜方肌位于项部和背部皮下，一侧呈三角形，两侧相合呈斜方形。

起点：枕骨后面、项韧带和全部胸椎棘突。

止点：锁骨外1/3处、肩峰和肩胛冈。

功能：一侧斜方肌近固定收缩，上部肌纤维使肩胛骨上提，中部肌纤维使肩胛骨后缩，下部肌纤维使肩胛骨下降，上、下部纤维同时收缩使肩胛骨上回旋，整块肌肉收缩使肩胛骨后缩。

两侧斜方肌远固定时收缩，使头颈、脊柱伸。因此在儿童少年时期，注重发展这块肌肉的力量很重要，可以预防驼背。

练习方法：采用扩胸运动、飞鸟展翅、提杠铃耸肩和上举重物等练习可以发展斜方肌的力量。

• **背阔肌**（参见图3-9）

位置与形态：位于腰背部和胸部后外皮下，上部被斜方肌遮盖，属扁肌，是人体中最阔的肌肉。

起点：下位6个胸椎棘突、全部腰椎棘突、骶嵴和髂嵴后部。

止点：肱骨小结节嵴。

功能：近固定收缩时，使上臂伸、内收和内旋。在投掷运动中，它是完成鞭打动作的一块重要肌肉。远固定收缩时，牵拉躯干向上，如引体向上的引体动作。

练习方法：采用引体向上、爬竿（或爬绳）、划船和向后拉拉力器等练习，可以发展它的力量。采用扶墙压肩、双人压肩和上臂后振（两上臂同时或交替）等练习，可以发展它的伸展性。

• **胸大肌**（参见图3-8）

位置与形态：位于胸前皮下，呈扇形。

起点：锁骨内侧半、胸骨前侧面、第一至第六肋软骨和腹直肌鞘前壁。

止点：肱骨大结节嵴。

功能：近固定收缩时，使上臂屈、内收和内旋。远固定收缩时，牵拉躯干向上，如引体向上。在完成投掷的鞭打动作中，它也是一块重要肌肉。

练习方法：采用俯卧撑、卧推杠铃、双杠屈臂撑、引体向上、爬绳（或竿）等练习可以发展它的力量。

• 前锯肌（图3-14）

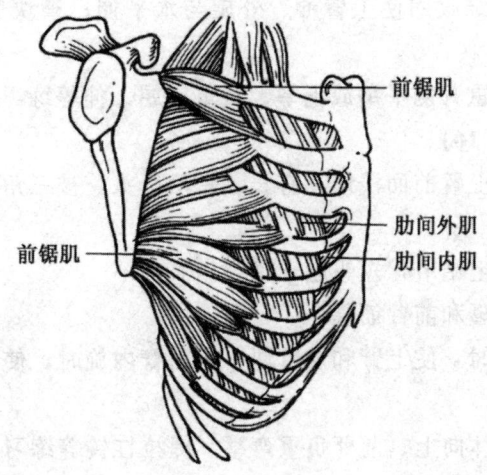

图3-14 前锯肌

位置与形态：位于胸廓外侧面，肌束排成锯齿状的扁肌。

起点：以9~10个肌齿起于上位8~9个肋骨上（第二肋骨有两个肌齿）。

止点：肩胛骨内侧缘和下角前面。

功能：近固定收缩时，使肩胛骨前伸，下部肌纤维收缩时，协助上回旋。

练习方法：采用推铅球、俯卧撑、冲拳等动作可以发展它的力量。

• 三角肌（图3-15）

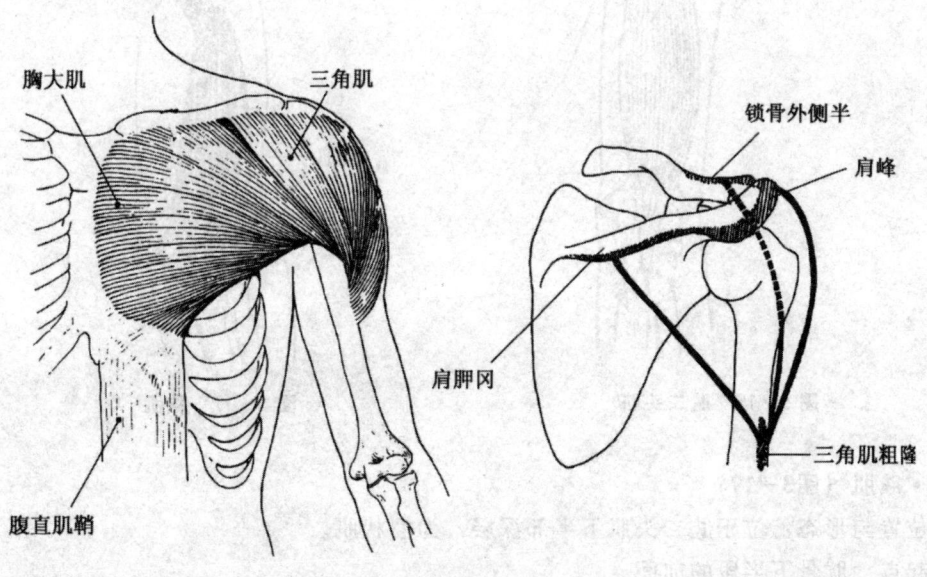

图3-15 三角肌

位置与形态：位于肩上外部皮下，呈三角形。分为前、中、后三部分，为羽状肌。

起点：前部肌束起自锁骨外侧前缘、中部肌束起自肩峰、后部肌束起自肩胛冈。

止点：三角肌粗隆。

功能：近固定收缩时，前部肌纤维收缩使上臂屈、内旋与水平屈；中部肌纤维收缩使上臂外展；后部肌纤维收缩使上臂伸、外旋与水平伸；整块肌肉同时收缩，使上臂外展。

练习方法：采用负重臂侧平举或上举、负重臂屈、伸等练习都可以发展它的力量。

- 肱二头肌（图3-16）

位置与形态：位于上臂前面浅层，有长、短两个头，被三角肌和胸大肌遮盖，肌腹呈梭形，为双关节肌。

起点：长头起于盂上结节，短头起于喙突。

止点：止于桡骨粗隆和前臂筋膜。

功能：近固定收缩时，使上臂和前臂屈，当前臂内旋时，使前臂外旋。远固定收缩时，使肘关节屈。

练习方法：采用引体向上、前臂负重弯举、提拉杠铃等练习，可以发展它的力量。

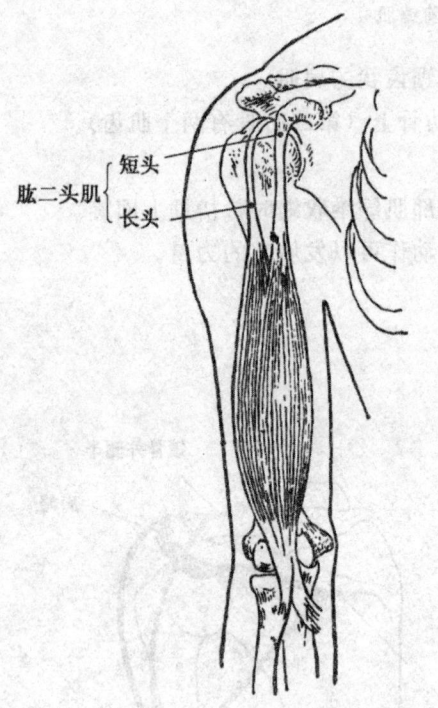

图3-16 肱二头肌

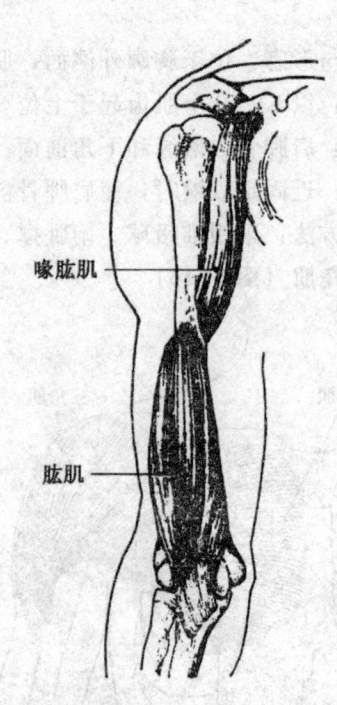

图3-17 肱肌

- 肱肌（图3-17）

位置与形态：位于肱二头肌下半部深层，为羽状肌。

起点：肱骨下半段的前面。

止点：尺骨粗隆和尺骨冠突。

功能：在近、远固定收缩时，都是屈肘关节。据研究，它的绝对力量比肱二头肌的大。因此它是屈肘关节最主要的肌肉。

练习方法：采用前臂负重弯举、引体向上、爬绳（竿）、提拉杠铃等练习发展它的力量。

• 肱三头肌（图3－18）

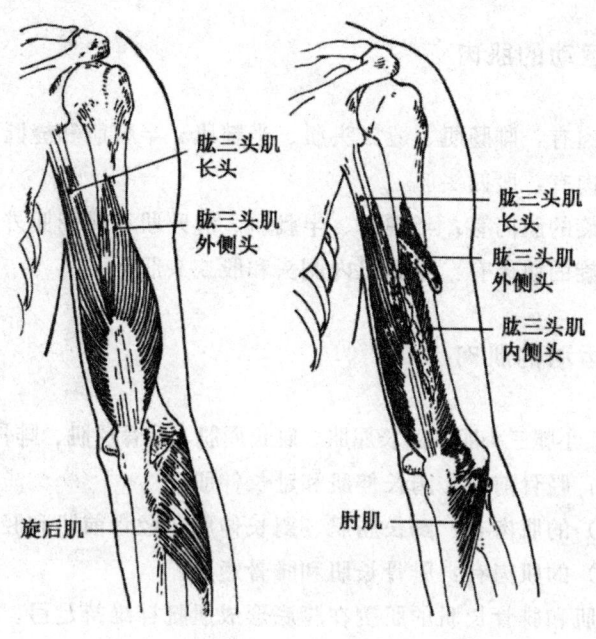

图3－18 肱三头肌

位置与形态：位于肱骨后面，分为长头（双关节肌）、外侧头和内侧头（单关节肌）。

起点：长头起自盂下结节，外侧头起自桡神经沟以上的骨面，内侧头起自桡神经沟以下的骨面。

止点：三个头合成一个肌腹，以一个肌腱止于鹰嘴。

功能：近固定收缩时，长头使上臂在肩关节处伸，整块肌肉收缩使肘关节伸。

练习方法：采用俯卧撑、推铅球、卧推杠铃、负重上举和挺举杠铃等练习，可以发展它的力量。

第三节 下肢运动的肌肉

一、髋关节运动的肌肉

髋关节屈的肌肉有：髂腰肌、股直肌（是股四头肌的一个头）、缝匠肌、耻骨肌和阔筋膜张肌。

髋关节伸的肌肉有：臀大肌、大收肌、股二头肌、半腱肌和半膜肌。

髋关节外展的肌肉有：臀大肌上部、臀中肌、臀小肌和梨状肌。

髋关节内收的肌肉有：大收肌、臀大肌下部、长收肌、短收肌和股薄肌。
髋关节外旋的肌肉有：髂腰肌、臀大肌、梨状肌和臀中、小肌后部。
髋关节内旋的肌肉有：臀中、小肌前部。

二、膝关节运动的肌肉

膝关节屈的肌肉有：腓肠肌、股二头肌、半腱肌、半膜肌和缝匠肌。
膝关节伸的肌肉有：股四头肌。
膝关节屈后内旋的肌肉有：半腱肌、半膜肌、缝匠肌和腓肠肌外侧头。
膝关节屈后外旋的肌肉有：腓肠肌内侧头和股二头肌。

三、踝关节运动的肌肉

足屈的肌肉有：小腿三头肌、踇长屈肌、趾长屈肌、胫骨后肌、腓骨长肌和腓骨短肌。
足伸的肌肉有：胫骨前肌、踇长伸肌和趾长伸肌。
足内翻（内收）的肌肉有：踇长屈肌、踇长伸肌、胫骨前肌和胫骨后肌。
足外翻（外展）的肌肉有：腓骨长肌和腓骨短肌。
此外，胫骨前肌和腓骨长肌的肌腱在脚底形成肌腱袢维持足弓。
参与维持人体直立的下肢肌肉有：臀大肌、股四头肌和小腿三头肌。
下肢肌肉中，重点介绍以下肌肉。

• 髂腰肌（图3-19）

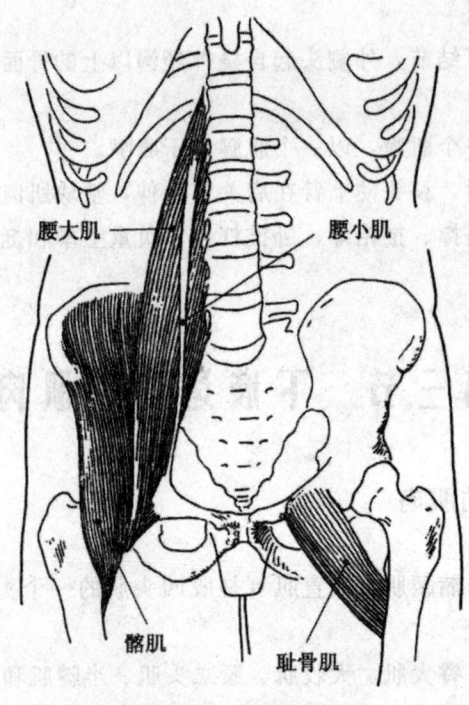

图 3-19 髂腰肌

位置与形态：位于脊柱腰段两侧的髂窝内，由腰大肌和髂肌组成，为羽状肌。

起点：腰大肌起于第十二胸椎和5个腰椎体侧面，髂肌起于髂窝。

止点：止于小转子。

功能：近固定收缩时，使大腿屈和外旋。远固定收缩时，使躯干向同侧屈（两侧同时收缩使脊柱屈和骨盆前倾）。

练习方法：采用仰卧起坐、仰卧举腿、悬垂举腿、高抬腿跑和仰卧两头起等练习可以发展它的力量。

- 臀大肌（图3-20）

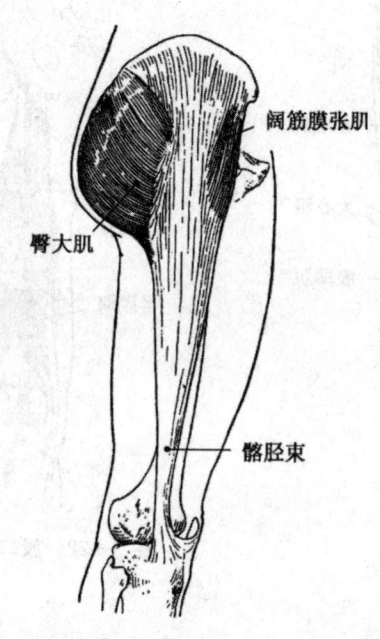

图3-20 臀大肌

位置与形态：位于臀部浅层，为四方形扁肌。肌纤维束平行排列，分为上、下两部分。

起点：髂骨翼后上外部、骶骨和尾骨后面。

止点：臀肌粗隆。

功能：近固定收缩时，使大腿在髋关节处伸、外旋；上部肌纤维收缩使大腿外展、下部肌纤维收缩使大腿内收。远固定时，一侧肌肉收缩使骨盆向对侧回旋，两侧肌肉收缩使骨盆后倾，维持人体直立和脊柱伸。

练习方法：采用俯卧两腿（或交替）上举、后蹬跑、蛙跳、上坡跑、立定跳远等练习，可以发展它的力量。采用正踢腿、正压腿、直腿体前屈等练习，可以发展它的伸展性。

- 大收肌（图3-21）

位置与形态：位于大腿内侧深层，为最大的内收肌，呈三角形。

起点：坐骨结节、坐骨支和耻骨下支。

止点：股骨粗线内侧唇上 2/3 处和股骨的收肌结节。

功能：近固定收缩时，使大腿在关节处内收和伸。远固定时，两侧肌肉收缩使骨盆后倾。

练习方法：采用后蹬跑、纵跳摸高、跨栏跑等练习发展它的力量。

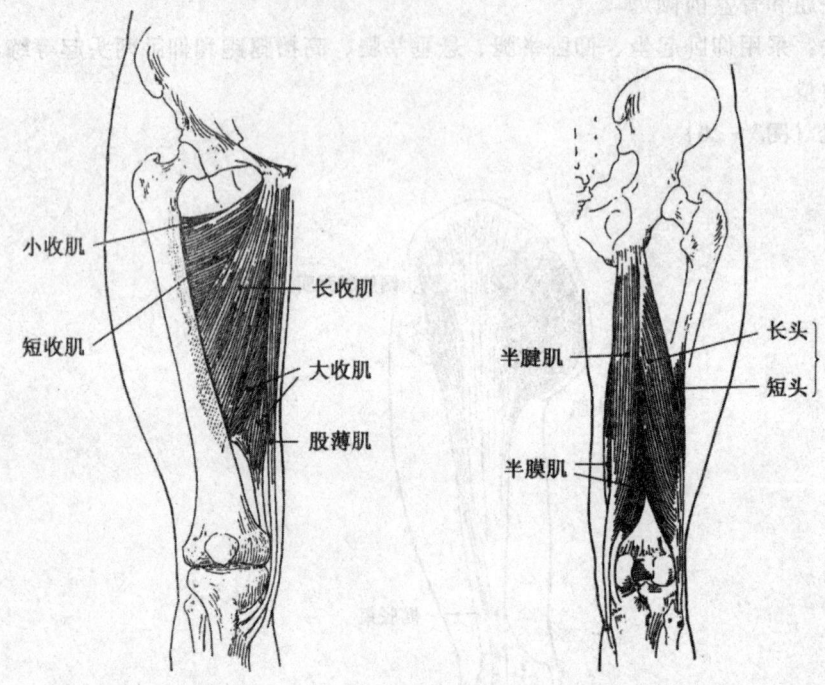

图 3-21 大收肌　　　　图 3-22 股二头肌、半腱肌和半膜肌

- **股二头肌**（图 3-22）

位置与形态：位于大腿后外侧，有长、短两个头，呈梭形。

起点：长头起于坐骨结节，短头起于股骨粗线外侧唇下 1/2 处。

止点：共同止于腓骨头。

功能：近固定时，长头收缩使大腿伸，整块肌肉收缩使小腿屈和外旋；远固定收缩使骨盆后倾。

练习方法：采用后蹬跑、上坡跑、蛙跳、立定跳远、纵跳等练习可以发展股后肌群的力量（股二头肌、半腱肌与半膜肌合称为股后肌群，也称股三弦肌或腘绳肌）。采用正踢腿、正压腿、前摆腿、直腿体前屈和仰卧两头起等练习可以发展股后肌群的伸展性。股后肌群在体育运动中，易发生多关节肌被动不足现象，因此在体育运动中练习它们的伸展性，对各个运动项目都很重要。

- **半腱肌与半膜肌**（参见图 3-22）

位置与形态：半腱肌位于大腿后内侧浅层，肌腱细而长（约占全肌的一半），故称半腱肌。半膜肌位于半腱肌的深层，其腱膜占全肌一半，故称半膜肌。它们均为羽状肌。

起点：坐骨结节。

止点：半腱肌止于胫骨粗隆内侧，半膜肌止于胫骨内侧髁偏后。

功能：近固定收缩时，使大腿伸、小腿屈和内旋；远固定收缩时，使骨盆后倾。

练习方法：同股二头肌。

- 股四头肌（图3-23）

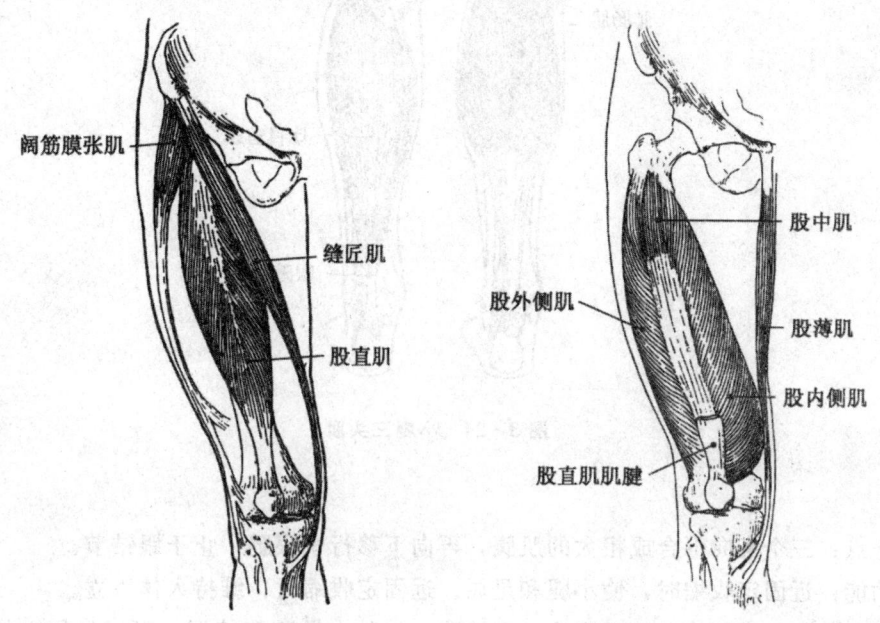

图3-23 股四头肌

位置与形态：位于大腿前面，是人体中体积最大的肌肉。它共有四个头（股直肌、股中肌、股内侧肌和股外侧肌）。股直肌位于大腿前面皮下，股中肌位于股直肌深层，股内侧肌位于大腿前内侧，股外侧肌位于大腿前外侧。四个头均为羽状肌，其中股直肌为双关节肌，其他为单关节肌。

起点：股直肌起于髂前下棘，股中肌起于股骨体前面，股内侧肌起于股骨粗线内侧唇，股外侧肌起于股骨粗线外侧唇。

止点：四个头合为一腱，包绕在髌骨前面和两侧，继续向下形成髌韧带，止于胫骨粗隆。

功能：近固定时，股直肌收缩使大腿在髋关节处屈，整块肌肉收缩使膝关节伸。远固定收缩时，使膝关节伸和维持人体直立。

练习方法：采用蛙跳、多级纵跳、跳台阶、上坡跑、壶铃蹲跳、负重深（半）蹲和纵跳等练习发展它的力量。采用跪撑后倒、俯卧屈膝（助手帮忙压小腿）等练习发展它的伸展性。

- 小腿三头肌（图3-24）

位置与形态：位于小腿后部的隆起，为浅层肌，有三个头（腓肠肌内、外侧头和比目鱼肌）。腓肠肌为双关节肌，比目鱼肌为单关节肌（属羽状肌）。

起点：腓肠肌内、外侧头分别起于股骨内、外侧髁，比目鱼肌起于胫、腓骨后

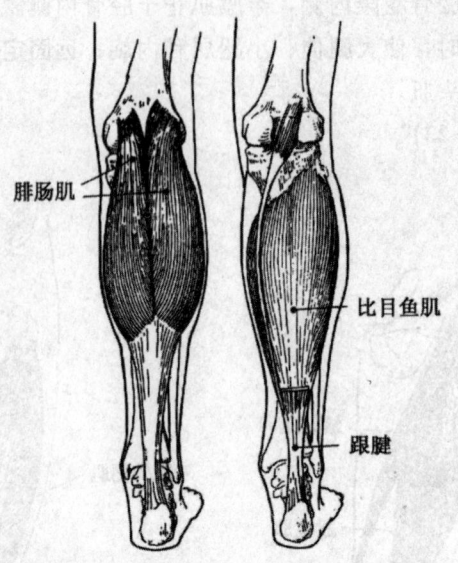

图3-24 小腿三头肌

上部。

止点：三个头向下合成粗大的肌腹，再向下移行于跟腱，止于跟结节。

功能：近固定收缩时，使小腿和足屈。远固定收缩时，维持人体直立。

练习方法：采用提踵、后蹬跑、上坡跑、蛙跳、纵跳等练习，可以发展它的力量。采用勾脚尖、正压腿和脚过度伸等练习，可以发展它的伸展性。

• 姆长屈肌（图3-25）

位置与形态：位于小腿三头肌深层后外侧，为羽状肌。

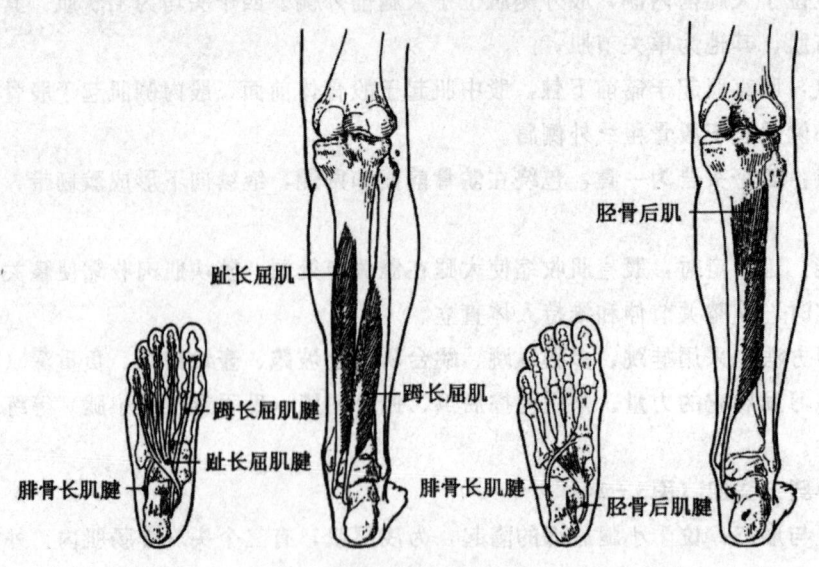

图3-25 小腿后部深层肌

起点：腓骨后内下半部。

止点：跚趾末节底部。

功能：近固定收缩时，使足屈和内翻，使跚趾屈。

练习方法：采用立定跳远、蛙跳、纵跳和上坡跑等练习，可以发展它的力量。

- **趾长屈肌**（参见图3-25）

位置与形态：位于小腿后部内侧深层，为羽状肌。

起点：胫骨后面中部。

止点：向下经内踝后方至足底，以4条腱止于2~5趾末节趾骨底。

功能：近固定收缩时，使足和2~5趾屈。

练习方法：同跚长屈肌的练习方法。

- **胫骨后肌**（参见图3-25）

位置与形态：位于跚长屈肌和趾长屈肌之间，为羽状肌。

起点：起于胫、腓骨后面和小腿骨间膜。

止点：止于足舟骨和全部楔骨。

功能：近固定收缩时，使足屈和内翻。远固定收缩时，使踝关节屈。

练习方法：与跚长屈肌相同。

- **腓骨长肌**（图3-26）

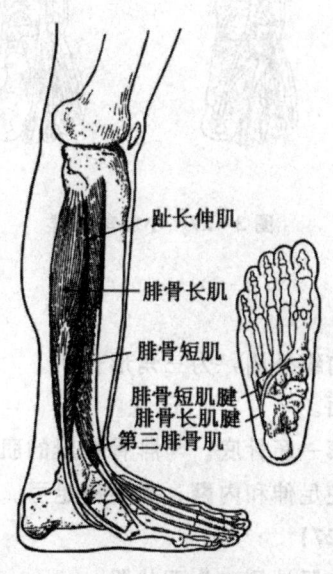

图3-26 小腿外侧肌群（右）

位置与形态：位于小腿外侧浅层，为羽状肌。

起点：腓骨体外上1/2处。

止点：向下经外踝向足底，止于第一跖骨底和第一楔骨。

功能：近固定收缩时，使足屈和外翻，并维持足弓。

- 腓骨短肌（参见图3-26）

位置与形态：位于腓骨长肌深层，为羽状肌。

起点：起于腓骨体外下1/2处。

止点：向下经外踝后方，止于第五跖骨底。

功能：近固定收缩时，使足屈和外翻。

- 胫骨前肌（图3-27）

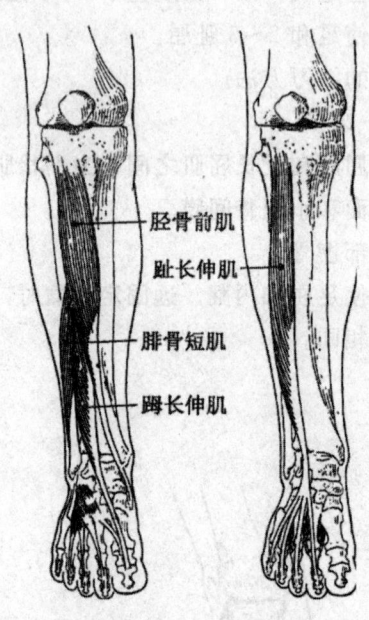

图3-27 小腿前肌群

位置与形态：位于胫骨前缘外侧，为三角形长肌。

起点：起于胫骨体外侧面。

止点：止于第一楔骨和第一跖骨底。与腓骨长肌的肌腱形成腱袢。

功能：近固定收缩时，使足伸和内翻，并维持足弓。

- 趾长伸肌（参见图3-27）

位置与形态：位于胫骨前肌外侧，为羽状肌。

起点：起于腓骨前面。

止点：止于2~5趾的中节和远节趾骨底。

功能：近固定收缩时，使足伸和2~5趾伸。

- 拇长伸肌（参见图3-27）

位置与形态：位于胫骨前肌和趾长伸肌之间。

起点：起于腓骨前面和小腿骨间膜。

止点：经内踝前方，止于蹰趾远节趾骨底。
功能：近固定收缩时，使足伸和内翻，蹰趾伸。

第四节　躯干运动的肌肉

本节主要介绍脊柱运动的肌肉、呼吸运动的肌肉和维持腹压的肌肉三部分。

一、脊柱运动的肌肉

脊柱屈的肌肉有：胸锁乳突肌、腹直肌、腹外斜肌、腹内斜肌和髂腰肌。
脊柱伸的肌肉有：胸锁乳突肌、斜方肌、竖脊肌和臀大肌。
脊柱侧屈的肌肉有：位于脊柱矢状轴同侧的屈肌和伸肌。
脊柱回旋的肌肉有：同侧的腹内斜肌和对侧的腹外斜肌等。

二、呼吸运动的肌肉

固有呼吸肌（指主要进行呼吸的肌肉）有：膈肌、肋间外肌和肋间内肌。
辅助呼吸肌（指主要运动肢体，但兼有呼吸功能的肌肉）有：凡是起止于胸廓的肌肉都有辅助吸气或呼气的功能。如胸锁乳突肌为助吸气肌，腹直肌等有助于呼气的功能，为助呼气肌。

三、腹压肌

腹压肌是指维持腹压的诸肌。包括：膈肌、腹直肌、腹外斜肌、腹内斜肌、腹横肌、腰方肌和会阴肌。
下面主要介绍以下几块肌肉。

- 胸锁乳突肌（图3-28）

位置与形态：位于颈部两侧皮下，呈扁条柱状，从胸廓上口正中向外上方斜行。
起点：起于胸骨柄前和锁骨胸骨端。
止点：颞骨乳突。
功能：下固定时，两侧收缩使头屈（低头），一侧收缩使头向同侧屈和向对侧回旋。上固定收缩时，拉胸廓向上助吸气。当头的重心垂线过了环枕关节额状轴的后方时，下固定两侧收缩使头伸（仰头）。

- 腹直肌（图3-29）

位置与形态：位于腹前壁白线两侧皮下，呈上宽下窄的扁平状的多腹肌。肌的表面可见3～4条横行由致密结缔组织组成的腱划。两侧腹直肌均由腹直肌鞘包裹，腹直肌鞘可防止腹直肌收缩时移位，腹直肌前方的腱划与腹直肌鞘前壁相连。腹直肌后方腱划

图3-28 胸锁乳突肌

不明显，也没有与腹直肌鞘后壁相连。

起点：起于耻骨上缘。

止点：止于5～7肋软骨和胸骨剑突。

功能：两侧上固定收缩时，使骨盆后倾，如悬垂举腿动作。下固定两侧收缩时，使脊柱前屈，如做体前屈动作；一侧收缩时，使脊柱向同侧屈。

练习方法：采用仰卧起坐、仰卧举腿、仰卧两头起、悬垂举腿等练习发展它的力量。采用向后下腰、体操"桥"、俯卧两头起等练习，可以发展它的伸展性。

• **腹外斜肌**（参见图3-29）

位置与形态：位于腹前壁外侧皮下，为宽阔的扁肌。肌纤维由外上斜向内下，左右的腹外斜肌呈"V"形。

起点：起于下位8个肋骨的外面。

止点：主要止于白线。

功能：上固定两侧收缩时，使骨盆后倾，如肋木悬垂举腿。下固定两侧收缩时，使腰段脊柱屈；一侧收缩时，使脊柱向对侧回旋和助呼气。

练习方法：除了采用腹直肌的练习方法外，还可采用负重转体等练习发展它的力量。

• **腹内斜肌**（参见图3-29）

位置与形态：位于腹外斜肌深层，为宽阔扁肌。肌纤维由后外下向前内上斜行，两侧腹内斜肌呈"∧"形。两侧腹内、外斜肌拉力线平行（或理解为一致），因此在转体动作中，协调一致用力完成回旋动作。

起点：胸腰筋膜、髂嵴和腹股沟韧带外1/2处。

止点：下位3个肋骨外面和腹白线。

功能：上、下固定收缩时的功能与腹直肌和腹外斜肌相同，但在下固定一侧收缩时，使脊柱向同侧回旋和屈。

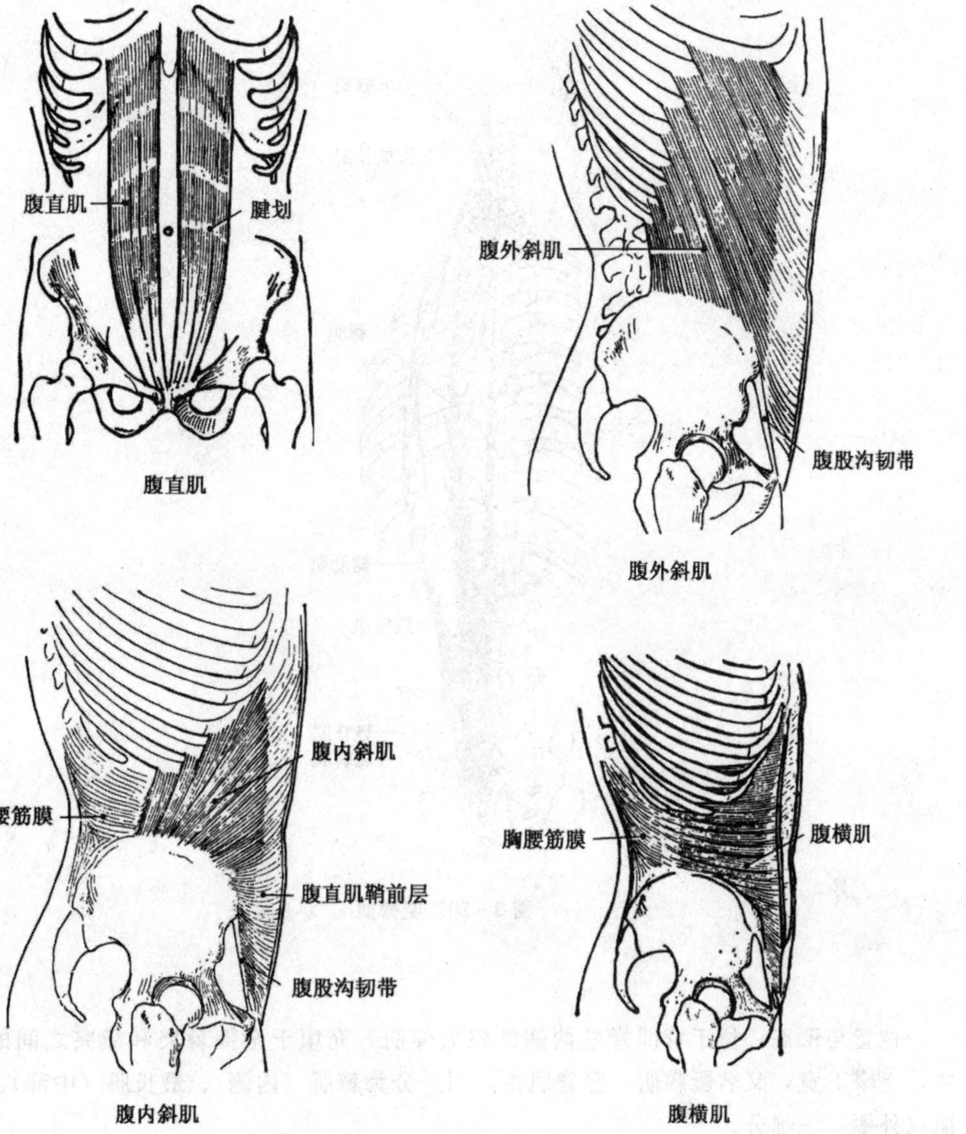

图 3-29 腹前壁肌

练习方法：基本上与腹直肌和腹外斜肌相同。

• **腹横肌**（参见图3-29）

位置与形态：位于腹前壁最深层，为扁阔肌。腹壁肌肉的排列方式是，外为腹外斜肌，中为腹内斜肌，内为腹横肌。

起点：下位6个肋骨内面、胸腰筋膜、髂嵴和腹股沟韧带外1/3处。

止点：止于白线。

功能：腹直肌收缩时，加大腹内压，主要参与维持腹内压。

- 竖脊肌（图3-30）

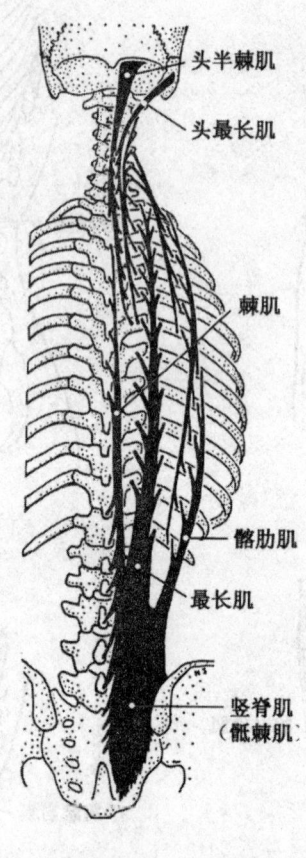

图3-30 竖脊肌

位置与形态：位于背部脊柱两侧的强大伸肌，充填于全部棘突和横突之间的槽沟内，上窄下宽，又名骶棘肌。竖脊肌由内向外分为棘肌（内侧）、最长肌（中部）、髂肋肌（外侧）三部分。

起点：十分复杂，由下而上起于骶骨背面、髂嵴后部、腰椎棘突和胸腰筋膜。

止点：止于颈、胸椎棘突、横突、颞骨乳突和肋角。

功能：竖脊肌在上、下或无固定情况下收缩，都使脊柱伸。它是脊柱的强大伸肌，并参与维持人体直立，一侧收缩时，使脊柱向同侧屈。

练习方法：采用俯卧两头起、俯卧两腿上振、负重体屈伸、向后抛铅球（或实心球）等练习发展它的力量。采用仰卧两头起和直腿体前屈两手触地等练习，可以发展它的伸展性。

- 腰方肌（图3-31）

位置与形态：位于脊柱两侧第十二肋和髂嵴之间，组成腹后壁，呈不规则四方形扁肌。

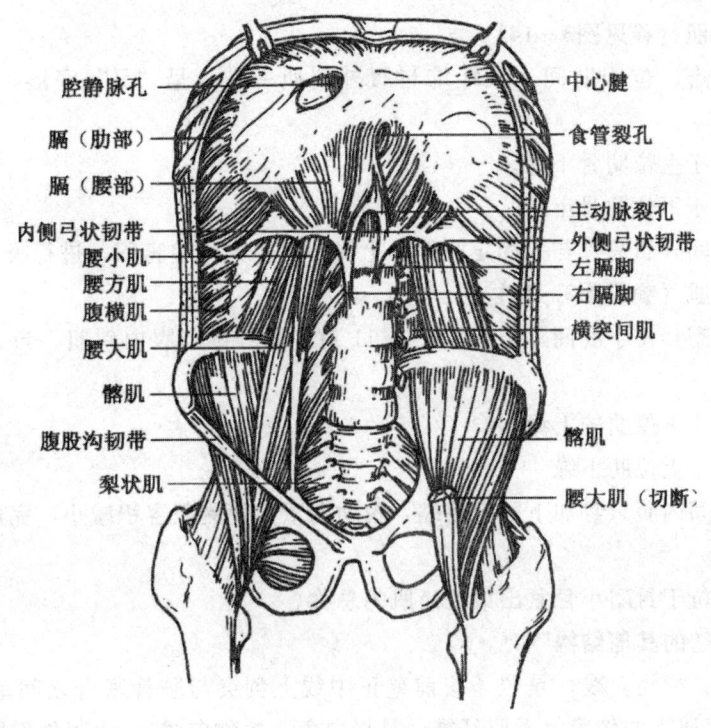

图3-31 膈

起点：起于髂嵴后部第二至五腰椎横突。

止点：止于第十二肋骨、第十二胸椎体和第一至四腰椎横突。

功能：当两侧下固定收缩时，使脊柱腰段伸，同侧收缩时，使脊柱向同侧屈，并参与维持腹压。

• 膈肌（参见图3-31）

膈肌亦称膈，俗称横膈膜，以此分隔胸腔（上部）和腹腔（下部）。

位置与形态：位于胸腹之间，既是胸腔的底，又是腹腔的顶。为穹隆形扁肌。膈肌上有3个裂孔，即食管裂孔、主动脉裂孔和腔静脉孔，分别为食管和主动脉下行、下腔静脉上行所经过的裂孔。

起点：前部起于胸骨剑突后面，两侧起于下位6对肋骨内面，后部起于上3个腰椎体前面。膈的四周为肌性部分，中央为腱膜部分，名为中心腱。

止点：中心腱。

功能：膈肌收缩时，穹隆状的中心腱下降，胸腔容积增大，胸内压减小，有利于吸气；膈肌放松时，中心腱上升，胸腔容积减小，胸内压增大，有利于呼气。

此外膈肌有节律地收缩与放松，对胃、肠、肝等器官有按摩作用，并参与维持腹内压。

练习方法：除了正常的呼吸运动以外，还应该每天进行有意识的深呼吸来练习膈肌，增强其力量。

- 肋间外肌（参见图3-14）

位置与形态：位于肋间，肌纤维与腹外斜肌一致，呈"V"字形，共11对，为扁肌。

起点：起于上位肋骨下缘。

止点：止于下位肋骨上缘。

功能：肋间外肌只参与上固定收缩，上提肋，扩大胸腔容积，进行吸气。

- 肋间内肌（参见图3-14）

位置与形态：位于肋间外肌深层，共11对，肌纤维与腹内斜肌一致，呈"Λ"字形，为扁肌。

起点：起于下位肋的上缘。

止点：止于上位肋下缘。

功能：肋间内肌只参加下固定收缩，拉肋向下，使胸腔容积减小，完成呼气。

- 会阴肌

会阴肌是位于封闭小骨盆出口处诸肌的总称。

附四 腹壁的其他结构

（1）白线：指腹白线，是位于腹前壁正中线上剑突与耻骨联合之间呈白色的连线（因为此处全是肌肉的腱膜，无肌纤维，且呈白色，故称白线）。由腹外斜肌、腹内斜肌和腹横肌的腱膜形成白线。此线上宽下窄，中部有"脐环"。脐环为一薄弱部位，若腹腔内容物从此处膨出，称为脐疝。

（2）腹直肌鞘：腹直肌鞘包裹腹直肌，分为前壁和后壁。由腹外斜肌腱膜和腹内斜肌腱膜前层组成腹直肌鞘前壁，由腹内斜肌腱膜后层和腹横肌腱膜组成腹直肌鞘后壁。

（3）腹股沟管：位于髂前上棘和耻骨结节之间。由腹外斜肌下部腱膜卷曲和增厚，形成了腹股沟韧带。而位于腹前壁下部各层腹肌与腹股沟韧带之间的裂隙（长约4.5厘米）叫腹股沟管。腹股沟管内，男性有精索通过，女性有子宫圆韧带通过，此处是男性易发生疝（腹股沟斜疝）的地方。

（4）股管：位于腹股沟处。股动脉下行和股静脉上行处的裂隙叫股管。此处女性易发生股疝。

根据以上结构的特点，在体育运动中，对儿童少年、老年和分娩不久的女性不要安排腹压过大的练习，以免出现疝气。

第五节 体育运动对骨骼肌的影响

系统的体育锻炼、训练对骨骼肌形态结构的影响尤为明显。主要影响如下：

一、肌肉体积的明显增大

通过系统的体育锻炼、训练，肌肉的体积明显增大。不同的运动项目对身体的不同部位影响各不相同。肌肉体积增大主要是由于肌纤维增粗的缘故，如肌纤维中的肌原纤维增粗、肌球蛋白增加、收缩物质增多。这在力量性训练的运动员表现最为明显。

二、肌纤维中线粒体数目增多、体积增大

线粒体是肌细胞（称肌纤维）内的供能中心，是合成 ATP（三磷酸腺苷）的细胞器。ATP 主要是靠有氧代谢形成的，因此耐力性项目的运动员肌肉中的线粒体增大、增多。

三、肌肉内的结缔组织增多

力量性的运动员肌肉中的结缔组织增加明显，肌内膜和肌束膜增厚，肌腱也增粗，因此肌肉抗张力能力增强。肌肉中的脂肪减少。

四、肌肉中的化学成分发生变化

长期的体育锻炼和训练，肌肉中的肌红蛋白、ATP、CP（磷酸肌酸）和肌糖原都有明显增加。ATP 和 CP 是肌肉收缩的直接能源。

五、肌肉中的毛细血管变化

毛细血管是由内皮组成，很薄、通透能力强，是组织内进行物质交换的重要场所。经常的体育锻炼和系统的体育训练，使肌肉中毛细血管的开放数量增加，并且毛细血管呈囊泡状，更有利于血液循环的改善，进一步提高了肌肉的工作能力。

复习与思考

（1）肌肉有哪些形态？全身肌肉大约有多少块？
（2）试述肌肉的主要构造和辅助结构。
（3）肌肉有哪些物理特性？
（4）肌肉的配布规律怎样？
（5）什么是肌肉的解剖学分析法？
（6）阐述肌肉的协作关系。
（7）肌肉的工作性质分为几大类？共有多少种？
（8）什么是肌肉生理横断面和肌肉初长度？

(9) 什么是多关节肌主动不足和多关节肌被动不足？
(10) 试述肩带运动的六组肌肉。
(11) 试述肩关节和肘关节运动的原动肌。
(12) 试述腕关节运动的原动肌。
(13) 试述投掷运动中，完成鞭打动作的肌肉。
(14) 试述肩袖的组成。
(15) 试述髋关节运动的原动肌。
(16) 试述膝关节运动的原动肌。
(17) 试述踝关节运动的原动肌。
(18) 试述维持足弓的主要肌肉。
(19) 试述脊柱屈伸、侧屈和回旋的原动肌。
(20) 试述固有呼吸肌和辅助呼吸肌（举例）。
(21) 试述维持腹压的肌肉。
(22) 试述维持人体直立的肌肉。
(23) 阐述发展肌肉力量的基本原则。
(24) 阐述发展肌肉伸展性的基本原则。
(25) 怎样发展胸大肌和股四头肌的力量？
(26) 怎样发展背阔肌和股二头肌的伸展性？

第四章

体育动作解剖学分析

学习要求

（1）了解什么是体育动作分析和什么是体育动作解剖学分析。
（2）掌握体育动作解剖学分析的步骤、内容和方法。
（3）通过静力性动作分析举例，掌握静力性动作的分析方法。
（4）通过动力性动作分析举例，掌握动力性动作的分析方法。

知识点与应用

体育动作分析是一个较大的问题，而且是一项创造性的工作。它涉及的知识面很广，如运动解剖学、运动生理学、运动医学、运动生物力学、运动心理学、各项运动技术等，并有一定的深度和难度，也没有固定的模式。

而体育动作解剖学分析比前者较容易，知识面也较窄，只要有一定的运动解剖学知识和对各项运动技术的了解，就可以进行体育动作解剖学分析。

体育动作解剖学分析的基本知识点是：

首先，对静力性动作要会进行简要而准确的描述。对动力性动作要会划分动作阶段，对周期性动作还要会划分动作周期和动作时相。因为周期性动作只要分析一个动作周期即可以。如跑步时对下肢来说，只要分析一步，以一条腿来说只分析一个单步。一个单步又分为三个时相：即后蹬、前摆、着地三个时相，每个时相分析清楚了，也就可以了。

然后就是分析肌肉工作，这里有四个方面的工作要做。一是说明参加动作的关节（或环节）和所做的运动；二是依次指出动作的原动肌；三是依次指出肌肉的固定情况（即工作条件）；四是指出上述肌肉的工作性质。

最后，对所分析的动作进行小结并提出建议。

体育动作解剖学分析对每一个体育教师、教练员、体育专业的学生和运动员来说，都应该掌握，因为它也是工作能力的一种体现。如果这方面的知识具备了（善于分析体育动作），作为一名体育教师或教练员分析问题和解决问题的能力就增强了，这无疑会提高教学和训练质量。下面主要介绍体育动作解剖学分析的步骤、方法和内容，并举出实例。

第一节　体育动作解剖学分析的步骤与内容

一、分析动作内容

对静力性动作分析，首先描述身体姿势；对动力性动作分析，先要划分动作阶段，如果是周期性动作，则要划出动作周期。

（一）静力性动作

对静力性动作进行分析，首先要描述身体姿势。其目的是让听（或读）者，有一个明确的了解，同时也便于分析。如单杠悬垂动作：两手正握（或反握）单杠，约同肩宽，头微后仰，两眼平视前方，两上肢、躯干和两下肢自然下垂。在描述时，要有一定的顺序，可以由近到远，也可以由远到近。

（二）动力性动作

对动力性动作，要划分动作阶段，若是周期性动作，还需划分动作周期。

动力性动作相对较复杂，人体或身体某部分不断改变运动速度、方向和位置。如百米跑属于动力性动作，可划分为四个阶段：即起跑、加速跑（疾跑）、途中跑和冲刺。百米跑是周期性动作，优秀运动员往往需要39～44步完成，因此每一步就是一个动作周期，对一侧下肢来说，每一个单步分为后蹬、摆腿和着地三个时相。把每个时相分析清楚了，这个动作就分析完成了。

又如急行跳高也属于动力性动作，分为助跑、起跳、过杆和落地四个阶段，它是一个非周期性动作。

二、分析肌肉工作

分析肌肉工作是体育动作解剖学分析的重要组成部分，也是关键部分，它包括以下四个方面的内容：

（1）首先说明参加动作的关节（或环节）和所做的运动。
（2）然后说明上述动作的原动肌。
（3）再说明上述动作原动肌的工作条件（即肌肉工作时的固定情况）。
（4）最后说明上述原动肌的工作性质。

在以上四点中，（1）是分析肌肉工作的关键点，在体育动作解剖学分析时不可忽视，否则就会出现错误。

对于（3）、（4）两点，初学者往往感到困难。关于肌肉工作时的固定情况，这是一个相对的概念，严格说来，肌肉收缩时起、止点都要动，但是总有一端动得明显，称为动点，则不动或动得不明显的一端称为定点。再看定点在哪一端，对四肢肌来说，定点在近侧端，则称为近固定；定点在远侧端，则称为远固定。而头颈和躯干肌则为上固定、下固定和无固定。若肌肉定点在上端，称为上固定，如做仰卧举腿动作时，腹直肌在上固定情况下工作。若肌肉定点在下端，称为下固定，如做仰卧起坐动作时，腹直肌在下固定情况下工作。若肌肉工作时两端都动得明显，也就是说没有定点，则称为无固定，如做仰卧两头起动作时，腹直肌是无固定。

关于肌肉工作性质的分析，首先要看是动力性动作还是静力性动作？若是动力性动作，肌肉的工作性质只有向心（克制）工作或离心（退让）工作两种，不可能两者都是，也不可能两者全无，一定是二者必居其一。怎么判断呢？很简单，凡是肌肉收缩变短用力的，则是向心工作，这是大量的。凡是肌肉收缩被慢慢拉长的情况下用力的，则是离心工作（这时阻力大于肌肉拉力，使运动环节背向肌肉拉力方向缓慢运动）。静力性动作详见本书第三章第一节中"肌肉的工作性质"。

三、小结与建议

以下几点可以在小结中进行论述：评价动作的练习意义；完成该动作的有利因素和不利因素；易出现的缺点与错误，并分析这些缺点与错误产生的原因，更重要的是提出解决（即纠正与克服）问题的办法。对于初学者和提高者，应有目的、有计划地安排辅助练习。最后对分析中所发现的问题，提出自己的看法与建议。

第二节 体育动作解剖学分析实例

一、双杠直角支撑

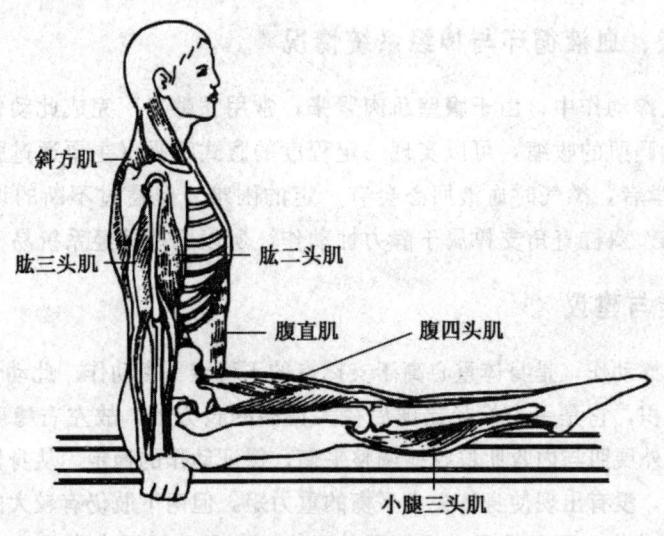

图 4-1 双杠直角支撑

双杠直角支撑（图4-1），就是躯干与两下肢在髋关节处相互成直角，两手支撑于双杠的静力性动作。

（一）描述身体姿势

双杠直角支撑姿势中，两肩胛骨后缩，两上肢伸直，两手握杠。头部正直，躯干长轴与双杠垂直，脊柱颈前凸与直立时相似，胸后凸减小，腰前凸几乎消失。在标准姿势中，骨盆接近水平位，两大腿并拢屈至与躯干成直角，两膝关节伸直，两足屈（即绷直脚尖）。

（二）分析肌肉工作

参加运动的关节（或环节）与运动	原动肌	肌肉工作条件	肌肉工作性质
手指关节屈	指关节屈肌	远固定	静力性工作
腕关节伸	腕关节伸肌	远固定	静力性工作
肘关节伸直	肘关节屈、伸肌	远固定	静力性工作
肩关节内收	胸大肌、背阔肌、肩胛下肌	远固定	静力性工作
肩胛骨后缩	斜方肌、菱形肌	远固定	静力性工作
头、颈、脊柱伸	竖脊肌、斜方肌	下固定	静力性工作
骨盆接近水平位	腹直肌、腹内、外斜肌	上固定	支持工作
髋关节屈	髂腰肌、股直肌	近固定	支持工作
膝关节伸	股四头肌	近固定	支持工作
踝关节屈	小腿三头肌、踇长屈肌	近固定	静力性工作
趾关节屈	踇长屈肌、趾长屈肌	近固定	静力性工作

（三）呼吸、血液循环与神经系统情况

双杠直角支撑动作中，由于腹壁肌肉紧张，常用"憋气"完成此动作。不过从实践中观察到，借助膈肌的收缩，可以实现一定程度的腹式呼吸（主要通过膈肌收缩实现的呼吸）。对于初学者，憋气时血液回心会有一定的困难。但通过不断的训练，血液循环会逐渐顺利通畅。双杠直角支撑属于静力性动作，所以肌肉神经系统易于疲劳。

（四）小结与建议

双杠直角支撑动作，是身体重心高于支撑点的不稳定平衡动作。此动作的支撑面是两手握杠之间的面积，它是一个横径比前后径大得多的长方形，故左右稳度大，前后稳度小。常常以手的外展肌与内收肌群收缩调整平衡，保证动作的稳定。从身体总重心与支撑面相关位置来看，没有出现使身体失去平衡的重力矩，但两下肢仍有较大的重力矩。

经常练习此动作，可以发展上提躯干的肌肉、使骨盆接近水平位的肌肉、大腿屈和小腿伸的肌肉的静力性力量和耐力。对于体操运动员来说，强有力的腹肌是完成复杂动

作的重要因素之一。所以常做仰卧起坐、仰卧举腿、仰卧两头起和悬垂举腿等动作，是发展腹直肌、腹内、外斜肌及髂腰肌力量的较好练习。

二、单杠悬垂

单杠悬垂（图4-2）属于静力性工作。

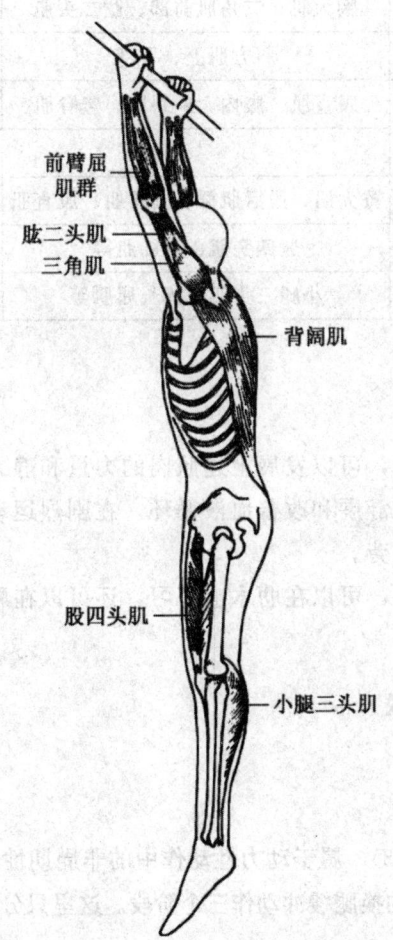

图4-2 单杠悬垂

（一）描述身体姿势

两手正（或反）握单杠，约同肩宽。两上肢、躯干和两下肢自然下垂，头部微后仰，两眼平视前方。

（二）分析肌肉工作

参加运动关节或环节	运动	原动肌	肌肉工作条件	肌肉工作性质
指关节	屈	指屈肌	远固定	静力性工作中的加固工作
腕关节	伸直位	腕伸肌、腕屈肌	远固定	
肘关节	伸直位	肱肌、肱二头肌、肱三头肌	远固定	
肩关节	极度屈	胸大肌、三角肌前部、肱二头肌	远固定	
肩胛骨	上回旋	斜方肌上、下部	近固定	
躯干	伸直位	腹直肌、腹内、外斜肌、竖脊肌	上固定	
骨盆	呈前倾位			
髋关节	伸直位	臀大肌、股后肌群、髂腰肌、股直肌	近固定	
膝关节	伸直位	股四头肌、腓肠肌等	近固定	
踝关节	微屈	小腿三头肌、踇长屈肌等	近固定	

（三）小结与建议

经常练习单杠悬垂动作，可以发展上述肌肉的力量和静力耐力，同时可以增强人体的协调性、使人体感到全身舒展和改善血液循环。在剧烈运动后做一下单杠悬垂，使全身得到放松，有助于消除疲劳。

为了做好单杠悬垂动作，可以在肋木上练习，还可以在爬绳、爬竿上做。

三、原地侧向推铅球

（一）划分动作阶段

原地侧向推铅球（图4-3），属于动力性动作中的非周期性动作。该动作可划分为预备姿势、推球动作和球出手后的换腿缓冲动作三个阶段。这里只分析持球上肢的推球动作。

（二）分析肌肉工作

参加运动的关节（环节）与运动	原动肌	肌肉工作条件	肌肉工作性质
肩胛骨前伸	前锯肌、胸小肌	近固定	均为向心工作
肩关节屈	胸大肌、三角肌前部、肱二头肌	近固定	
肘关节伸	肱三头肌、肘肌	近固定	
前臂内旋	旋前圆肌、旋前方肌	近固定	
腕关节屈	手的屈肌	近固定	

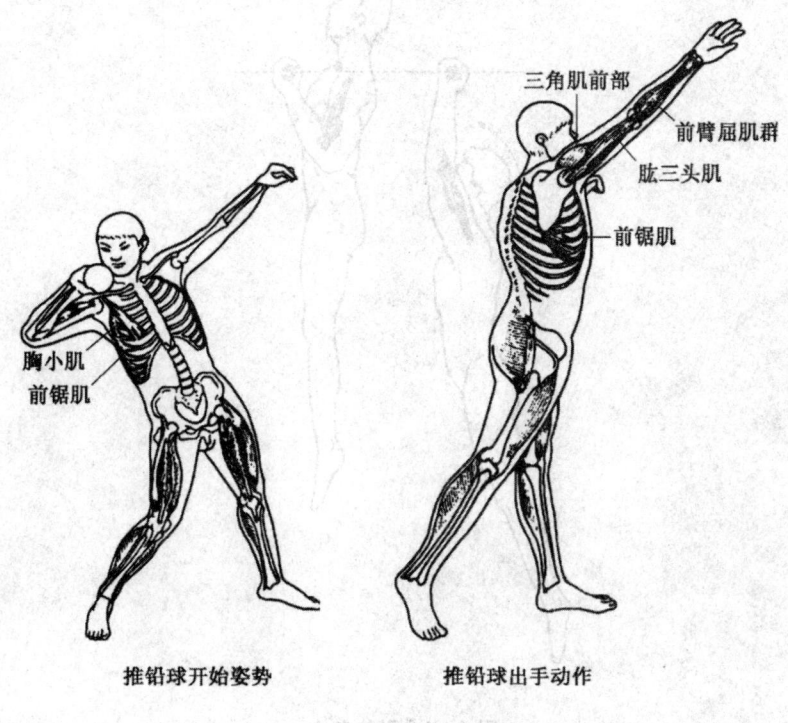

图 4-3 原地侧向推铅球

（三）小结与建议

原地侧向推铅球动作，是侧向滑步（或背向滑步）推铅球的基础动作，要求推的力量大、速度快（即爆发用力），是通过（腿）蹬、（髋）挺、（上肢）推把器械（铅球）推到一定远度的动力性动作。铅球被推出的远度，主要取决于两个因素：一是推球的力量的大小，二是使铅球产生加速度时间的长短。因此，发展上肢肌肉的力量和增大推球上肢运动幅度（即做好身体超越器械动作），以及适当增大肌肉初长度，从而延长力对铅球的作用时间，都很重要。

四、引体向上

关于"正握"与"反握"，运动解剖学的观点与社会习惯是相反的，这个问题至今没有达成共识，故具体问题具体分析，在本教材中以人体解剖学姿势为准。

（一）划分动作阶段

引体向上（图 4-4）动作划分为：预备姿势、引体阶段、下降还原成预备姿势

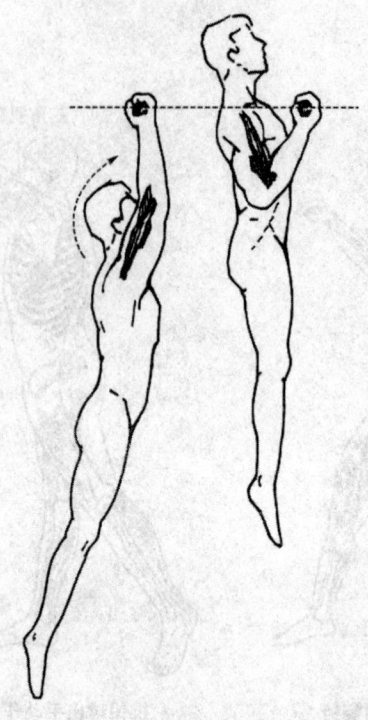

图 4-4 引体向上

三个阶段。锻炼价值最大的是引体阶段动作，因此肌肉工作的分析只分析该阶段的动作。

（二）分析肌肉工作（引体阶段）

参加运动的关节（环节）与运动	原 动 肌	肌肉工作条件	肌肉工作性质
指关节屈	指屈肌群	远固定	静力性工作
腕关节屈	手屈肌群	远固定	向心工作
肘关节屈	肱肌、肱二头肌等	远固定	向心工作
肩关节伸	背阔肌、三角肌后部、肱三头肌长头	近固定	向心工作
肩胛骨下回旋	胸小肌、菱形肌	近固定	向心工作

（三）小结与建议

经常进行引体向上的练习，主要是发展上肢肌肉的力量。具体是指屈肌、腕屈肌、肘屈肌、肩关节伸肌和肩胛骨下回旋肌肉的力量。

在实践中,发现正握比反握引体向上轻松,这是由于在正握引体向上时,肱二头肌(双关节肌)没有出现多关节肌主动不足现象,而反握引体向上动作中,出现了多关节肌主动不足现象。具体说,就是在正握引体向上时,肱二头肌的力量全部用在屈肘动作中,而在反握引体向上动作中,肱二头肌的力量一部分用于前臂的外旋(实际上做不了,但肌力却消耗了),剩下的力量才能使肘关节屈。根据上述道理,在训练中应尽可能用反握练习引体向上,而在比赛中(比赛规则允许条件下)应尽可能用正握引体向上。

在做引体向上练习时,每做一次下颌必须过杠,身体不要摆动,两下肢不要出现蹬腿动作,两手握距略比肩宽,过窄过宽都不好。

五、俯卧撑

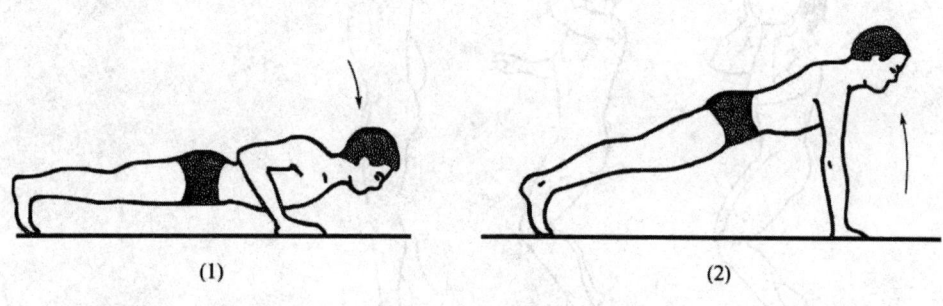

图 4-5 俯卧撑

(一)划分动作阶段

俯卧撑(图4-5)的完整动作可划分预备姿势、下降阶段和撑起阶段三个阶段。该动作最有价值的阶段是撑起阶段,因此下面的肌肉工作分析,只分析撑起阶段。

(二)分析肌肉工作(撑起阶段)

参加运动的关节(或环节)与运动	原 动 肌	肌肉工作条件	肌肉工作性质
肩胛骨前伸	前锯肌、胸小肌	近固定	均为向心工作
肩关节屈	胸大肌、三角肌前部、肱二头肌	近固定	
肘关节伸	肱三头肌、肘肌	远固定	
腕关节过伸到伸	手屈肌	远固定	

(三)小结与建议

经常练习俯卧撑动作,可以发展上肢肌肉的力量,具体的肌肉详见上表。此外该动作对于发展呼吸肌力量也很好。

做俯卧撑动作时,从头到脚要成一条直线。初学者感到困难,可以两手的位置高一些,然后根据情况逐渐放低。当动作做得又标准、又轻松时,可以加大难度,把脚置于高处、两手置于低处,如在台阶上倒过来做,或两手置于地面、两脚置于凳子上进行练习,不少人可以一次连续做几十个到一百多个。

六、原地单手肩上投篮

图 4-6 原地单手肩上投篮

(一) 划分动作阶段

原地单手肩上投篮 (图4-6) 在犯规后罚球时用得较多,此动作分为预备姿势和投篮动作两个阶段。下面只分析持球上肢的投篮动作。

(二) 分析肌肉工作 (持球上肢的投篮动作)

参与运动的关节(或环节)与运动	原 动 肌	肌肉工作条件	肌肉工作性质
肩胛骨上回旋	斜方肌上、下部	近固定	均为向心工作
肩关节屈	胸大肌、三角肌前部、肱二头肌	近固定	
肘关节伸	肱三头肌、肘肌	近固定	
腕关节屈	手的屈肌	近固定	
指关节屈	指屈肌	近固定	

（三）小结与建议

原地单手肩上投篮是篮球运动的基本投篮动作，也是得分的重要手段，练好该动作，是提高投篮命中率从而在比赛中取胜的重要法宝，因此对于篮球运动员来说，这是一项极其重要的基本技术。

要做好原地肩上投篮动作，需要全身协调一致用力，反复练习。还有一点必须指出，在球出手前到出手的瞬间，要用"屏息"（指在自然状态下，声门裂关闭，气体暂时不出不进），这样做的目的是使胸廓固定，给起、止在胸廓上的有关肌肉以稳固的支撑点，便于肌肉协调用力，提高命中率。

七、立定跳远

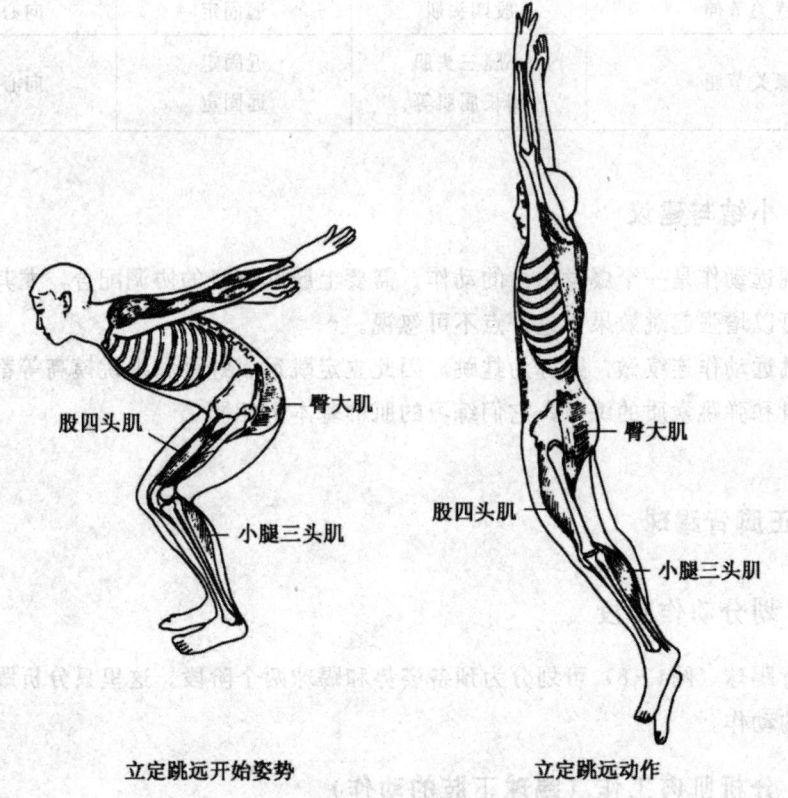

立定跳远开始姿势　　　　立定跳远动作

图 4-7　立定跳远

立定跳远（图4-7）是用来发展下肢肌肉力量和弹跳力的重要练习。在身体素质的测试中，它是常常用来测定下肢肌肉力量的项目之一。

(一) 划分动作阶段

立定跳远动作可划分为预备姿势、起跳、腾空和着地四个阶段。这个动作的关键就是起跳阶段，是指从预备姿势开始到脚要离开地面之前的动作。下面只分析起跳的最后部分，即两脚蹬伸离地时的下肢动作。

(二) 分析肌肉工作（两下肢蹬伸离地的动作）

参加运动的关节与运动	原动肌	肌肉工作条件	肌肉工作性质
髋关节伸	臀大肌 大收肌 股后肌群	远固定 近固定	向心工作
膝关节伸	股四头肌	远固定	向心工作
踝关节屈	小腿三头肌 踇长屈肌等	近固定 远固定	向心工作

(三) 小结与建议

立定跳远动作是一个爆发用力的动作，需要上肢和全身的协调配合，尤其是快速有力的摆臂可以增强起跳效果，这一点不可忽视。

立定跳远动作连续做，则称为蛙跳。因此立定跳远、蛙跳和纵跳摸高等都是发展下肢肌肉力量和弹跳素质的练习，它们练习的肌群基本上相同。

八、正脚背踢球

(一) 划分动作阶段

正脚背踢球（图4-8）可划分为预备姿势和踢球两个阶段。这里只分析踢球阶段的踢球下肢的动作。

(二) 分析肌肉工作（踢球下肢的动作）

参加运动的关节与运动	原动肌	肌肉工作条件	肌肉工作性质
髋关节屈	髂腰肌、股直肌等	近固定	向心工作
膝关节伸	股四头肌	近固定	向心工作
踝关节屈	小腿三头肌、踇长屈肌	近固定	向心工作

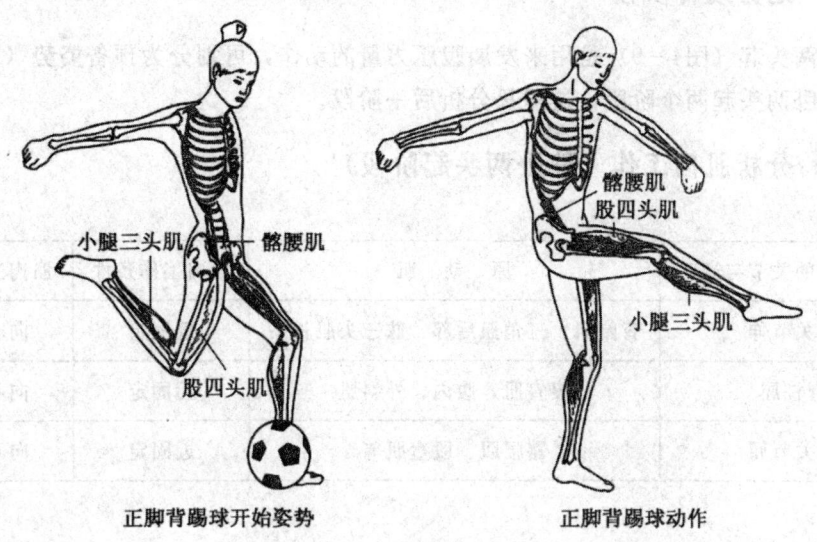

图 4-8 正脚背踢球

（三）小结与建议

正脚背踢球是足球运动中一个重要而基本的技术动作，常常用来传球和射门（包括发点球）。经常练习该动作，可以发展下肢踢球腿髋关节屈肌和膝关节伸肌的力量。要求踢球腿速度快、击球有力和准确，在踢球的瞬间跖趾关节与趾关节不能过于放松，以免脚趾受伤。踢球腿各环节以躯干为基本支撑点。

九、仰卧两头起

图 4-9 仰卧两头起

（一）划分动作阶段

仰卧两头起（图4-9）是用来发展腹肌力量的动作，可划分为预备姿势（即仰卧垫上）和仰卧两头起两个阶段，这里只分析后一阶段。

（二）分析肌肉工作（仰卧两头起阶段）

参加运动的关节与运动	原动肌	肌肉工作条件	肌肉工作性质
肩关节伸	背阔肌、三角肌后部、肱三头肌长头	近固定	向心工作
脊柱屈	腹直肌、腹内、外斜肌	无固定	向心工作
髋关节屈	髂腰肌、股直肌等	近固定	向心工作

（三）小结与建议

仰卧两头起是发展腹肌力量的极好练习，同时也发展了肩关节伸肌和髋关节屈肌的力量。在挺身式跳远和排球的正面屈体扣球动作中，都是上述肌肉在工作条件相同的情况下做向心工作。

在做仰卧两头起动作时，两上肢伸直于肩关节处，两下肢也是伸直的，动作要求协调一致、节奏合理。

十、正面屈体扣球

图4-10　正面屈体扣球

（一）划分动作阶段

排球的正面屈体扣球（图4-10）可划分为助跑、起跳、空中击球和落地四个阶段，这里只分析空中击球的上肢和躯干动作。

（二）分析肌肉工作（以右手击球为例的右上肢击球动作和躯干动作）

参加运动的关节（环节）和运动	原 动 肌	肌肉工作条件	肌肉工作性质
肩胛骨下回旋	菱形肌、胸小肌	近固定	均为向心工作
肩关节伸	背阔肌、三角肌后部、肱三头肌长头	近固定	
肘关节伸	肱三头肌、肘肌	近固定	
腕关节屈	腕关节屈肌	近固定	
躯干屈和左回旋	腹直肌、腹内、外斜肌 左腹内斜肌和右腹外斜肌	无固定 下固定	

（三）小结与建议

正面屈体扣球是排球运动中重要的进攻技术，也是得分和争夺发球权的重要手段。击球前的身体姿势是：人体呈反弓形、上体后仰、击球上肢的右肩胛骨上回旋、肘关节微屈、手呈勺形并伸。击球时的情况已在分析肌肉工作中详述。击球后身体自然下落，尽可能成为防守或再次进攻时的身体姿势。

正面屈体扣球的关键动作是起跳。起跳能力强，则决定了扣球点的高度，从而增强了进攻的有效性。因此，对排球运动员的臀大肌、大收肌、股四头肌、小腿三头肌、踇长屈肌和趾长屈肌等肌肉的力量训练尤为重要，对腰、腹肌肉的力量训练也不可忽视。

复习与思考

（1）体育动作分析与体育动作解剖学分析有什么不同？
（2）体育动作解剖学分析的步骤与内容怎样？
（3）对静力性动作分析，首先为什么要描述身体姿势？
（4）举例说明动力性动作怎样划分阶段。
（5）分析肌肉工作的表格包括哪些内容？什么内容是关键？
（6）试分析"立正"姿势。
（7）试分析"手倒立"的完成动作。
（8）试分析跑步的上肢与下肢动作。
（9）试分析仰卧起坐和仰卧举腿动作。
（10）试分析马步冲拳的下肢和上肢动作。

人体运动的供能体系

- 消化系统
- 呼吸系统
- 泌尿系统
- 脉管系统

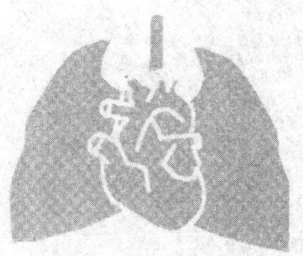

第五章

消化系统

学习要求

(1) 了解内脏的概念和内容。
(2) 明确消化系统由消化管和消化腺组成。
(3) 重点掌握胃的位置、形态、结构和功能。
(4) 掌握小肠的分段及小肠绒毛的构造与功能。
(5) 了解大肠的分段、位置与功能。
(6) 了解肝的位置、形态、结构与功能。
(7) 了解胰的形态、位置与功能。
(8) 了解三对唾液腺的位置与腺管开口部位。
(9) 了解咽的分部。
(10) 了解体育运动对消化系统的影响。

知识点与应用

消化系统由消化管和消化腺组成。在消化管中胃和小肠是学习的重点。消化腺中肝和胰也是重点。

我们都知道，恒牙受损后将不能再萌生新牙，在体育运动中牙齿折断、脱落常有发生，这不仅痛苦，而且容貌会受到影响，吃饭时的咀嚼和说话也会有障碍。有人统计显示，95%的牙齿损伤在21岁以前，而且运动时不使用护齿器比使用护齿器的牙齿损伤发生率高达60倍。因此专家建议，从事山地车、滚轴溜冰、各种球类、跆拳道、散打、拳击、武术等项目，应使用运动护齿器，使牙齿免受损伤。

肝是人体中最大的实质性脏器，也是最大的腺体，由于体积较大，固定性较差。肝脏同时接受肝动脉和门静脉的双重血液供应，因此血管特别丰富。肝本身质地柔软脆弱，缺少弹性，在对抗性较强的体育运动中，如足球、拳击、跆拳道和散打等项目中，易遭到暴力的打击而受伤，造成大出血，轻者休克，重者可危及生命，因此要特别注意体育运动中的保护，万一受伤要及时就医。

消化系统既要受交感神经支配，又要受副交感神经支配。副交感神经使消化系统的功能加强、加快，如吃饱饭后副交感神经系统兴奋性占优势，胃液分泌增加，大量血液流向消化系统，根据这一特点，所以吃饱饭后不能马上进行剧烈运动，应该过1.5到2个小时以后再进行比赛或其他的剧烈运动，这样才有利于健康。否则会引起消化系统疾病的发生。

第一节 内脏总论

内脏主要是指位于胸腔和腹腔内的一些器官的总称，包括消化、呼吸、泌尿和生殖系统。

一、内脏的构造

内脏分为中空性器官和实质性器官两大类。

(一) 中空性器官

中空性器官呈管状或囊状，器官内部均有空腔（图5-1）。以消化管为例，由内到外依次为以下四层结构。

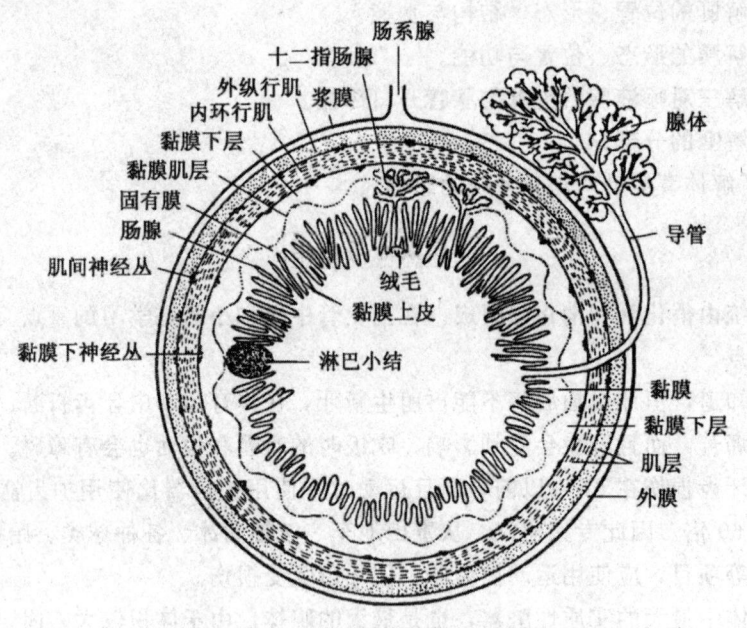

图5-1 消化道管壁构造模式图

(1) 黏膜：是中空性内脏器官进行功能活动的重要部分。黏膜往往向管腔内突出，形成环行或纵行的皱襞。黏膜表面一层均由上皮细胞构成；黏膜内有腺体，可分泌消化液和黏液等物质，帮助消化食物或润滑和保护管壁。

(2) 黏膜下层：为疏松结缔组织组成，可使黏膜有一定移动性。其内含有丰富的血管、淋巴管、淋巴细胞、神经和黏膜下层腺体等。

(3) 肌层：在中空性内脏器官中主要是平滑肌，横纹肌较少。肌层一般排列成两层，内层为环行，外层为纵行。肌层的收缩与舒张，可使管腔壁产生蠕动。

（4）外膜：为薄层结缔组织，若在薄层结缔组织表面覆盖有一层间皮，则称浆膜。浆膜表面光滑，可减少器官间相对运动时的摩擦。

（二）实质性器官

实质性器官没有特定的空腔，通常都以导管开口于中空性器官，多数属于腺体，具有分泌功能，如肝、胰、肾及生殖腺等。

二、腹部的分区和主要脏器的体表投影

（一）腹部的分区

通过两侧肋弓最低点和两侧髂前上棘做两条横线，把腹部分为上、中、下三部分。再由两侧腹沟韧带中点做两条垂线，与两条横线相交，将腹上部分为中间的腹上区和两侧的左、右季肋区；将腹中部分为中间的脐区和两侧的左、右腹外侧区；将腹下部分为中间的腹下区（耻区）和两侧的左、右腹股沟区（表3、图5-2）。

表3 腹部表面分区

腹部分部	右侧	中间	左侧
腹上部	右季肋区	腹上区	左季肋区
腹中部	右腹外侧区	脐区	左腹外侧区
腹下部	右腹股沟区	腹下区（耻区）	左腹股沟区

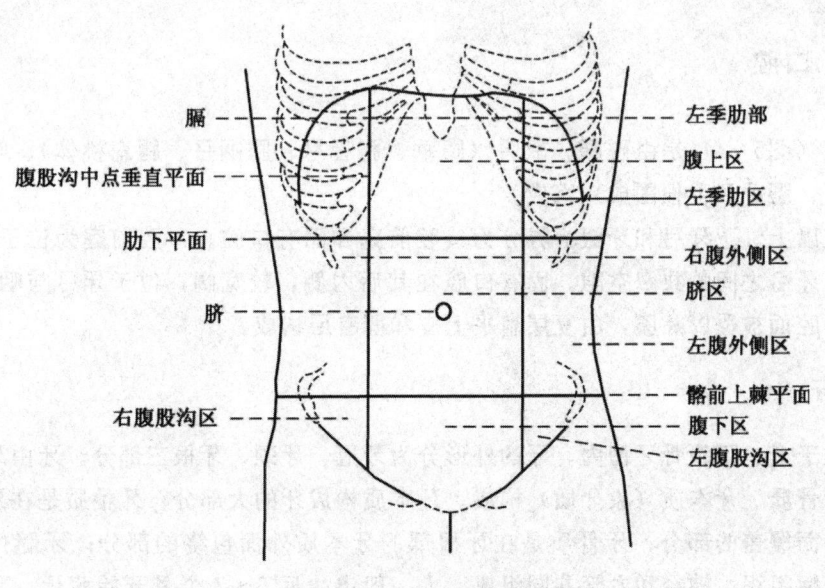

图5-2 腹部表面分区

(二) 主要脏器的体表投影

以上九个区的相互位置关系和各区内的主要器官如表4：

表4 腹部各区内的主要器官

右季肋区	腹上区	左季肋区
肝右叶、结肠右曲、右肾	肝左叶、胆囊、胃、十二指肠、胰腺	胃底、胰尾、左肾、脾、结肠左曲
右腹外侧区	**脐区**	**左腹外侧区**
升结肠、右肾下部、回肠、右输尿管	胃大弯、横结肠、空肠、回肠、大网膜	降结肠、空肠、左肾下部、左输尿管
右腹股沟区	**腹下区（耻区）**	**左腹股沟区**
回肠末端、盲肠、阑尾	回肠、膀胱、卵巢、输卵管、子宫	乙状结肠

第二节 消化管

消化系统由消化管和消化腺组成（图5-3）。

消化管自上而下依次为：口腔、咽、食管、胃、小肠（十二指肠、空肠、回肠）和大肠（盲肠、结肠、直肠）。通常把从口腔到十二指肠的一段叫做上消化道，空肠以下的一段称为下消化道。

一、口腔

口腔（图5-4）是由硬腭、软腭（腭垂、腭舌弓、腭咽弓、腭扁桃体）、咽峡（左右腭舌弓、腭垂和舌根围成）组成。

口腔以上、下牙弓和牙龈为界分为口腔前庭和固有口腔。口腔前庭为位于上下唇、颊和上下牙弓之间的狭窄空隙；固有口腔在其后内侧，较宽阔，位于牙弓与咽峡之间。口腔壁的腔面被覆以黏膜，由复层扁平上皮和固有层构成。

1. 牙

牙位于上、下颌骨牙槽内。牙的外形分为牙冠、牙颈、牙根三部分。牙由牙髓、牙釉质、牙骨质、牙本质（象牙质）构成。牙本质构成牙的大部分；牙釉质是在牙冠部的牙本质外面覆盖的部分；牙骨质是在牙根部的牙本质外面包绕的部分；牙髓位于牙腔内，由结缔组织、神经和血管共同组成。人一般出生后6~7个月开始萌牙，乳牙长全共20颗，6~12岁之间逐渐脱落由恒牙代替，恒牙共32颗（图5-5—图5-7）。

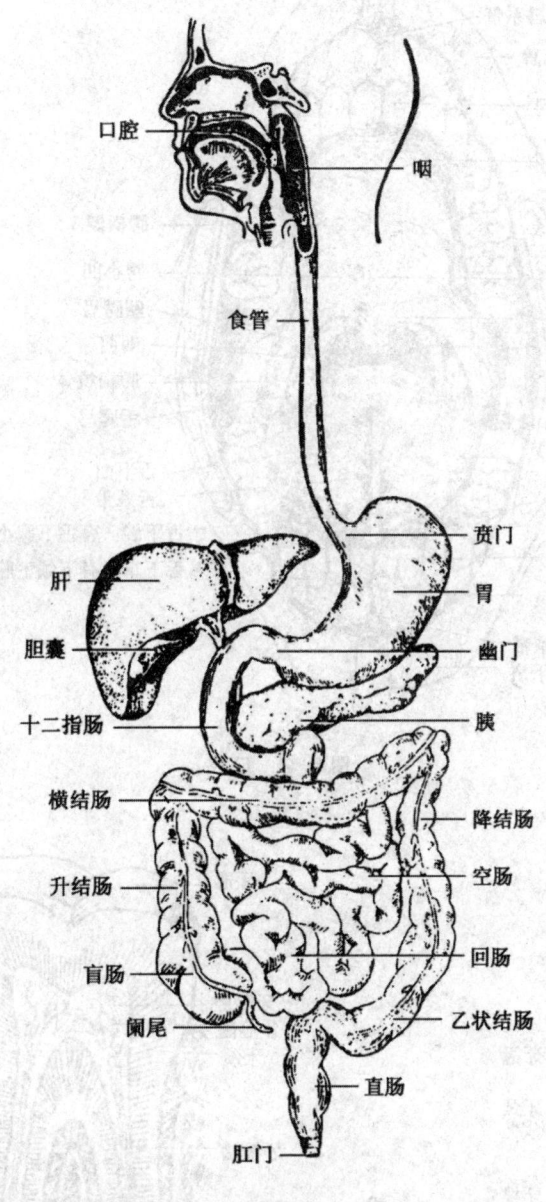

图 5-3 消化系统

2. 舌

舌位于口腔底,后部固定在舌骨上,分为舌体、舌根、舌尖三部分。舌黏膜内含丝状乳头、菌状乳头、轮廓状乳头等。舌肌有舌内肌、舌外肌,其主要功能是,不仅在咀嚼时起搅拌食物的作用,而且还对语言和发音有重要作用。舌的功能主要有感受味觉、协助咀嚼、搅拌食物、辅助发音。

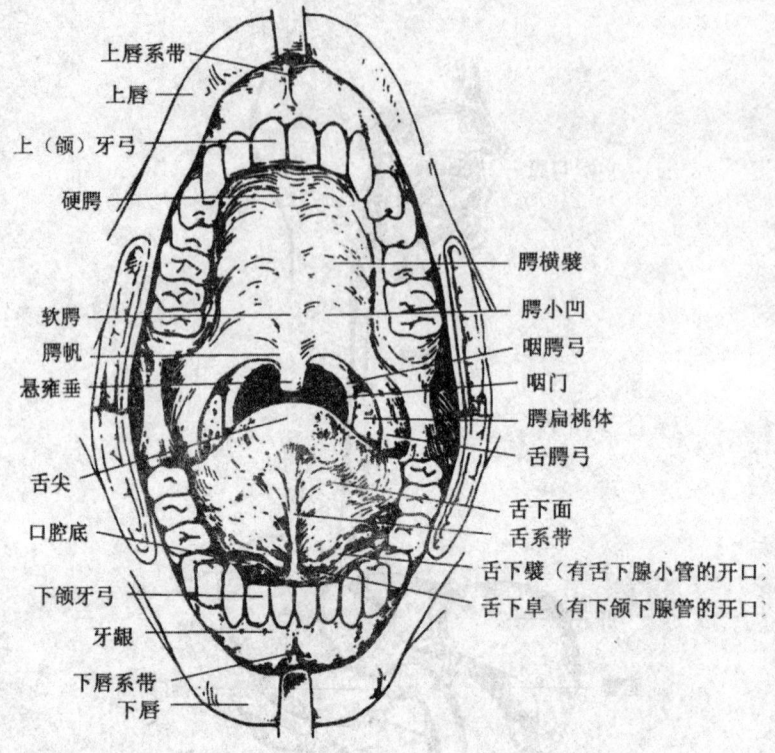

图 5-4 口腔

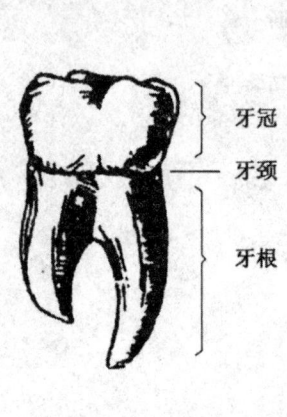
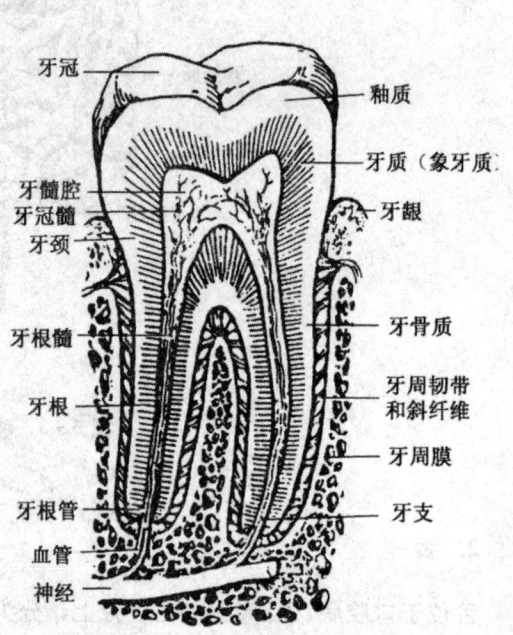

图 5-5 牙的构造

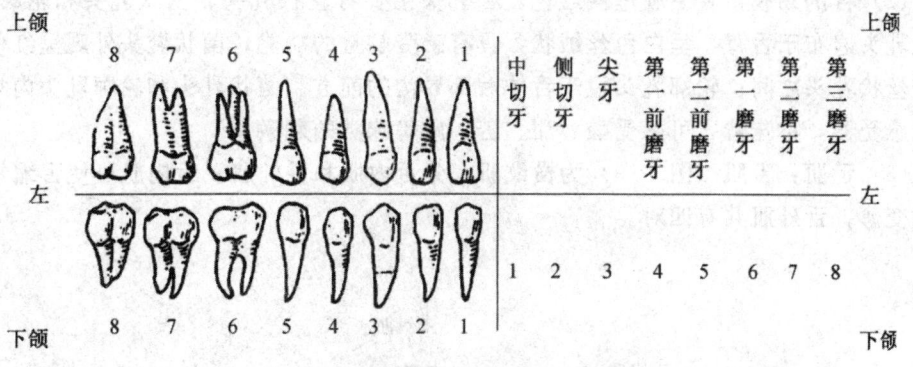

图 5-6 恒牙

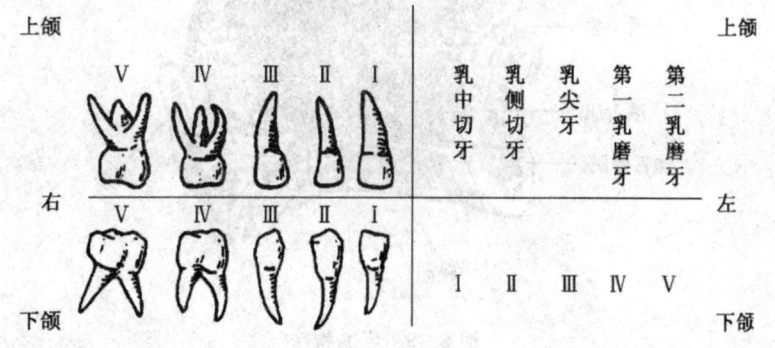

图 5-7 乳牙

（1）舌的形态：舌以上面"∧"形的界沟为界分为前 2/3 的舌体和后 1/3 的舌根两部分（图5-8）。

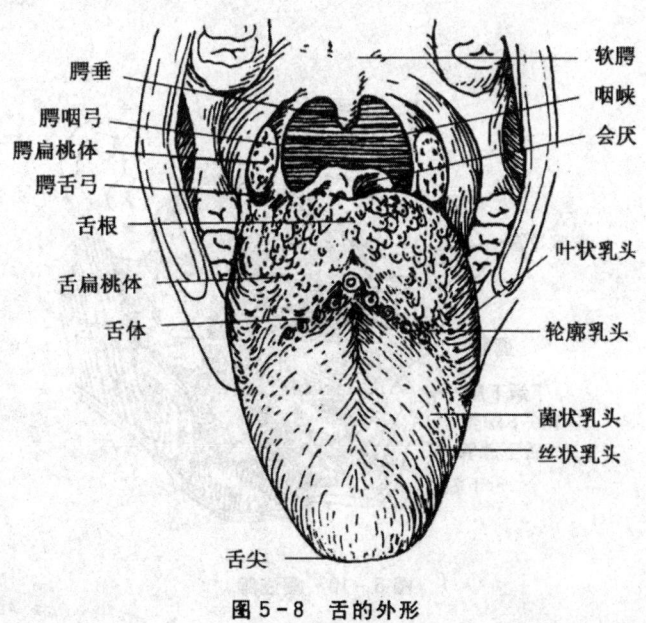

图 5-8 舌的外形

(2) 舌的黏膜：舌黏膜呈淡红色，舌乳头主要有丝状乳头、菌状乳头和轮廓乳头。丝状乳头遍布于舌背，呈白色丝绒状，具有感受触觉的功能；菌状乳头外观呈红色，散在于丝状乳头之间；轮廓乳头位于舌体后部界沟的前方。菌状乳头和轮廓乳头内均含有味觉感受器，称味蕾，可感受酸、甜、苦、咸等味觉的刺激。

(3) 舌肌：舌肌（图5-9）为横纹肌，分舌内肌和舌外肌。舌内肌可使舌缩短、变窄或变薄；舌外肌共有四对。

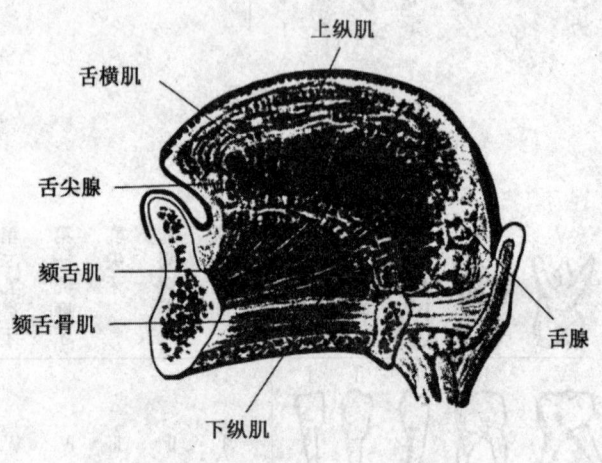

图5-9 舌的构造

(4) 唾液腺（口腔腺）：有腮腺、下颌下腺、舌下腺。唾液腺（图5-10）的分泌物称为唾液，具有湿润黏膜和食物、抗菌灭菌、清洗口腔及便于吞咽等功能。

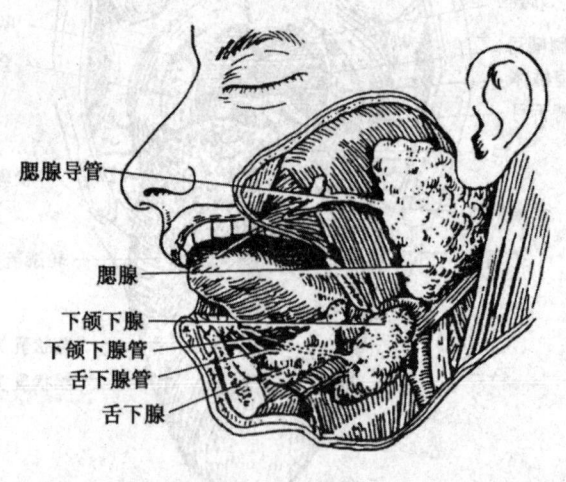

图5-10 唾液腺

二、咽

1. 位置与交通

咽为肌性管道，位于颈椎前，上部通鼻腔，中部通口腔，下部通喉腔并向下与食管相连。咽全长12厘米，上起颅底，下至第六颈椎下缘与食管相连，后壁与侧壁完整，前方分别与鼻腔、口腔和喉腔相通。

2. 咽的分部

咽分为鼻咽部、口咽部、喉咽部三部分（图5-11）。

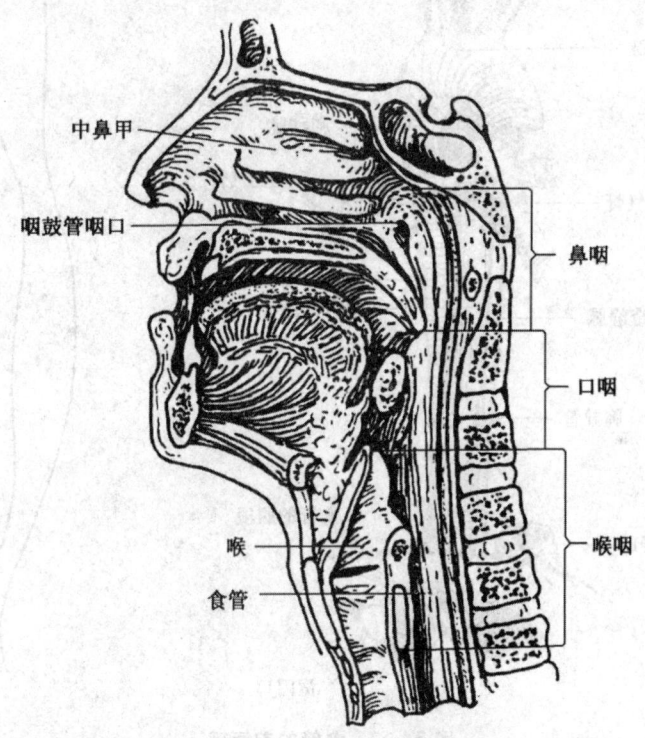

图5-11 鼻、口、咽和喉的纵切面

（1）鼻咽：是咽腔的上部，上界为颅底；下界为软腭后缘，并借此与口咽分界。

咽扁桃体：是鼻咽顶后壁黏膜下的淋巴组织，婴幼儿较发达。

咽鼓管咽口：在鼻咽侧壁距下鼻甲后1厘米处，向外通中耳鼓室。

（2）口咽：为咽腔的中部，上界为软腭后缘；下界为会厌上缘。

（3）喉咽：位于喉的两侧和甲状软骨内面之间。

3. 咽的功能

咽是食物和空气的交通要道。咽肌收缩时将食团压入食管，完成吞咽动作。

三、食管

食管（图5-12）是食物的通道，上端于第六颈椎高度接咽，下端穿过膈肌于第十一胸椎左侧续于胃的贲门，为全长22~25厘米的肌性管道，有三处狭窄。第一个狭窄部位位于食管与咽交接处，距中切牙5厘米；第二个狭窄部位位于食管与左支气管交叉处，距中切牙25厘米；第三个狭窄部为膈的食管裂孔处，距中切牙40厘米。

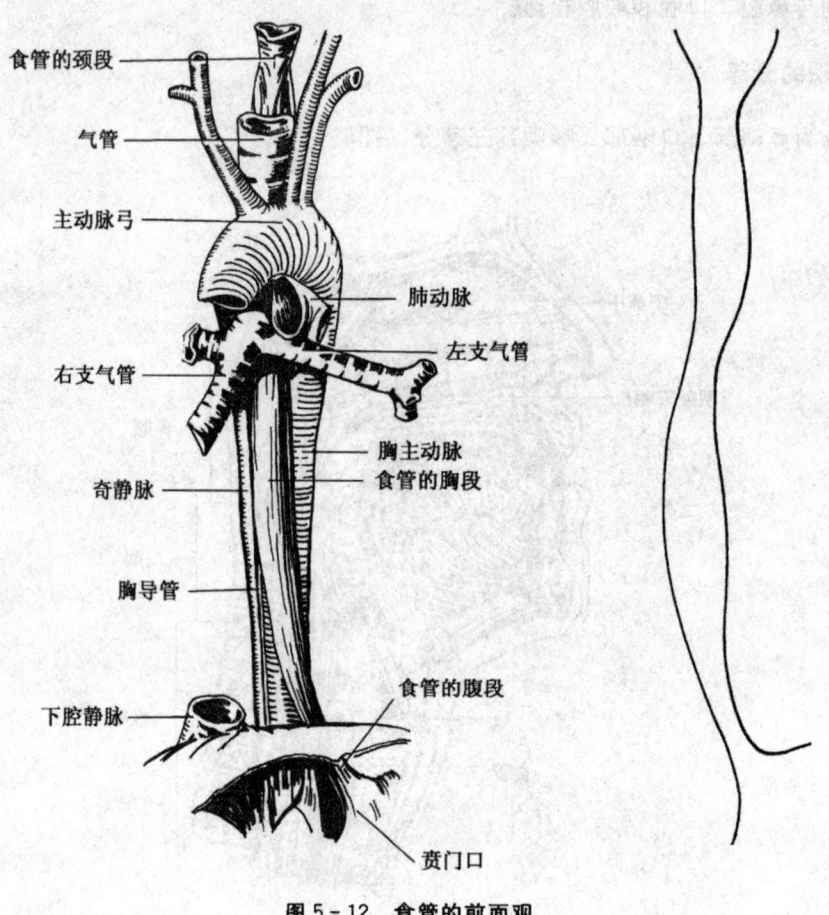

图5-12 食管的前面观

四、胃

1. 位置和形态

胃3/4位于左季肋部，1/4位于上腹部，其入口为贲门，出口为幽门，下续十二指肠。胃整体可分为贲门部、胃底、胃体、幽门部四部。右上缘称胃小弯，凹向上，最低点有一切迹，称角切迹；左下缘称胃大弯，起自贲门切迹，呈弧形凸向左下至第十肋软骨平面（图5-13）。

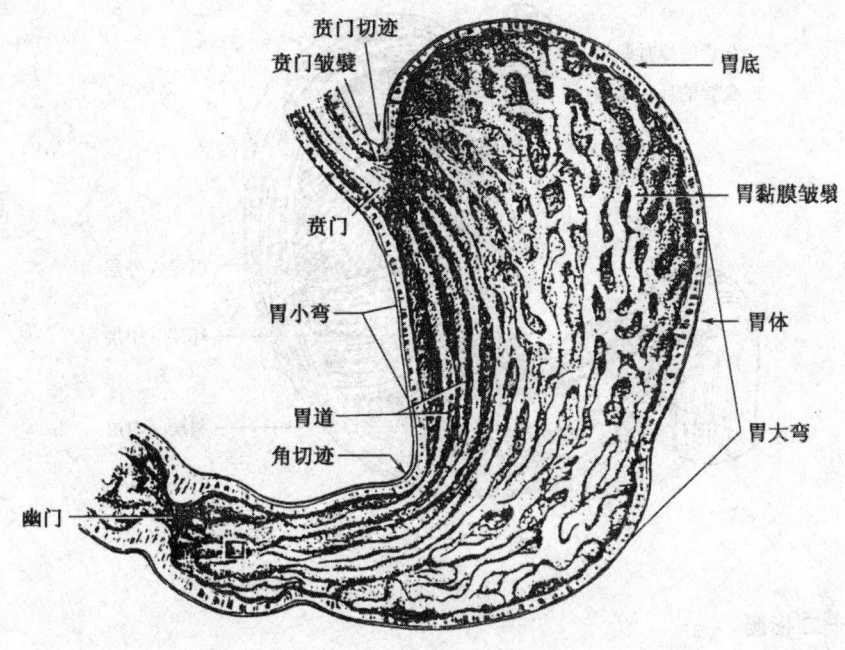

图5-13 胃的形态

贲门部：位于贲门周围的部分。
胃底：指贲门切迹以上的部分，亦称胃穹窿。
胃体：位于胃底与幽门部之间的部分。
幽门部：为角切迹与幽门之间的部分，左侧管腔扩大，称幽门窦；右侧管腔狭窄，称幽门管。

2. 胃壁的结构

胃黏膜呈淡红色，在胃空虚时黏膜有许多皱襞，充盈时，则皱襞减少或展平。胃的肌层发达，由外纵、中环和内斜共三层平滑肌构成（图5-14）。在幽门处，胃的环行肌特别增厚形成幽门括约肌，黏膜在此处形成环形皱襞称为幽门瓣，具有防止肠内容物逆流入胃的作用。

3. 胃的功能

胃可临时贮存食物，并磨碎和搅拌食物；能分泌胃液，分解食物中的蛋白质；还能分泌激素。

五、小肠

小肠上起幽门，下续盲肠和结肠，全长5～7米，分十二指肠、空肠和回肠三部。

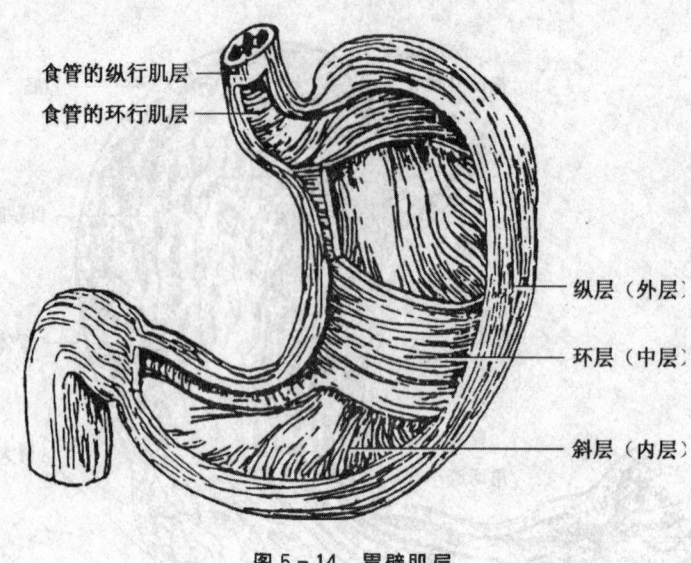

图 5-14 胃壁肌层

1. 十二指肠

十二指肠（图5-15）紧贴腹后壁，是小肠中长度最短、管腔最大的一段，呈 "C" 字形，包绕胰头，长约 25 厘米，分为上部、降部、水平部和升部四部分。

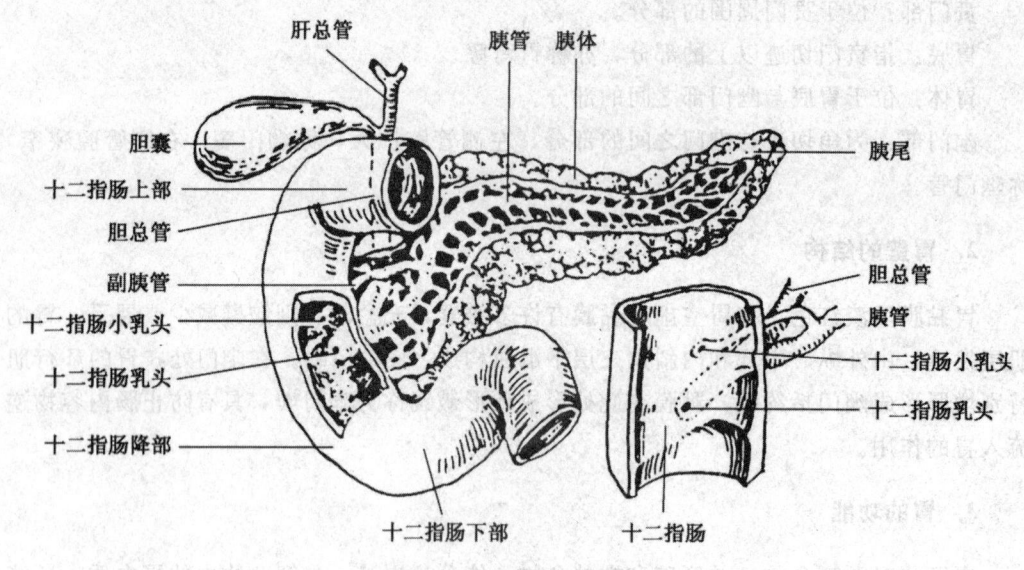

图 5-15 胰和十二指肠

（1）上部：长约 5 厘米，起自幽门，向右后至胆囊颈后下方转折向下移行为降部，转折处称十二指肠上曲。上部近幽门处的一段肠管壁薄内面光滑，环状襞少，称十二指肠球。

（2）降部：长 7~8 厘米，在右肾内侧下降至第三腰椎水平，转折向左续水平部，转折处称十二指肠下曲。降部左侧贴胰头，其后内侧壁上有十二指肠纵襞。纵襞下方有十二指肠大乳头,是胆总管和胰管的共同开口,距中切牙约75厘米。大乳头稍上方,可见十二指肠小乳头,是副胰管的开口。

(3) 水平部:长约10厘米,自右向左横过第三腰椎,至左侧续于升部。肠系膜上动、静脉贴前面下行。

(4) 升部:长2~3厘米,自第三腰椎左侧上升至第二腰椎左侧,急转向前下方,形成十二指肠空肠曲,移行为空肠。

2. 空肠和回肠

除去十二指肠的小肠上2/5为空肠,下3/5为回肠。

小肠的黏膜层和黏膜下层形成许多环行、半环行的皱襞,叫环状襞。环状襞上面有许多指状突起,叫小肠绒毛(图5-16),长约1毫米,覆以大量的单层柱状上皮细胞和少量杯状细胞,具有吸收功能。

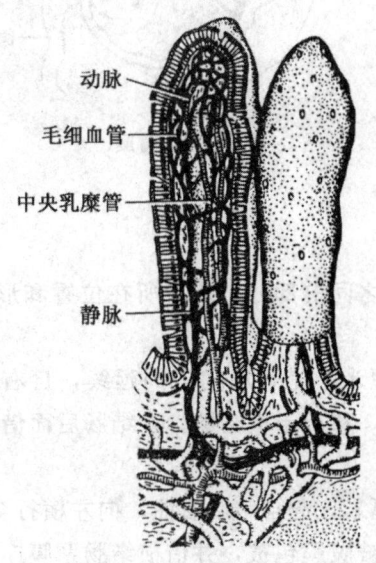

图5-16 小肠绒毛

3. 小肠的功能

小肠是消化食物和吸收营养物质的重要场所。

六、大肠

大肠分为盲肠、结肠和直肠,全长约为1.5米。大肠的外形主要特点:表面有三条纵形的结肠带,横沟分隔成的许多袋形凸形成结肠袋,还有脂肪垂。

1. 盲肠

盲肠(图5-17)为大肠起始的膨大盲端,长6~8厘米,位于右髂窝内,向上通升结肠，向左连回肠。回、盲肠的连通口称为回盲口，口处的黏膜折成上、下两个半月形的皱襞，称为回盲瓣，此瓣具有括约肌的作用，可防止大肠内容物逆流入小肠。在回盲瓣的下方约 2 厘米处，有阑尾的开口。阑尾形如蚯蚓，又称蚓突，其上端连通盲肠的后内壁，下端游离，一般长 7～9 厘米。阑尾有系膜，活动性较大，其伸展的位置较不恒定，以盆位者多见，其次为盲肠后位及盲肠下位。

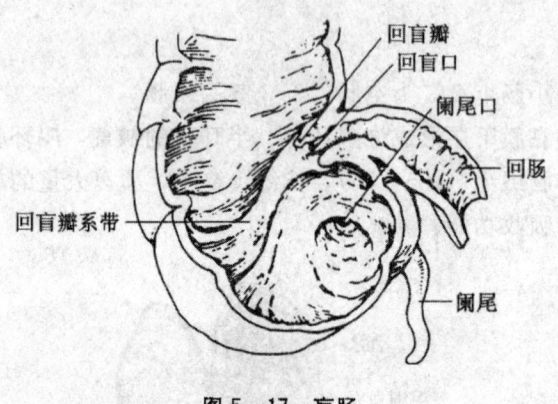

图 5-17 盲肠

2. 结肠

结肠为介于盲肠和直肠之间的部分，按其所在位置和形态又分为升结肠、横结肠、降结肠和乙状结肠四部分。

（1）升结肠：长约 15 厘米，是盲肠向上的延续，自右髂窝沿腹后壁的右侧上升，至肝下方向左弯成结肠右曲，移行于横结肠。升结肠后面借结缔组织附贴于腹后壁，故活动性较小。

（2）横结肠：长约 50 厘米，起自结肠右曲，向左横行至脾处再向下弯成结肠左曲，移行于降结肠。横结肠全部被腹膜包被，并借横结肠系膜连于腹后壁。

（3）降结肠：长约 20 厘米，从结肠左曲开始，沿腹后壁的左侧下降，至左髂嵴处移行于乙状结肠。

（4）乙状结肠：长为 40～50 厘米，平左髂嵴处接续降结肠，呈"乙"字形弯曲，至第三骶椎前面移行于直肠。

3. 直肠

直肠为大肠的末端，长 15～16 厘米，位于小骨盆内。上端平第三骶椎处接续乙状结肠，沿骶骨和尾骨的前面下行，穿过盆膈，下端以肛门而终。

4. 大肠的功能

大肠能吸收食物残渣中的水分和无机盐，并使食物残渣形成粪便，排出体外。

第三节 消化腺

消化腺由大、小消化腺组成。大消化腺包括唾液腺、肝和胰；小消化腺分布于消化管各段的管壁内，如唇腺、舌腺、食管腺和胃腺等。

一、肝

（一）肝的位置和形态

肝大部分位于右季肋区和腹上区，小部分位于左季肋区。肝上界：与膈穹窿一致，在锁骨中线右侧平第五肋，左侧平第五肋间隙，在前正中线位于胸骨体与剑突结合处。肝下界：成人与肋弓一致，在剑突下约3厘米，幼儿可低于肋弓，但不超出2厘米，7岁以后与成人相同。肝分上、下两面（图5-18、图5-19），上面由镰状韧带分为左右两叶并联于膈下，下面有三条沟（左、右纵沟、横沟，横沟处又叫肝门）。

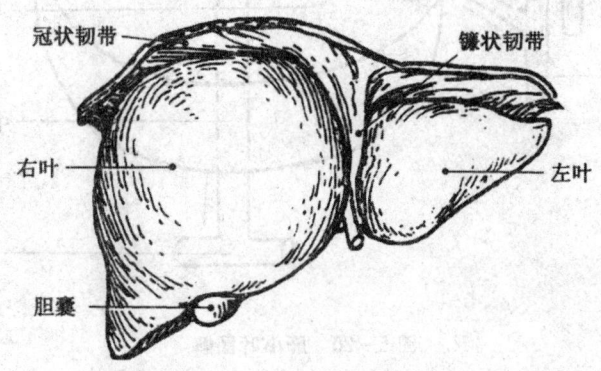

图5-18 肝的上面观

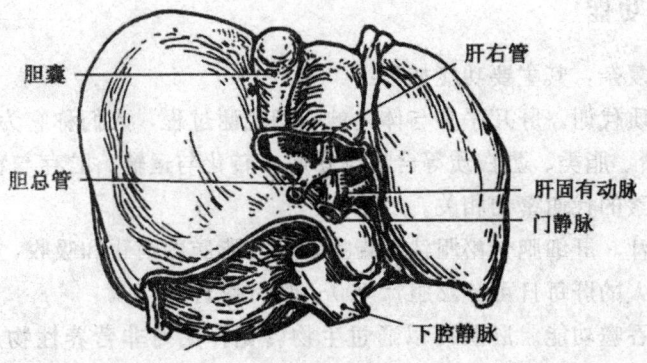

图5-19 肝的下面观

上面（膈面）：被镰状韧带分为左、右两叶。

下面（脏面）：被"H"形沟分为四叶，左叶、右叶、方叶、尾状叶。

（二）肝的构造

肝由直径约 2 毫米的呈多边形棱柱状的肝小叶（图 5-20）组成。肝小叶主要由肝细胞组成，是肝的基本结构和功能单位，成人约 100 万个。在每个肝小叶内都有一条中央静脉和许多围绕中央静脉呈放射状排列的肝细胞索。肝细胞索里有毛细胆管。肝上皮细胞分泌胆汁，经毛细胆管出肝小叶排至小叶间胆管，再排到肝管。

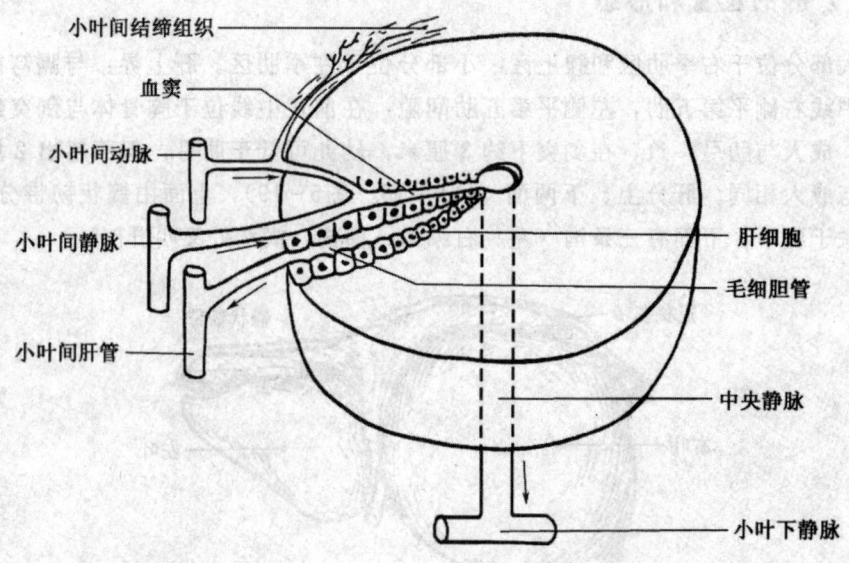

图 5-20 肝小叶图解

（三）肝的功能

肝的功能很复杂，其主要功能如下：

（1）参与物质代谢。肝几乎参与体内的一切代谢过程，人们称它为物质代谢的"中枢"。它是肝内糖、脂类、蛋白质等合成与分解、转化与运输、贮存与释放的重要场所，也与激素和维生素的代谢密切相关。

（2）分泌胆汁。肝细胞分泌胆汁，帮助肠道内脂肪的消化和吸收，并促进脂溶性维生素的吸收。成人的肝每日可分泌胆汁 500～1000 毫升。

（3）排泄、吞噬功能。肝脏可以通过生物转化作用对非营养性物质（包括有毒物质）进行排泄；对进入人体内的细菌、异物进行吞噬，以保护机体。

（4）胚胎时期的肝能造血，是人体内血库之一。

（四）肝外胆道

肝外胆道包括胆囊和输胆管道。

1. 胆囊

（1）位置和形态：胆囊略呈鸭梨形，位于肝右纵沟前部内，上面借结缔组织与肝结合，下面由腹膜覆被。

（2）作用：胆囊有贮存和浓缩胆汁的作用。

（3）分部：胆囊从前向后可分为胆囊底、胆囊体、胆囊颈、胆囊管。

（4）胆囊底的体表投影：胆囊底为突向前下的膨大盲端，常在肝下缘处露出，其体表投影相当于右侧腹直肌外缘与右肋弓相交处，当胆囊发炎时，此处可有压痛。

2. 输胆管道

输胆管道包括肝左、右管、肝总管和胆总管。

肝内的胆小管逐渐汇合成肝左管和肝右管，两管出肝门后汇合成肝总管下行，肝总管与胆囊管汇合，共同形成胆总管。胆总管长为4～8厘米，下行于十二指肠上部的后方，至胰头处进入十二指肠降部的左后壁，在此处与胰管汇合，开口于十二指肠大乳头。

3. 胆汁和胰液的排泄途径

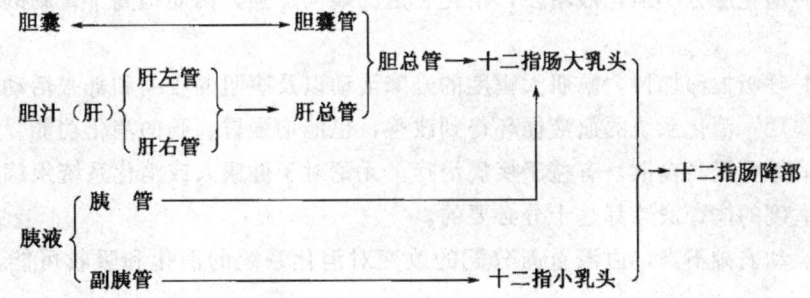

二、胰

（一）胰的位置和形态

胰是一条长扁形的腺体，位于十二指肠和脾之间，全长14～20厘米，横卧于腹后壁，约平第一腰椎，分为头、体、尾三部分，为混合腺体，有内、外分泌作用（参见图5-15）。

（1）胰头：上、下及右侧被十二指肠包绕，其下部向左后方突起。

（2）胰体：横过第一腰椎之前，胰体与胰头之间狭窄部分称胰颈。

（3）胰尾：较细，达脾门。

胰管位于胰实质内，贯穿胰全长，在十二指肠降部壁内与胆总管汇合成肝胰壶腹，开口于十二指肠大乳头。

（二）胰的功能

胰的外分泌部分泌胰液，内含有胰脂肪酶、胰蛋白酶和胰淀粉酶等物质，这些酶可促进三大营养物质的分解。

胰的内分泌部（即胰岛）分泌胰岛素，调节体内糖代谢，维持正常的血糖量。胰岛素分泌不足时，血糖会过高，导致糖尿病。

三、唾液腺

唾液腺（参见图5-10）包括腮腺、舌下腺和下颌下腺三对。腮腺最大，位于耳前下方，其导管开口于上颌第二磨牙相对的黏膜处。下颌下腺位于颌骨体下缘内侧。舌下腺最小，位于口腔底前部。下颌下腺和舌下腺共同开口于舌下阜。

第四节　体育运动对消化系统的影响

经常参加体育锻炼，体内物质能量消耗较多，运动后必须靠加强消化、吸收活动来补充。这时消化腺分泌消化液增多，消化管道的蠕动加强，因此提高了胃肠的消化和吸收功能。

运动时呼吸加深加快，膈肌大幅度的升降活动以及腹肌的收缩和舒张活动，对胃肠起到按摩作用，消化系统的血液循环得到改善，也能增强胃、肠的消化功能。

体育锻炼可提高食欲，有益于疾病治疗。无论对于健康人或消化系统疾病患者，选择适当、适度的体育锻炼都是十分必要的。

如果运动安排不当，血液重新分配的改变对消化系统的消化和吸收可能产生不良影响。

复习与思考

（1）阐述消化系统的组成。
（2）试述胃的位置、形态、构造与功能。
（3）了解小肠的分段、构造与功能。
（4）叙述肝的位置、外形、构造与功能。
（5）谈谈胰为什么是混合腺？
（6）谈谈唾液腺的名称与位置。
（7）为什么吃饱饭后，不能马上进行剧烈运动？

第六章

呼 吸 系 统

学习要求

(1) 了解呼吸系统的组成。
(2) 明确呼吸道包括哪些器官。
(3) 熟悉肺的位置、外形与肺小叶的构造。
(4) 掌握肺门的位置与进出肺门的主要器官。
(5) 了解气血屏障的构成与作用。
(6) 了解体育运动中呼吸的特点。
(7) 了解体育运动对呼吸系统功能的影响。

知识点与应用

呼吸系统（图6-1）由气体传导部（呼吸道）和呼吸部（肺）组成。每个正常人都有两个肺，位于胸腔，左右各一，均呈锥体形，右肺分为上、中、下三大叶，左肺分为上、下两叶。左、右两肺相对的纵隔面均有一凹陷，称为肺门，此处有肺动脉和支气管进入，有肺静脉（左、右各二）出肺门。肺的主要结构是肺小叶。肺泡与肺毛细血管之间有一重要结构，叫气血屏障（由肺泡壁、基膜和毛细血管壁三层构成），是氧气和二氧化碳交换的必经之路。

体育运动中的呼吸较为特殊，我们每个从事体育工作的人必须了解这一点，并应注重它的实践。

鼻是呼吸道的门户，鼻孔周围有鼻毛，鼻黏膜能分泌黏液，加上鼻毛可以黏住空气中的细菌和尘埃，有过滤作用，能净化空气。因此在平时人们的生活中，应尽可能养成用鼻吸气的习惯，减少病从口入的可能性。

从鼻根与两嘴角可连成三条线，这三条线之间的三角区称为"面部危险三角"。因为颜面的浅静脉内没有静脉瓣，血液可以上、下流通，如果面部发生了炎症，尤其三角区的感染，细菌很容易沿着血管进入颅内，从而引起颅内感染甚至危及生命。因此，对于青春发育期的学生，应该避免拔鼻毛、捏挤粉刺的不良习惯，以防发生感染。

呼吸运动是通过呼吸肌（含辅助呼吸肌）的舒张与收缩来实现的。处于安静状态下的呼吸称为平和呼吸。以肋间肌收缩使胸廓产生的呼吸运动叫胸式呼吸；但以膈肌收缩为主产生的呼吸运动叫腹式呼吸；通常人们的呼吸两者皆有，称为混合式呼吸。但是体育运动中则不然，还有深吸气、深呼气（合为深呼吸）、屏息（平和呼吸时，声门裂关

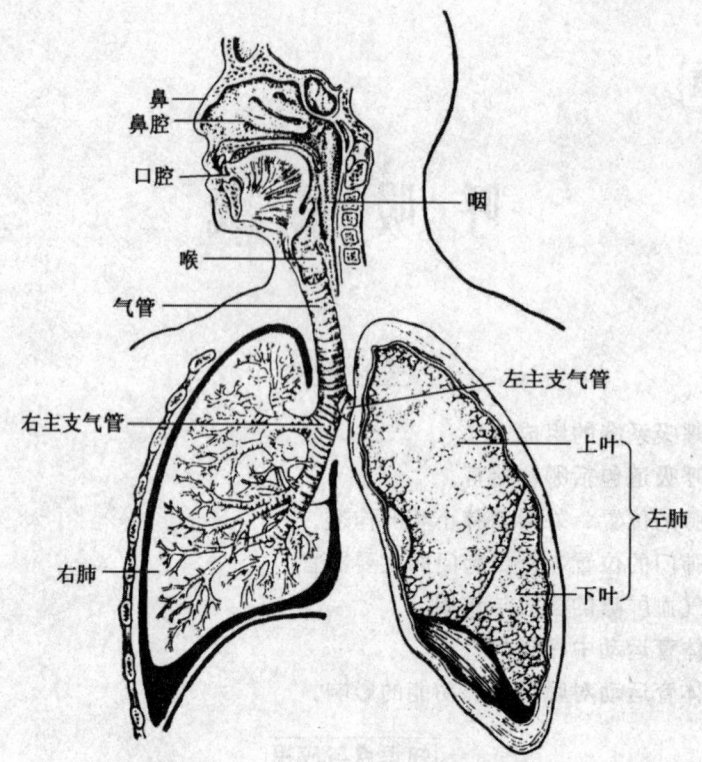

图6-1 呼吸系统

闭,气体暂时不进不出,叫屏息)。如射击的击发之前、篮球罚球投篮时就要用屏息。有时为了增大力气,则要用"憋气"。此时深吸大半口气,声门裂关闭,但不做呼气动作,称为憋气。往往用在爆发用力时,如投掷的最后用力、跑到终点、提拉或举杠铃时,都要用憋气。

作为一名优秀的运动员,不仅身体素质好、技术好,还要特别会呼吸,这就需要训练。为此,下面提出体育运动与呼吸的配合原则:

(1)除了游泳和运动中呼吸困难时可以用口吸气外,其他都要养成用鼻吸气的习惯。

(2)要善于利用有利的身体姿势进行呼吸:一般在做两臂上举、外展、提肩、伸脊柱时进行吸气有利,在两臂下放、内收、塌肩、团身、脊柱屈时进行呼气比较有利。

(3)运动中要善于变换呼吸形式,当胸廓需要固定时,则采用腹式呼吸;当做腹壁紧张的动作,则采用胸式呼吸。

(4)在非周期性动作中,要养成均匀的深呼吸。

(5)在呼吸困难时,如运动中发生腹痛时(暂时性的),可用深呼吸进行调整,先呼后吸。

(6)在周期性运动中,呼吸节奏要与动作的周期相配合,如跑步时三步一吸、三步一呼,根据个人情况进行针对性训练。

(7)在特殊的体育运动中,要进行特殊的呼吸。在射击扣扳机的瞬间、篮球投篮的瞬间进行屏息。在提拉杠铃前、上举杠铃前、投掷项目的最后用力、排球扣球前的起跳、完成吊环十字支撑时，均要用憋气。据研究憋气前最好吸半口气，效果最佳。

第一节 气体传导部——呼吸道

一、鼻

鼻是呼吸道的起始，是气体进出人体的主要通道。它能净化空气，调节空气温度、湿度，并兼有嗅觉及发音共鸣等作用。鼻分为外鼻、鼻腔和鼻旁窦三部分。

1. 外鼻

外鼻以骨和软骨为支架，被覆皮肤和少量皮下组织，分为鼻根、鼻背、鼻尖和鼻翼。

2. 鼻腔

鼻腔以鼻中隔分为左右两腔，每腔分为鼻前庭和固有鼻腔两部分。鼻腔的外侧壁（图6-2）有上、中、下鼻甲，将鼻腔分为上、中、下鼻道。

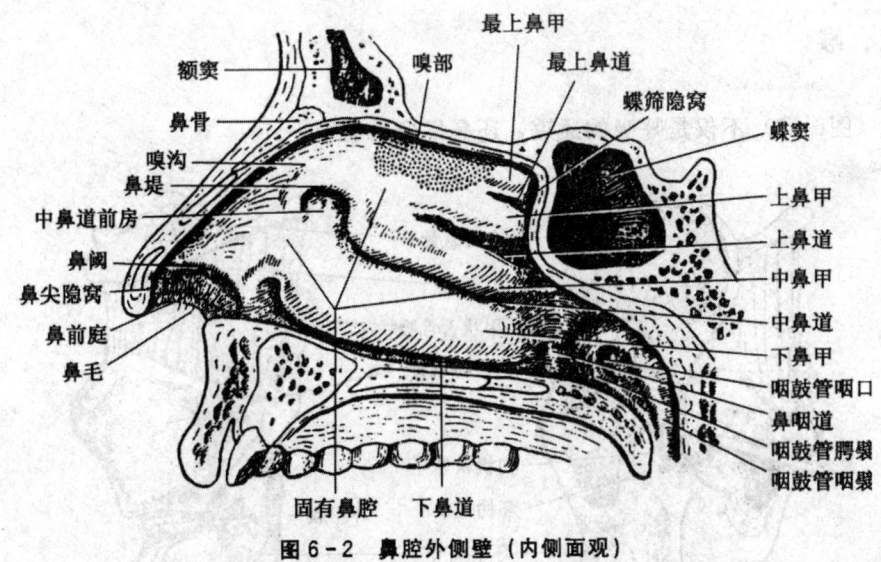

图6-2 鼻腔外侧壁（内侧面观）

- **固有鼻腔**

（1）境界：

前界　通鼻前庭。

后界　鼻后孔，通鼻咽。

内侧壁　鼻中隔，由筛骨垂直板、梨骨及鼻中隔软骨及被覆黏膜构成，其前下部血管丰富，称易出血区。

顶壁　筛骨筛板被覆黏膜。

底壁　骨腭及黏膜。

外侧壁　有上、中、下鼻甲及其下方的上、中、下鼻道。

（2）黏膜：

嗅区　上鼻甲下缘平面以上的鼻腔黏膜，内有嗅细胞分布。

呼吸区　嗅区以外的鼻腔黏膜，有丰富的静脉丛和鼻腺。

3. 鼻旁窦

鼻旁窦有上颌窦、额窦、蝶窦及筛窦。

上颌窦：位于上颌骨体内，开口于中鼻道。

额窦：位于额骨眉弓深面，额骨内外板之间。开口于中鼻道。

蝶窦：位于蝶骨体内，开口于蝶筛隐窝。

筛窦：位于筛骨迷路内，分前、中、后三群。前群和中群开口于中鼻道，后群开口于上鼻道。

二、咽

详见本书第五章第二节消化管。

三、喉

喉（图6-3）不仅是呼吸的通道，还是发音的器官。

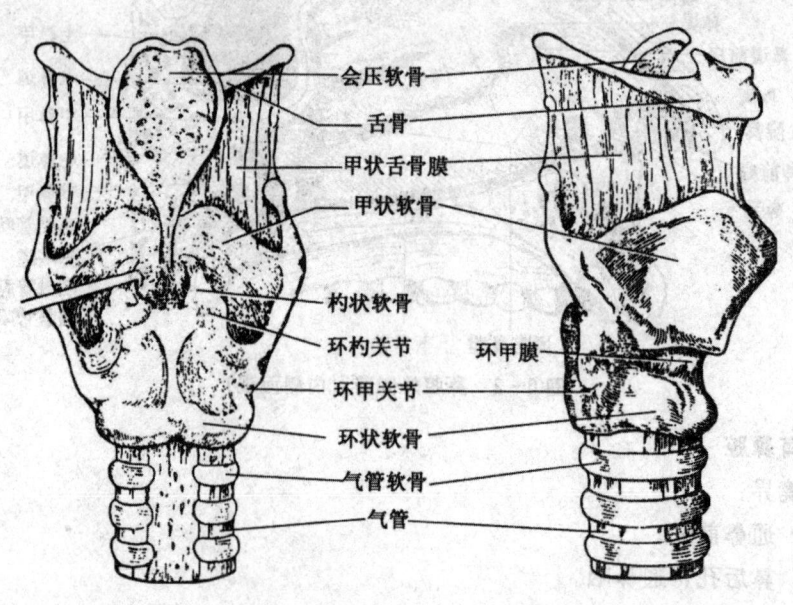

图6-3 喉

1. 位置

喉位于颈前部,向上开口于咽部,向下与气管相通,其位置高低与年龄、性别有关。

2. 喉的构造

喉由软骨、韧带和肌肉构成。

喉软骨有甲状软骨、环状软骨、会厌软骨、杓状软骨等,其中甲状软骨最大,其前部向上突出称为喉结。会厌软骨借韧带位于甲状软骨中间部分上缘的后面,吞咽时可关闭喉口,防止食物误入气管。

甲状软骨:由两块甲状软骨板合成,构成喉的外侧壁。

环状软骨:位于喉的最下方、呈环形。

会厌软骨:上宽下窄似树叶状,下端借韧带连于甲状软骨。

杓状软骨:成对,位于环状软骨上方,呈三面锥体形。

3. 喉腔

喉的内腔称为喉腔(图6-4)。喉腔的上口称为喉口,喉腔的中部侧壁黏膜形成两对皱襞,上为前庭襞,又叫假声带;下为声襞,又叫声带。左右声带间的裂隙叫声门裂。当气体通过时,声带产生振动而发声。当憋气或屏息时,声门裂关闭。

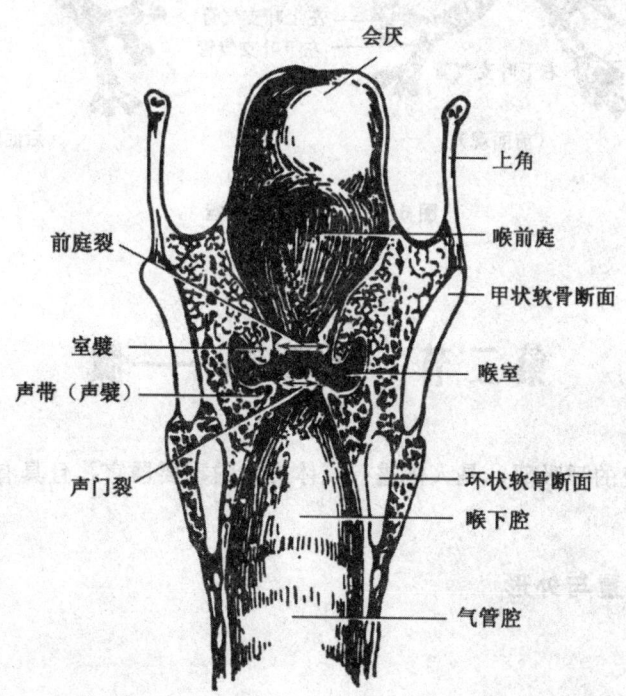

图6-4 喉腔

四、气管和支气管

气管（图6-5）上起环状软骨，下至胸骨颈静脉切迹，由16～20个"C"形软骨环构成，后部由平滑肌和结缔组织膜构成膜壁，是气体的通道。气管位于食管前方，上于第六、七颈椎高度与环状软骨相连，下平胸骨角高度分叉，成左、右支气管。左支气管细、长、倾斜，入左肺；右支气管粗、短、较直，故异物易进入右支气管。

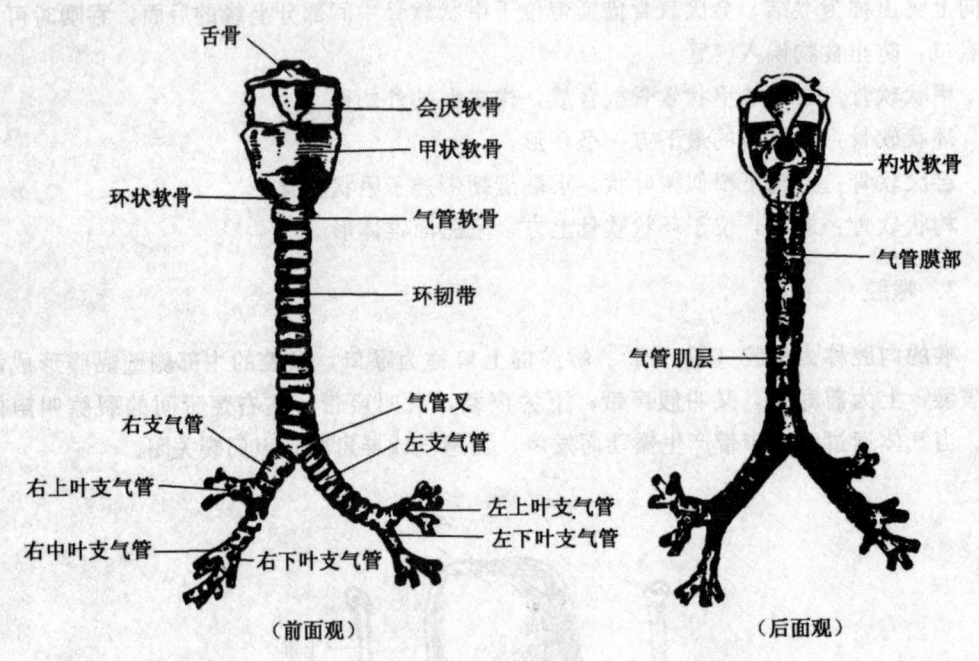

图6-5 气管及支气管

第二节 呼吸部——肺

肺是呼吸系统的呼吸部，是人体进行气体交换的重要器官，且具有内分泌的作用。

一、肺的位置与外形

1. 位置

肺（图6-6）位于胸腔内，左、右各一，分别居于纵隔两侧。

因心脏位置偏左，故左肺狭长，右肺略宽短。肺表面为脏胸膜被覆，较光滑。幼儿肺的颜色呈淡红色，随年龄增长，空气中的尘埃吸入肺内，逐渐变成灰色至黑紫色。

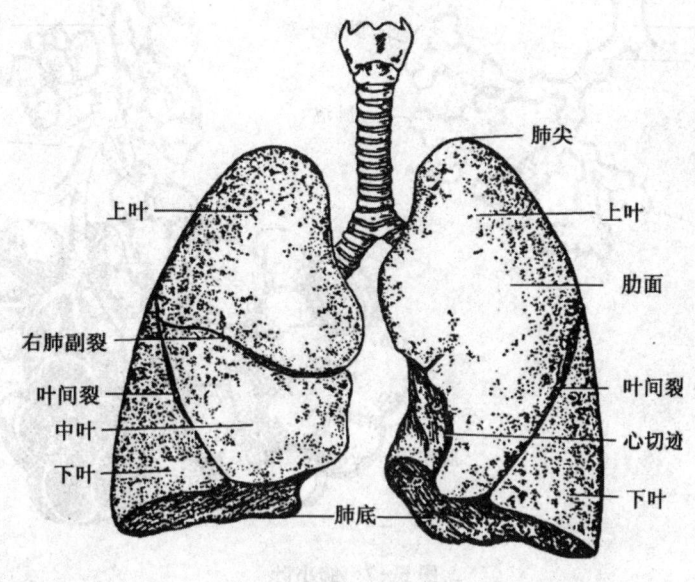

图6-6 肺的外形

2. 形态

两肺均呈锥体形，斜裂（叶间裂）将左肺分为上、下两叶；水平裂（右肺副裂）将右肺分为上、中、下三叶。

由于肺呈圆锥形，故有一尖、一底、两面和三缘。

肺尖：圆钝，伸向颈根部，高出锁骨内侧1/3上方2.5厘米。

肺底：又称膈面，稍向上凹。

两面：肋面（外侧面）圆凸，贴近肋和肋间肌。纵隔面（内侧面）中部有长圆形凹陷叫肺门，此处有支气管、肺动脉、肺静脉、神经和淋巴管出入。出入肺门所有的结构被结缔组织包绕，构成肺根。

二、肺的构造

肺由支气管树和大量的肺小叶（图6-7）组成。每一个肺小叶依次由小叶支气管、呼吸性支气管、肺泡管、肺泡囊、肺泡组成。故小叶支气管及其分支与所连的肺泡合称为肺小叶，肺小叶是肺的结构和功能单位，每个肺含有50～80个肺小叶。

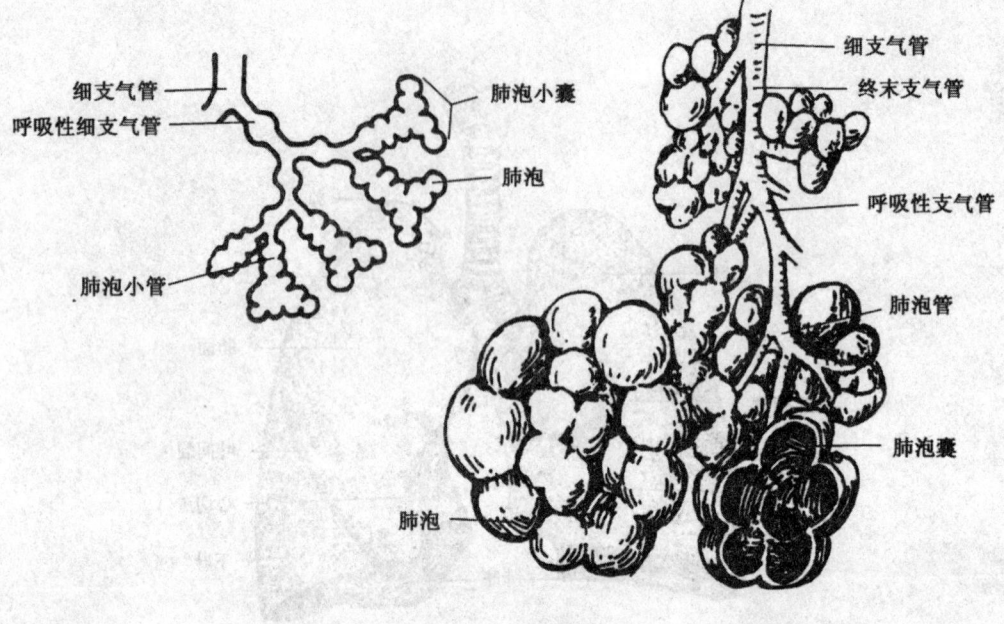

图6-7 肺小叶

第三节 胸膜、胸膜腔与纵隔

一、胸膜

胸膜是位于两肺外面封闭的双层浆膜囊，由壁胸膜和脏胸膜组成。

二、胸膜腔

脏胸膜和壁胸膜在肺根下方相互移行，形成一个封闭的浆膜囊腔隙，内呈负压，有少量浆液，可减少呼吸时脏胸膜和壁胸膜之间的摩擦。

三、纵隔

纵隔是纵隔胸膜之间的全部器官及结缔组织的总称。

第四节 体育运动对呼吸系统的影响

呼吸是机体重要的生理活动之一，它在神经系统的控制下，与其他机能协调地不断适应内外环境的变化，其主要机能是供给组织所需要的氧气，并排出体内所形成的二氧化碳，来维持机体正常的生命活动。

　　人体摄取的氧能否满足肌肉活动的需要，是决定人们能否持久地进行活动的主要因素之一，所以一个人的呼吸机能强弱与他的工作和运动能力有着密切的关系。人在安静时呼吸很浅，参加呼吸的肌肉很少，运动幅度也很小，吸气完全是被动的还原动作。所以在生活中体力劳动少又不经常运动的人，呼吸肌因为缺少锻炼会变得非常软弱。在参加体育运动的时候，随着呼吸运动的加强，呼吸变得主动和加深，有关的呼吸肌都参加了活动，久之，就增强了呼吸肌的力量和耐力。随着呼吸肌的增强，胸廓的活动范围也就扩大了，所以一般人的呼吸差只有6～8厘米，而运动员呼吸差平均可达12～14厘米，甚至更多。

　　由此可见，经常参加体育运动能增进呼吸器官的机能，提高肺的有效通气效率，使人不致因呼吸机能差而在工作过程中很快产生疲劳。

复习与思考

（1）简述呼吸系统的组成与功能。

（2）呼吸道包括哪些器官？上、下呼吸道以什么为界？

（3）简述肺的位置、外形、分叶。

（4）简述肺小叶的构造。

（5）大气中的氧进入肺毛细血管的路如何走？

（6）体育运动对呼吸系统有何影响？

第七章

泌尿系统

学习要求

（1）了解泌尿系统的组成。
（2）明确肾的位置、外形和结构。
（3）掌握肾单位的结构与功能。
（4）熟习输尿管、膀胱和尿道的功能。
（5）了解体育运动对泌尿系统的影响。

知识点与应用

泌尿系统由肾（泌尿器官）、输尿管（排尿器官）、膀胱（储尿器官）和尿道（排尿器官）组成。肾脏由外部的肾皮质和内部的肾髓质组成肾的实质，由肾小盏组成肾大盏，2～3个肾大盏汇合成肾盂，这一部分称为肾窦。肾皮质和伸入到肾髓质内的肾柱均由肾单位组成，每个肾单位包括肾小体（肾小球和小球囊）和肾小管（近曲小管、直小管和远曲小管）两部分，肾小体处产生原尿（成人每天产生100～200升）。在肾小管处进行重吸收，最后流入集合管的尿液叫终尿（成人每天1～2升）。

经常而循序渐进的体育运动，对泌尿系统各器官的结构和功能均有良好的影响。

一般地说，在体育运动中，为保证肌肉运动时血液的充分供应，在中枢神经系统调节下，内脏器官血管收缩，供血量减少，泌尿系统的机能相对减弱。这时体内代谢产生的废物多以汗液的形式排出体外，所以在体育运动时，尿量减少，也没有尿意。在运动之后，机体不断补充水分，泌尿系统的机能增强，供血量增加，不断恢复运动前的安静水平，同时为了清除运动过程中因新陈代谢旺盛而积蓄在体内大量的代谢产物，泌尿系统的功能均有加强，以维持水、盐及酸碱平衡，使人体内环境保持相对平衡。

肾脏具有独立自动调节的机制，当肾动脉血压改变时，能维持肾的血流量不变。但当剧烈运动时，由于肾血管收缩，入肾的血流量被分流，肾上腺分泌又增加，进一步引起血管收缩，肾的自动调节被抑制，使得肾脏缺血、缺氧和乳酸增多，肾小体滤过屏障通透性加大，肾小管上皮细胞变性，造成大分子（蛋白质、红细胞及乳酸）被滤过，肾小管机能下降，不能重吸收这些物质，因而随尿排出，形成运动性蛋白尿、血尿和尿乳酸。上述情况，在一般运动中不会出现，只有在中等强度以上，尤其大强度的运动训练情况下才会出现。格拉夫对50名参加1978年美国波士顿马拉松比赛的男性运动员的小便进行了检查，发现9人有血尿呈阳性，在48小时后对以上9人再检查，8人已恢复血尿呈阴性，只有1人仍血尿呈阳性，说明运动性血尿是由于人体对运动量不适而出现的。故运动后，经过一段时间休息就可以恢复，不需治疗，这一点对于教练员掌握运动量有着重要的意义。

泌尿系统的组成与功能：肾（泌尿）→输尿管（输尿）→膀胱（储尿）→尿道（排尿）。肾生成尿液，将代谢产生的大部分废物以尿液形式排出（图7-1）。

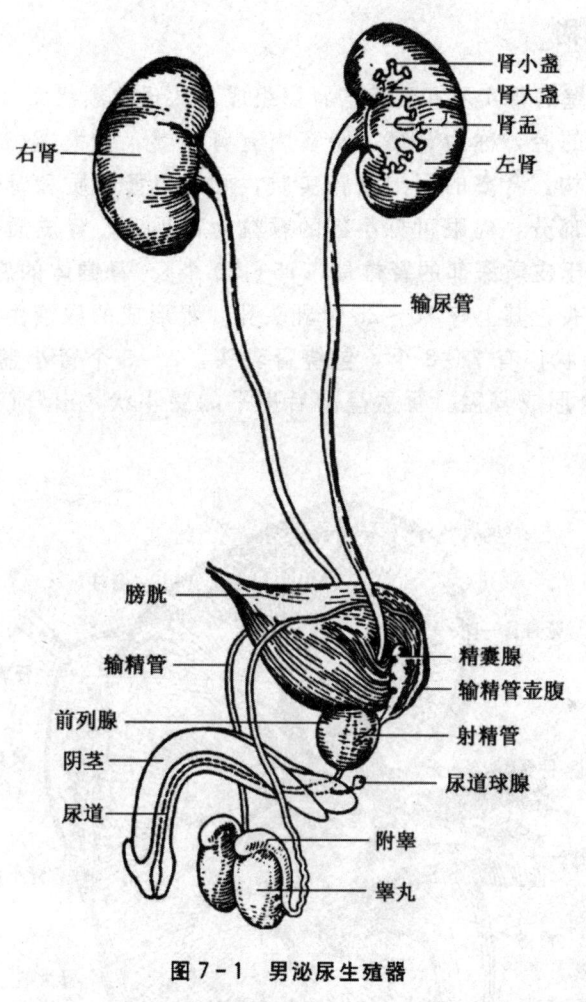

图7-1 男泌尿生殖器

第一节 肾

一、肾的位置与外形

肾是成对的实质器官，形似蚕豆，新鲜时呈红褐色，长约10厘米，宽约5厘米，厚约4厘米，男性大于女性。肾位于脊柱的两侧第十一胸椎至第三腰椎之间，女性低于男性，紧贴腹后壁，右肾略低，外侧缘隆凸，内侧缘中部凹陷称肾门，它是输尿管、肾动脉、肾静脉、淋巴管和神经出入的地方。肾窦是肾门向肾实质内伸入由肾实质围成的腔隙，内含肾动脉分支、肾静脉属支、肾小盏、肾大盏、肾盂和脂肪组织等。肾的被膜由内向外有纤维囊、脂肪囊和筋膜包裹，它们将肾固定在正常位置。

二、肾的构造与尿的生成

（一）肾的结构

肾可视为由囊壁的肾实质和囊腔的肾窦组成。从肾的额状面（图7-2）可见，由肾门进入肾内扩大的腔，称为肾窦。肾窦内有肾小盏、肾大盏、肾盂、肾血管、肾淋巴管和神经等结构。肾窦的周围是肾实质，可分为肾皮质和肾髓质两部分。肾皮质是肾实质的周围部分，肉眼可见小红的颗粒为肾小体。肾皮质突入肾髓质，构成肾柱。肾髓质是位于皮质深部的肾锥体（15～20个）。肾锥体的底朝外与皮质相连，尖向肾窦称为肾乳头，其上有10～25个乳头孔，肾形成的尿液由乳头孔流入肾小盏内。肾小盏呈漏斗状，有7～8个，包绕肾乳头。2～3个肾小盏合成1个肾大盏。2～3个肾大盏汇合形成肾盂。肾盂呈前后扁平的漏斗状，出肾门后向下弯曲变细，移行为输尿管。

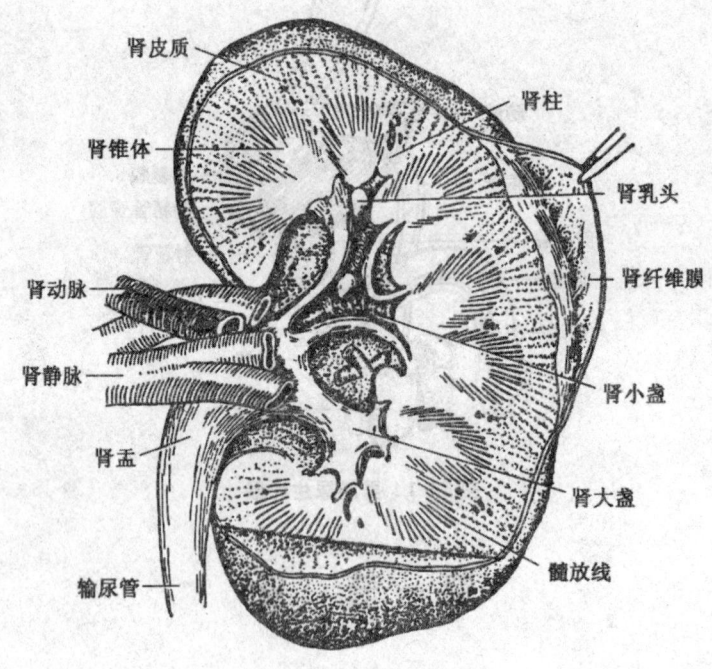

图7-2 左肾额状切面

（二）肾单位与尿的生成

1. 肾单位

肾单位（图7-3）是肾的结构和功能单位，可分为肾小体和肾小管两部分。肾小体(图7-4)是肾单位的起始部分,位于皮质内,由肾小球和肾小囊组成。肾小球位于肾小囊内,它是入球小动脉进入肾小囊反复分支形成的毛细血管球,而后再汇合成一条出球小动脉,离开肾小球。入球小动脉口径大于出球小动脉的口径,造成肾小球内的血压较高。肾小囊是肾小管的起始部分膨大且凹陷形成杯状的双层结构,两层囊壁之间的腔隙称为肾小囊腔。肾小囊的内层是脏层,外层是壁层。脏层由多突起的足细胞组成,每个初级突起又分出大量的次级突起,次级突起之间的间隙覆盖有一层薄膜称为裂孔膜。当血液流经毛细血管球时,因其压力较高,促使血液中的血浆和小分子物质通过内皮细胞的小孔、基膜和足细胞突起间的裂孔膜滤过到肾小囊腔,称为原尿。小分子通过的这三层结构称为滤过膜或血尿屏障。原尿中不含大分子蛋白质、脂类和有形成分,其余成分与血浆相同。正常成人每天生成原尿100~200升。

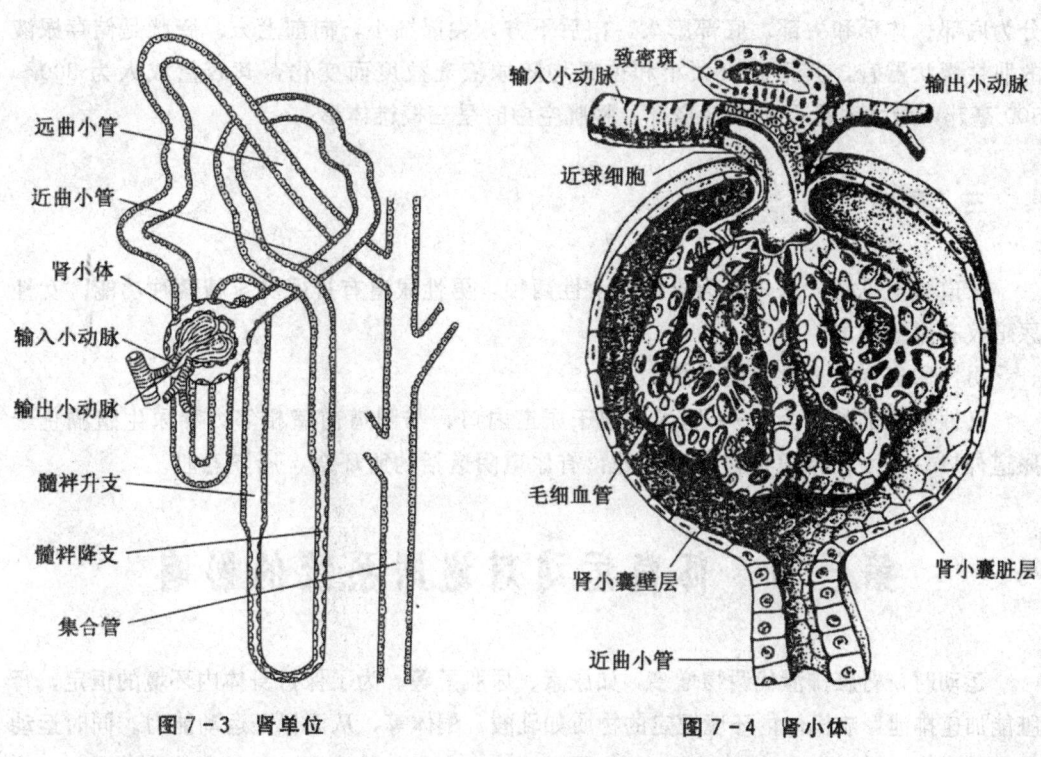

图7-3 肾单位　　　　图7-4 肾小体

2. 肾小管

肾小管是与肾小囊壁层相连的细长管道,可分为近曲小管、直小管和远曲小管三部分。近曲小管是吸收原尿的主要场所,原尿中的水、钾、钠等离子大部分被重吸收,葡萄糖全部被重吸收。

集合小管可分为集合管和乳头管两段。集合管由远曲小管汇合而成,几条集合管汇合成乳头管,其开口通向肾小盏。

第二节　输尿管、膀胱、尿道

一、输尿管

输尿管（参见图7-1）为细长的肌性管道，长25～30厘米，起于肾盂下端，止于膀胱。输尿管按行程分为三段（腹段、盆段和壁内段）。

二、膀胱

膀胱（参见图7-1）位于盆腔内耻骨联合后方，空虚时其顶不超过耻骨联合上缘，分为底部、体部和尖部。底部膨大，向后下方，尖部细小，向前上方。膀胱是储存尿液的肌性囊状器官，其形状、大小和位置均随尿液充盈度而变化，其容量成人为300～500毫升，最大容量可达800毫升。膀胱空虚时呈三棱锥体形。

三、尿道

尿道（参见图7-1）分为男性和女性两种，男性尿道有排尿和排精两种功能。女性尿道仅有排尿功能。

男性尿道详见男性生殖系统。

女性尿道的长度为3～4厘米，起于尿道内口，与阴道前壁相邻，穿尿生殖膈止于尿道外口。在女性尿道穿尿生殖膈处，有尿道阴道括约肌环绕，属随意肌。

第三节　体育运动对泌尿系统的影响

运动时，肾脏排泄代谢物增多，如尿素、尿肌酐等。为了保持身体内环境的恒定，肾脏能加速排泄影响机体内环境恒定的物质如乳酸、酮体等，从而保证运动能力。同时运动时汗量增加，身体内水分就会减少，为了保持体内水分，肾脏能增加对水分的重吸收，使排尿减少。排汗时大量丢失盐分，肾脏也增加对盐分的重吸收，以减轻体内缺盐的程度。

> **复习与思考**

(1) 试述泌尿系统的组成与主要功能。
(2) 简述肾小体的构造与尿的生成。
(3) 试述水从口入经尿道排出的途径。
(4) 排尿量与体育运动有何关系？为什么？
(5) 运动性血尿是怎样形成的？

第八章

脉管系统

> 学习要求

(1) 掌握心血管系统的组成、血液循环的途径。
(2) 掌握心的位置与外形和心脏各个腔的结构。
(3) 掌握体循环的动脉途径。
(4) 了解微循环的意义。
(5) 了解静脉的结构和特点。
(6) 了解淋巴系统的组成与功能。

> 知识点与应用

脉管系统也就是通常所说的循环系统，是由心血管系统和淋巴系统组成的密闭循环系统。心血管系统是由心脏、动脉、静脉和毛细血管组成；淋巴系统是由淋巴管和淋巴器官组成。要熟悉心脏的位置、外形和内部四个腔室（左、右心房和左、右心室）的构造与血流方向。要了解心传导系的概念、组成与功能。初步了解心的血液供给（左、右冠状动脉）和神经支配（交感神经和副交感神经）。体循环的血管中重点掌握主动脉的分段（主动脉升部、主动脉弓、主动脉胸部和主动脉腹部）及其重要分支与供血范围。体循环的静脉主要掌握它的特点（与动脉对照）和上、下腔静脉及门静脉系的组成与血液流向。

淋巴系统是脉管系统的一部分，可以把它看成静脉的补充。了解淋巴如何生成，淋巴管以盲端的毛细淋巴管始于组织，经各级淋巴管最后由右淋巴管和胸导管分别于左、右静脉角入血。

淋巴结和脾是重要的淋巴器官，它们的基本功能是产生淋巴细胞并进入淋巴液。

据世界心脏联盟统计，在世界范围内，三分之一的死因是心血管病症，成为威胁人类健康的第一杀手。为了唤起人类对心血管疾病因素（肥胖、高血压、营养失衡、缺乏运动、吸烟和饮酒等）的关注，世界心脏联盟把每年9月的最后一个星期天定为世界心脏日，要拥有健康的心，才能快乐地度过人生。

由于世界心脏病患者太多，因此研究人造心脏显得十分迫切，目前人造心脏有气动式和电动式两大类，但人造心脏进入临床还有很长一段路要走。

关于心脏的支架有多种功能：一是心脏的附着点，分隔心房肌和心室肌，使心房肌和心室肌收缩不同步。二是各心腔的基础。三是各种瓣膜的附着处。此外心传导系和血管都与心的支架密切相关。

临床上冠状动脉狭窄、梗塞常采用冠状动脉造影进行确诊，严重的冠状动脉狭窄和梗塞可采用搭桥手术，保证心脏的血液供给。冠状动脉粥样硬化性心脏病，简称为冠心病。这种疾病关键在于预防，这里不详述。

人们在生活中，各种动脉出血不少见，这就必须掌握指压止血法。以手指压迫动脉破裂处的近心端进行止血是极其重要的，如面部出血压迫面动脉、额部出血压迫颞浅动脉、头顶后部出血压迫枕动脉、肩部以下的上肢出血压迫锁骨下动脉、前臂以下出血压迫肱动脉、手指出血压迫指动脉、大腿以下出血压迫股动脉、小腿以下出血压迫腘动脉等。

在淋巴结所收集的范围内发生感染时，常常引起淋巴结发炎的反应而发生肿大。淋巴结是网状内皮系统的重要组成部分，分布于全身各处，不易触及。由于某些病理刺激，可产生过多的淋巴细胞、浆细胞、单核细胞和组织吞噬细胞，都会使局部或全身多处的淋巴结肿大，这期间不能进行体育运动。

第一节　概　述

一、脉管系统的组成

脉管系统为一套密闭的管道系统，包括心血管系统和淋巴系统两部分。心血管系统由心、动脉、静脉和毛细血管组成，其内流动的是血液；淋巴系统由淋巴管道、淋巴器官和淋巴组织组成，其管道内流动着淋巴，最后注入静脉。

二、脉管系统的功能

脉管系统的主要功能是将消化管吸收的营养物质、肺吸入的氧和内分泌腺分泌的激素运到全身各器官、组织和细胞，并将它们代谢产生的二氧化碳和其他废物运往肺、肾和皮肤排出体外，以保证机体新陈代谢的正常进行。

三、血液循环的途径

血液循环（图8-1）主要包括体循环和肺循环。

（一）体循环

体循环又称大循环。左心室射血入主动脉，经各级动脉达全身各部毛细血管，在此与周围的组织进行气体和物质交换，变为含二氧化碳和代谢产物多的静脉血，最后汇集成上、下腔静脉流回右心房。

（二）肺循环

肺循环又称小循环。血液由右心室射出，经肺动脉及各级分支进入肺泡壁周围毛细

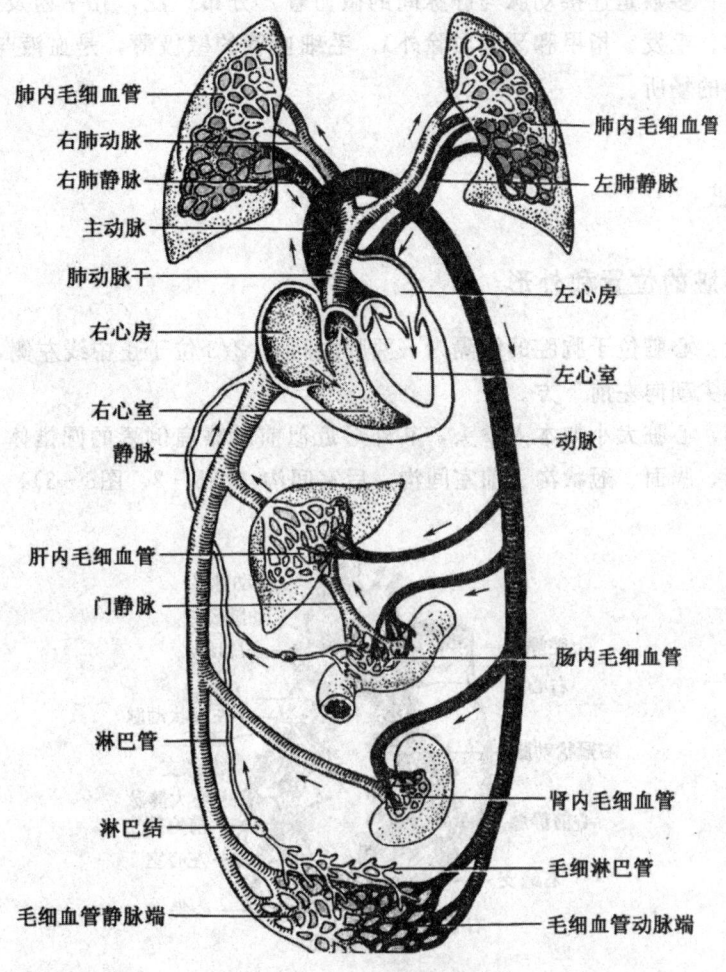

图 8-1 血液循环示意图

血管网,在此进行气体交换,使静脉血变成含氧丰富的动脉血,经肺静脉流回左心房。大、小循环途径虽然不同,但却是同步进行的。

第二节 心血管系统

心血管系统由心脏、动脉、静脉和毛细血管组成。

心脏:是心血管系统的动力器官,通过节律性的收缩,像水泵一样把从静脉吸入的血液不断地推送到动脉。

动脉:是运送血液离开心的管道,在行程中不断分支,愈分愈细,最后移行为毛细血管。动脉因承受的压力较大,故管壁较厚。

静脉:是引导血液返回心的管道。起于毛细血管,在回心途中逐渐汇合变粗,最后注入心房。静脉管壁较薄,管腔较大,管腔内有静脉瓣,防止其中的血液倒流。

毛细血管：多数是连接动脉与静脉间的微血管，分布广泛，几乎遍及全身（软骨、角膜、晶状体、毛发、指甲和牙釉质除外）。毛细血管的壁极薄，是血液与组织细胞间进行物质交换的场所。

一、心脏

（一）心脏的位置和外形

（1）位置：心脏位于胸腔的纵隔内（两肺之间），2/3位于正中线左侧，1/3位于正中线右侧，心尖朝向左前下方。

（2）外形：心脏大小如本人拳头，其外形近似前后略扁倒置的圆锥体，分为心尖、心底、胸肋面、膈面、冠状沟、前室间沟、后室间沟（图8-2、图8-3）。

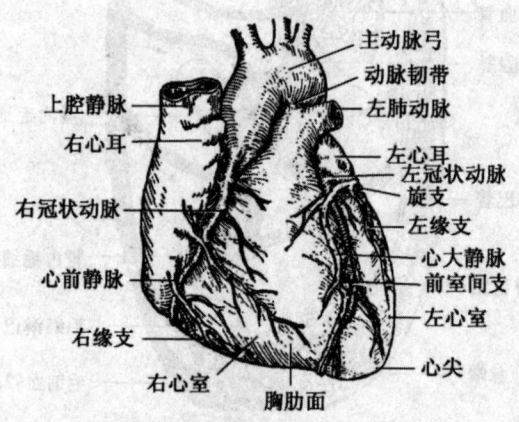

图8-2 心脏的外形（前）

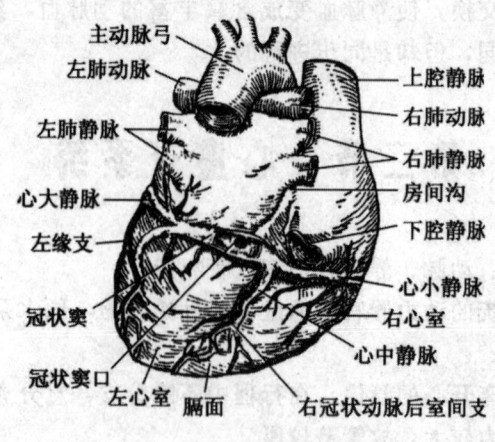

图8-3 心脏的外形（后）

（二）心脏各腔的形态结构

心脏由房间隔和室间隔分为左、右心房和左、右心室（图8-4、图8-5）。

（1）右心房：三个入口（上腔静脉口、下腔静脉口、冠状窦口）和一个出口（右房室口）。

（2）右心室：一个入口为右房室口，此处有三尖瓣；一个出口为肺动脉口，此处有肺动脉瓣。

（3）左心房：有两对肺静脉入口，出口为左房室口。

（4）左心室：一个入口为左房室口，此处有二尖瓣；一个出口为主动脉口，此处有主动脉瓣。

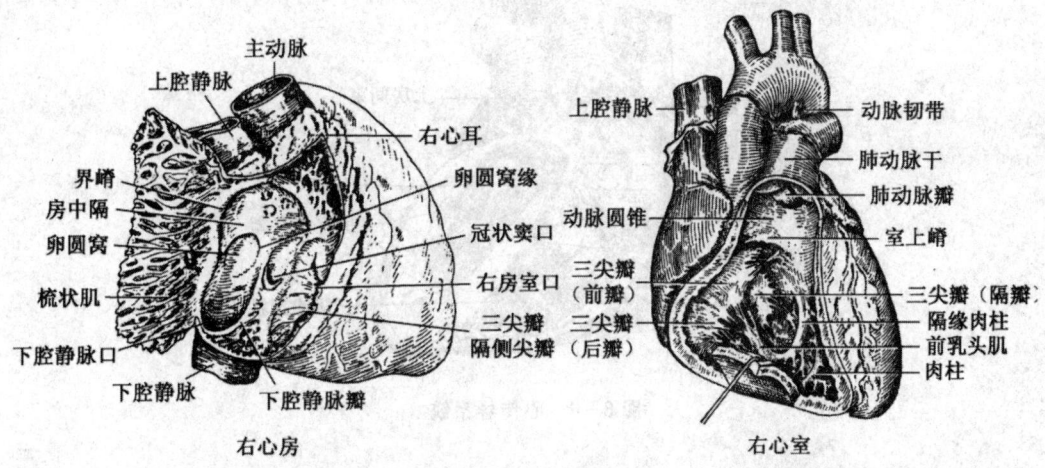

图8-4 右心房和右心室

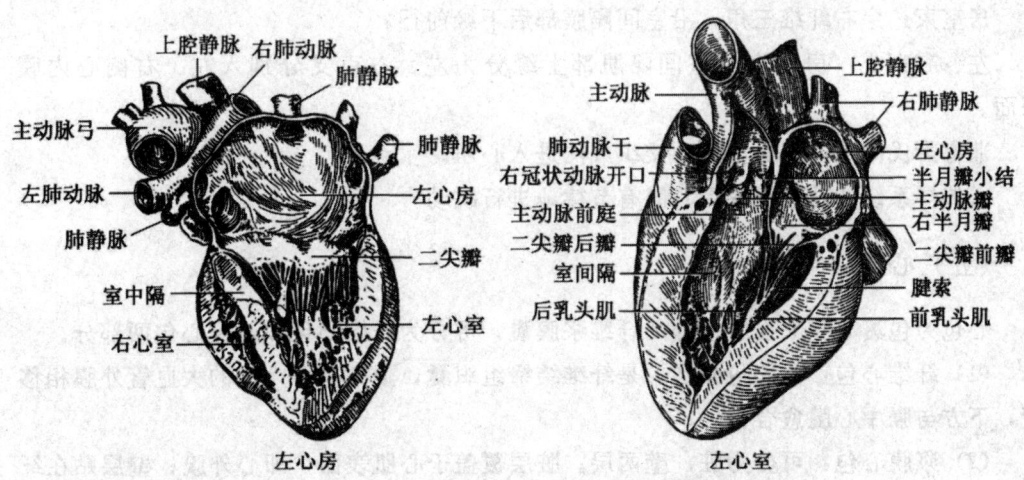

图8-5 左心房和左心室

（三）心壁的构造

心壁分为心外膜、心肌层和心内膜，其中心肌层最发达。心房肌和心室肌都附着于纤维环，但它们不同时收缩（详见运动生理学）。

（四）心传导系统

心传导系统（图8-6）包括窦房结、房室结、房室束及其左右束支、蒲肯野氏纤维。心传导系是由特殊分化的心肌细胞构成。

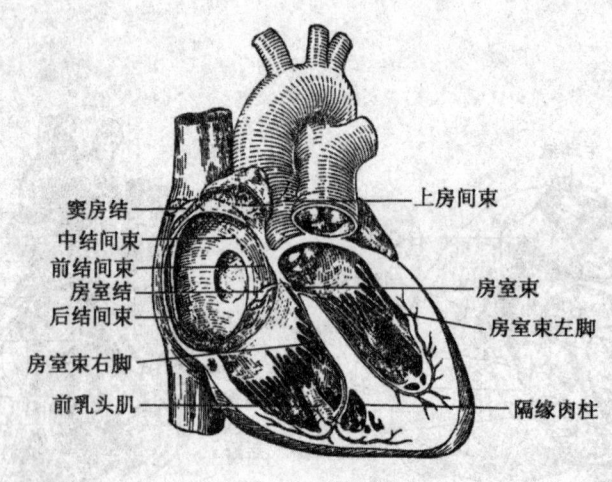

图8-6 心传导系统

窦房结：为心的正常起搏点，位于上腔静脉与右心房交界处的心外膜深面。

房室结：位于右心房心内膜深面。

房室束：穿右纤维三角，沿室间隔膜部后下缘前行。

左、右束支：房室束至室间隔肌部上缘分为左、右束支分别入左、右侧心内膜深面。

蒲肯野氏纤维：在心内膜下交织成网进入心肌。

心传导系统的功能是保证心脏有节律地进行跳动。

（五）心包

心包为包裹心和大血管根部的纤维浆膜囊，可分为纤维心包和浆膜心包两部分。

（1）纤维心包：为心包外层，是纤维结缔组织囊，上方与出入心的大血管外膜相移行，下方与膈中心腱愈合。

（2）浆膜心包：可分为脏、壁两层。脏层覆盖于心肌表面，即心外膜；壁层贴在纤维心包内面。脏、壁两层在出入心的大血管根部相互移行，两层之间的腔隙称心包腔，内有少量浆液，起润滑作用，可减少心搏动时的摩擦。

（六）心的血液供给

1. 心的动脉

心壁的营养由左、右冠状动脉供应。

（1）左冠状动脉：起自升主动脉起始部的左侧，经左心耳与肺动脉干起始部之间左行，立即分为前室间支和旋支。

（2）右冠状动脉：起自升主动脉起始部的右侧，经右心耳与肺动脉干起始部之间右行，绕心右缘至冠状沟后部分为两支。一支较粗，沿后室间沟下行，为后室间支，与前室间支吻合。另一支较细，继续左行，分布于左心室后壁。

右冠状动脉分支分布到右心房、右心室、室间隔后1/3和左心室后壁的一部分，还分布到窦房结和房室结。

2. 心的静脉

心壁的静脉大部分都汇入冠状窦。冠状窦位于冠状沟后部左心房与左心室之间，经冠状窦口注入右心房。

冠状窦的属支有三条，分别为心大静脉、心中静脉和心小静脉。

二、血管

（一）血管的特点

（1）动脉：管壁厚，弹性大。
（2）静脉：管壁薄，多数有静脉瓣。
（3）毛细血管：管径很小，由单层内皮细胞构成，具有很强的通透性。

（二）血管的分布规律

1. 动脉（图8-7）

（1）多位于深部或肢体屈侧较隐蔽的地方。
（2）以最短的距离到达它所分布的器官和组织。
（3）多与静脉和神经干伴行。
（4）大多数两侧对称，在躯干可分为脏支和壁支。
（5）管径大小和配布形式与器官形态结构和功能相适应。

2. 静脉

（1）可分为浅静脉和深静脉。深静脉与同名动脉伴行。
（2）在四肢的动脉常有两条静脉伴行。

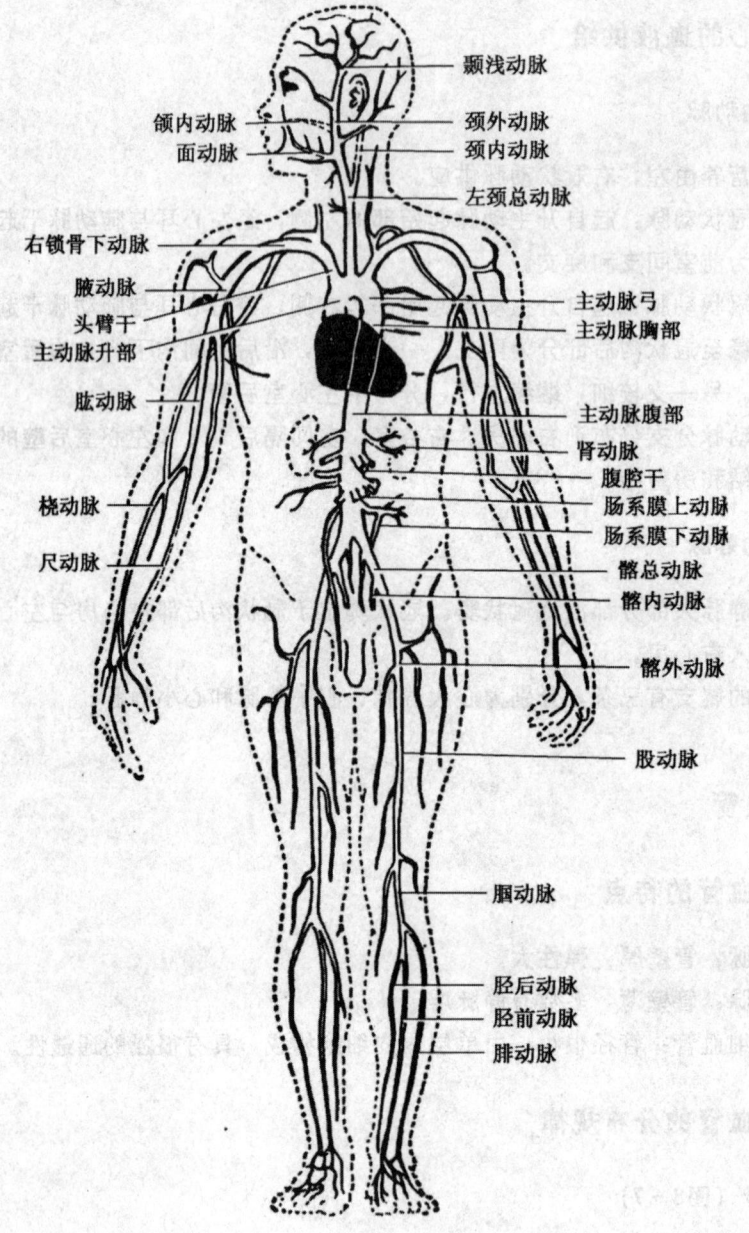

图8-7 人体的主要动脉

(三) 血管的吻合及侧支循环

(1) 动脉间可吻合成动脉网和动脉弓。

(2) 静脉间可吻合成静脉网和静脉丛。

(3) 动静脉吻合是在小动脉和小静脉之间不经毛细血管借小分支直接吻合。

(4) 侧副支是指与主干平行的血管,一端起于主干,另一端注入主干。

(5) 侧支循环是当主干受阻时,侧副支变粗大,代替主干运送血液,形成侧支循环。

（四）微循环

(1) 微循环：包括微动脉、中间微动脉、真毛细血管、直接通路和微静脉。
(2) 微动脉：小动脉的延续分支。
(3) 中间微动脉：微动脉的分支。
(4) 真毛细血管：即一般所指的毛细血管，是微动脉和中间微动脉的分支。
(5) 通毛细血管：中间微动脉延续并直接与微静脉相通的微细血管，故又称直接通路。
(6) 动、静脉吻合：是微动脉发出的分支与微静脉直接相通的血管。

三、肺循环的血管

(1) 肺动脉：肺动脉干短而粗，起自右心室肺动脉口，经升主动脉前方向左后上方斜行，至主动脉弓的下方分为左、右肺动脉。
(2) 肺静脉：肺静脉左、右各两条，分别称左肺上静脉、左肺下静脉和右肺上静脉、右肺下静脉。它们起自肺门，注入左心房。

四、体循环的血管

（一）体循环的动脉

主动脉是体循环的动脉主干，从左心室发出，根据其行程可分为四段。

1. 升主动脉

升主动脉起自左心室，斜向右上前方，至右第二胸肋关节处移行为主动脉弓。升主动脉基部分支有左冠状动脉、右冠状动脉。

2. 主动脉弓

主动脉弓呈弓形弯向左后至第四胸椎下缘左侧移行为降主动脉。主动脉弓的分支由右向左分别为：头臂干、左颈总动脉、左锁骨下动脉。

(1) 颈总动脉：左颈总动脉起自主动脉弓，右颈总动脉起自头臂干，经胸锁关节后方，沿食管、气管和喉外侧上行，平甲状软骨上缘分颈内、外动脉。

颈动脉窦：是颈内动脉起始部的膨大，窦壁外膜内有丰富的游离神经末梢称为压力感受器，可反射性地调节血压。

颈动脉小球：在颈总动脉分枝的后方的扁圆形小体，是化学感受器，可感受血液中CO_2浓度变化的刺激，反射性地调节呼吸。

①颈内动脉：平甲状软骨上缘自颈总动脉分出，垂直上行穿颈动脉孔入颅。
②颈外动脉：自颈总动脉分出，初位于颈内动脉前内侧，经其前方转至外侧，上行穿腮腺至下颌颈处分为颞浅动脉和上颌动脉。颈外动脉沿途发出甲状腺上动脉、舌动脉

和面动脉等,分支分布于颈部和头面部(眼和脑除外)。

(2)锁骨下动脉(图8-8):左侧起自主动脉弓,右侧起自头臂干,经胸锁关节后方至第一肋外缘续腋动脉。

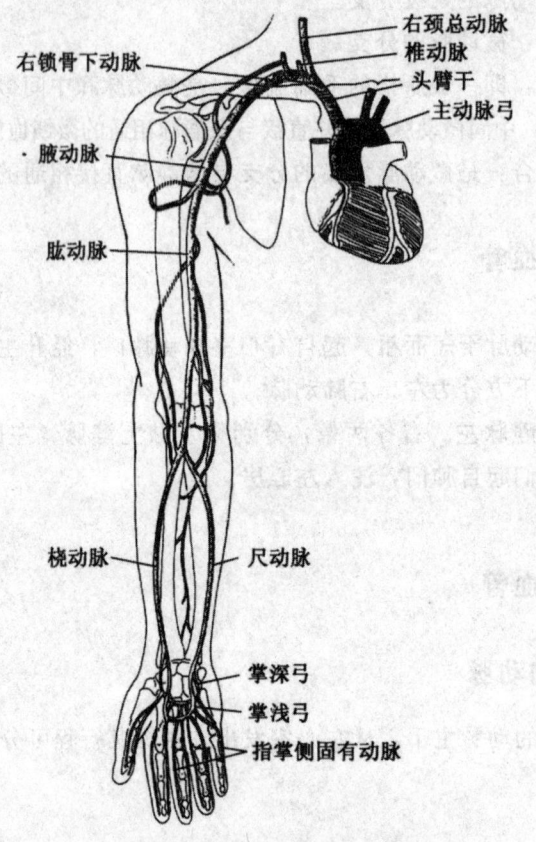

图8-8 锁骨下动脉及其分支

(3)腋动脉:行于腋窝深部,至大圆肌下缘移行为肱动脉。腋动脉沿途发出分支分布于肩部和胸壁。

(4)肱动脉:沿肱二头肌内侧下行至肘窝,平桡骨颈平面分为桡动脉和尺动脉。

(5)桡动脉:先经肱桡肌和旋前圆肌之间,继而在肱桡肌腱和桡侧腕屈肌腱之间下行,绕桡骨茎突至手背,穿第一掌骨间隙至手掌。

(6)尺动脉:在尺侧腕屈肌与指浅屈肌之间下行,经豌豆骨桡侧至手掌。

3. 胸主动脉

胸主动脉沿脊柱左前方下行,达第十二胸椎高度穿膈的主动脉裂孔,移行为腹主动脉。壁支主要分布到胸、腹壁的肌肉和皮肤。

4. 腹主动脉

腹主动脉在膈肌的主动脉裂孔续胸主动脉,沿腰椎体的前方下降,到第四腰椎体下缘处分为左、右髂总动脉。腹主动脉的右侧与下腔静脉伴行。

腹主动脉的主要分支有成对和不成对的分支。不成对的分支主要有：

（1）腹腔干。为一短干，分为胃左动脉、肝总动脉和脾动脉三支，主要分布到胃、肝、胆、脾、胰、十二指肠和食管的腹腔段。

（2）肠系膜上动脉。在腹腔干起始处的下方起自腹主动脉的前壁，进入小肠系膜根内，分支分布到十二指肠至横结肠和胰头。

（3）肠系膜下动脉。在第三腰椎水平起自腹主动脉的前壁。其分支分布到降结肠、乙状结肠和直肠的上、中部。

成对的分支有：

（1）肾上腺中动脉。左右各一，起自腹主动脉，向外行，分布到左、右肾上腺。

（2）肾动脉。左右各一，自腹主动脉发出，向外行，到肾门分4~5支进入肾内。

（3）睾丸动脉。细而长，在壁腹膜后方沿腰大肌前面下降，进入腹股沟管，参与精索的组成，下行入阴囊分布到睾丸和附睾。女性为卵巢动脉，在卵巢悬韧带内下行，分支到卵巢和输卵管。

5. 髂总动脉

髂总动脉（图8-9）左右各一，在平第四腰椎高度腹主动脉分出左、右髂总动脉，

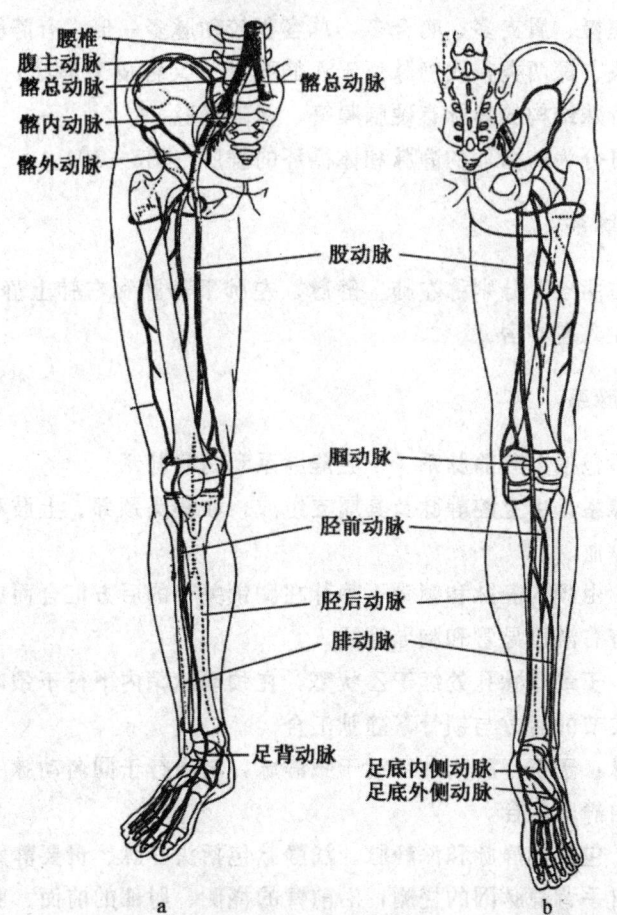

图8-9 髂总动脉及其分支

每侧髂总动脉在骶髂关节处分为髂内动脉和髂外动脉。

(1) 髂内动脉：为一短干，下行入盆腔，可分为脏支和壁支。

(2) 髂外动脉：经髂总动脉发出后，沿腰大肌的内侧下降，经腹股沟韧带的深面到大腿的前面移行为股动脉。

(3) 股动脉：在腹股沟中点腹股沟韧带深面接髂外动脉，其内侧有股静脉，外侧有股神经伴行。在大腿中、下 1/3 交接处，股动脉穿大收肌至腘窝，名为腘动脉。

(4) 腘动脉：在腘窝深部下行，到腘窝下角处分为胫前动脉和胫后动脉。腘动脉分支分布于膝关节和附近诸肌。

(5) 胫后动脉：为腘动脉的终支之一，沿小腿后群肌浅、深层之间下行，经内踝后方入足底，分为足底内侧动脉和足底外侧动脉。胫后动脉分支分布于小腿肌后群、外侧群和足底肌。

(6) 胫前动脉：为腘动脉另一终支，向前穿小腿骨间膜上端，在小腿肌前群之间下行，至踝关节前方移行为足背动脉。胫前动脉分支分布到小腿肌前群。

（二）体循环的静脉

静脉的特点包括：是送血液回心的血管，起于毛细血管，管壁薄、弹性小、管腔大、压力低、流速慢、属支多、吻合多，总容积较动脉多一倍；有静脉瓣，有利于静脉血向心回流；分浅、深两类，浅静脉位于浅筋膜内（又称皮下静脉），深静脉与动脉同名并与其伴行；特殊结构的静脉有硬脑膜窦、板障静脉。

全身的静脉可分为肺循环的静脉和体循环的静脉（图8-10）。

1. 肺循环静脉系

肺静脉左、右两条，分别称左肺上静脉、左肺下静脉和右肺上静脉、右肺下静脉。它们起自肺门，注入左心房。

2. 体循环静脉系

体循环静脉系包括上腔静脉系、下腔静脉系和门静脉系。

(1) 上腔静脉系：由上腔静脉及其属支组成，收集头颈部、上肢和胸部（心和肺除外）等上半身静脉血。

①头臂静脉：由颈内静脉和锁骨下静脉在胸锁关节的后方汇合而成，汇合处向外的夹角称静脉角，有右淋巴导管和胸导管注入。

②颈内静脉：于颈静脉孔处续于乙状窦，在颈动脉鞘内下行于颈内动脉和颈总动脉的外侧，至胸锁关节的后方与锁骨下静脉汇合。

③锁骨下静脉：于第一肋的外缘续于腋静脉，向内行于同名动脉的前内侧，至胸锁关节的后方与颈内静脉汇合。

④上肢静脉：包括浅静脉和深静脉。浅静脉包括头静脉、贵要静脉和肘正中静脉。

头静脉：起自手背静脉网的桡侧，沿前臂的桡侧、肘部的前面、肱二头肌外侧沟上行，经三角肌和胸大肌肌间沟至锁骨下方穿深筋膜注入腋静脉或锁骨下静脉。

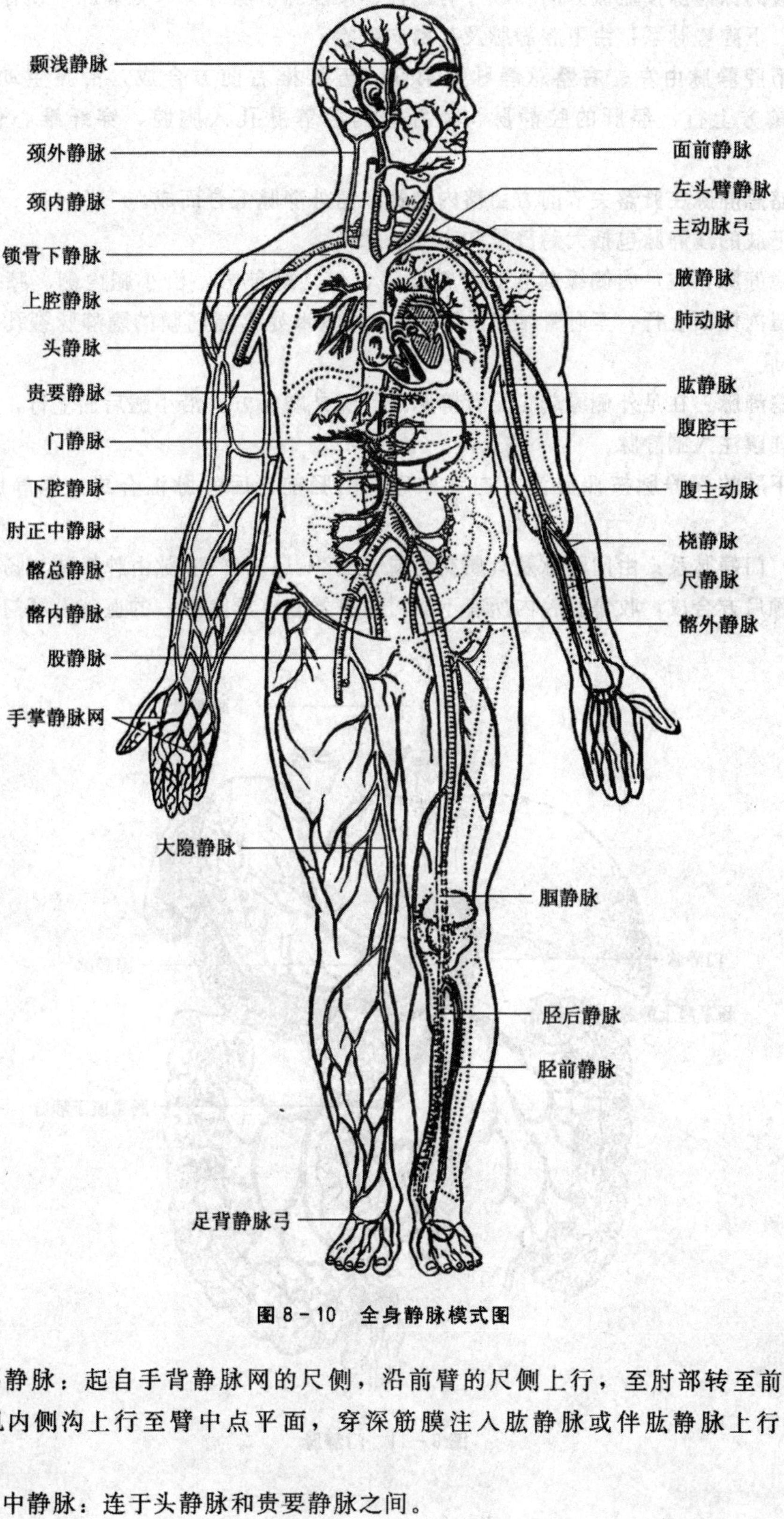

图 8-10 全身静脉模式图

贵要静脉：起自手背静脉网的尺侧，沿前臂的尺侧上行，至肘部转至前面，经肱二头肌内侧沟上行至臂中点平面，穿深筋膜注入肱静脉或伴肱静脉上行注入腋静脉。

肘正中静脉：连于头静脉和贵要静脉之间。

上肢的深静脉按血流方向和顺序有：桡、尺静脉→肱静脉→腋静脉→锁骨下静脉。

(2) 下腔静脉系：由下腔静脉及其属支组成。

①下腔静脉由左、右髂总静脉平第四、五腰椎右前方合成，沿腹主动脉右侧、脊柱右前方上行，经肝的腔静脉沟，穿膈的腔静脉孔入胸腔，穿纤维心包注入右心房。

②髂总静脉在骶髂关节前方由髂内静脉和髂外静脉汇合而成。

③下肢的浅静脉包括大隐静脉和小隐静脉。

大隐静脉：在足内侧缘起自足背静脉弓，经内踝前方，沿小腿内侧、膝关节内后方、大腿内侧面上行，至耻骨结节外下方3～4厘米处穿阔筋膜的隐静脉裂孔，注入股静脉。

小隐静脉：在足外侧缘起自足背静脉弓，经外踝后方，沿小腿后面上行，至腘窝下角穿深筋膜注入腘静脉。

④下肢的深静脉按照血流方向和顺序，由胫前、后静脉汇合成：腘静脉→股静脉。

(3) 门静脉系：由门静脉及其属支组成（图8-11）。门静脉由脾静脉与肠系膜上静脉在胰颈后方合成，收集腹腔内所有不成对内脏器官（肝除外）的血液由肝门入肝。

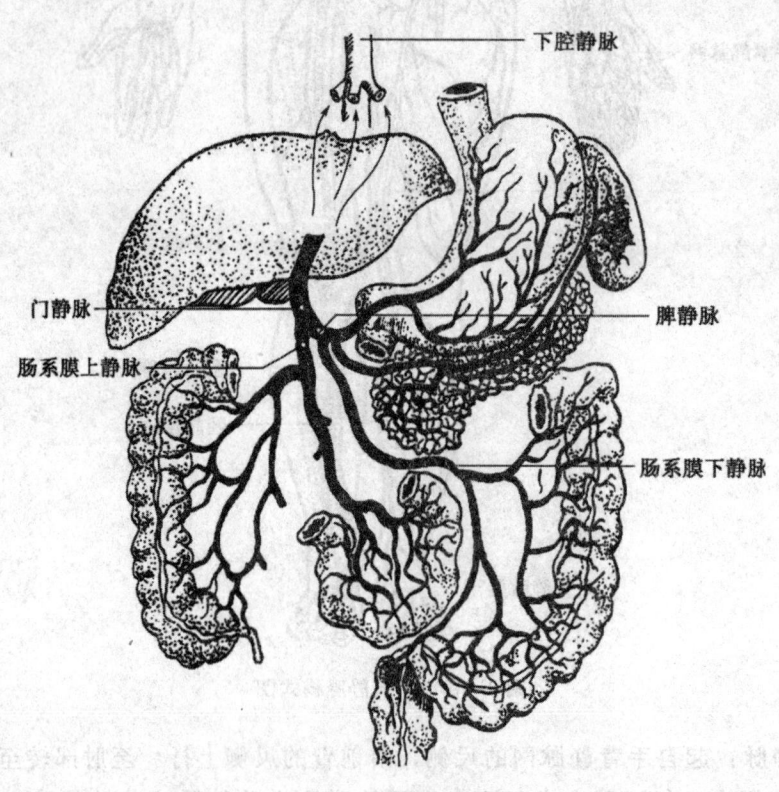

图8-11 门静脉

第三节 淋巴系统

淋巴系统为协助体液回流的辅助装置。淋巴系统包括淋巴管和淋巴器官。淋巴管道内的无色透明液体称为淋巴液。

一、淋巴的生成

淋巴系统是脉管系统的重要组成部分,由各级淋巴管道、淋巴器官和散在的淋巴组织构成。组织内毛细血管中的血浆渗透到组织内,形成组织液,而后组织液渗入毛细淋巴管内,则形成了淋巴,再通过淋巴器官,加上淋巴细胞,即为完整的淋巴(图8-12)。

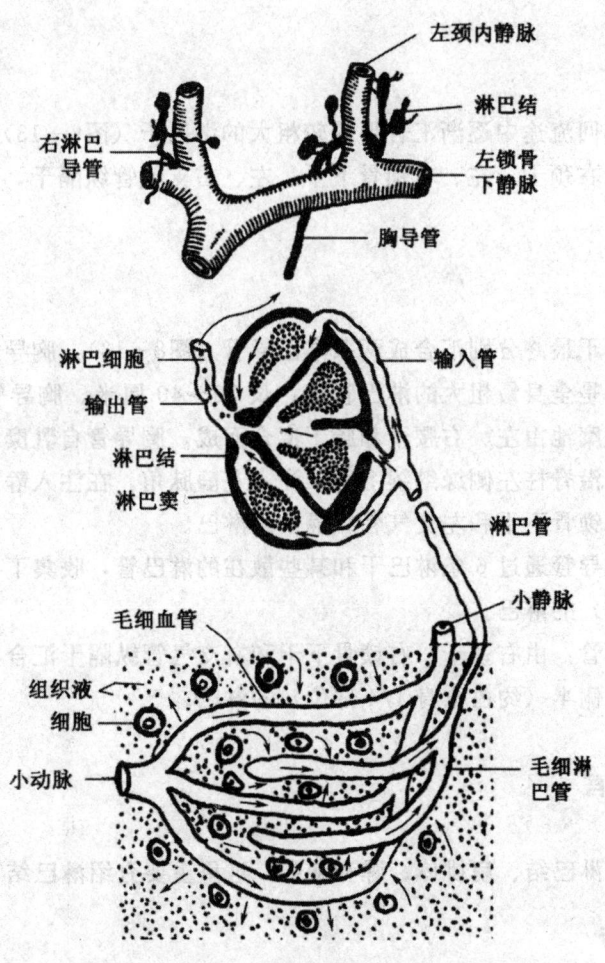

图 8-12 淋巴的生成与回流

二、淋巴管道

淋巴管道可分为毛细淋巴管、淋巴管、淋巴干和淋巴导管四级。

1. 毛细淋巴管

毛细淋巴管是淋巴管道的起始段,位于组织间隙内,以膨大的盲端起始,彼此吻合成网。管壁非常薄,仅由单层内皮细胞构成。相邻的内皮细胞之间的连接间隙较大,因此毛细淋巴管比毛细血管通透性大,蛋白质、异物和细菌等大分子物质容易进入毛细淋巴管。

2. 淋巴管

淋巴管由毛细淋巴管汇集而成,在全身各处分布广泛,根据走行位置可分为浅淋巴管和深淋巴管。

3. 淋巴干

淋巴管在向心回流途中逐渐汇合形成较粗大的淋巴干(图8-13)。全身共有9条淋巴干,它们是左、右颈干,左、右锁骨下干,左、右支气管纵隔干,左、右腰干和单个的肠干。

4. 淋巴导管

全身9条淋巴干最终分别汇合成两条淋巴导管(图8-13):胸导管和右淋巴导管。

(1) 胸导管:是全身最粗大的淋巴管道,长30～40厘米。胸导管起始于第一腰椎前方的乳糜池,乳糜池由左、右腰干和肠干汇合而成。胸导管自乳糜池上行,经膈的主动脉裂孔入胸腔,沿脊柱左侧缘继续上行,注入左静脉角。在注入静脉角前,胸导管还要接收左颈干、左锁骨下干和左支气管纵隔干的淋巴。

收纳范围:胸导管通过6条淋巴干和某些散在的淋巴管,收集下半身和上半身左侧半(全身3/4部位)的淋巴。

(2) 右淋巴导管:由右颈干、右锁骨下干和右支气管纵隔干汇合而成,注入右静脉角,收纳上半身右侧半(约占全身1/4部位)的淋巴。

三、淋巴器官

淋巴器官包括淋巴结、扁桃体、脾和胸腺,这里主要介绍淋巴结、脾和胸腺。

(一) 淋巴结

淋巴结是淋巴管向心回流途中的必经器官,为灰红色椭圆形或圆形小体,大小不等。淋巴结一侧隆凸,一侧凹陷,凹陷处称为淋巴结门,是淋巴结的血管、神经出入之

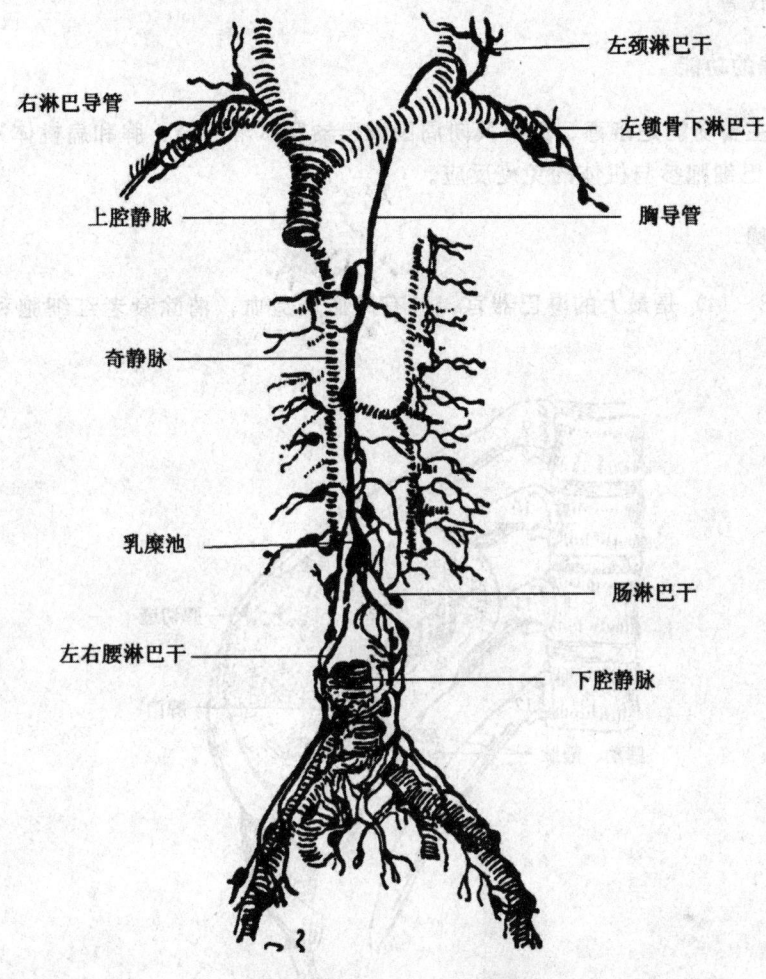

图8-13 淋巴干和淋巴导管

处。淋巴结的周围有淋巴管与之相连,与凸侧面相连的淋巴管称输入淋巴管,从淋巴结门出来的淋巴管称输出淋巴管,将淋巴结过滤后的淋巴运出淋巴结。淋巴结多聚集成群,以深筋膜为界可将淋巴结分为浅、深两种,浅淋巴结位于浅筋膜内,深淋巴结位于深筋膜深面。淋巴结多沿血管排列,位于关节的屈侧和身体的隐蔽部位。

(二) 胸腺

胸腺是淋巴器官并兼有内分泌功能。

1. 胸腺的位置

胸腺位于胸骨柄后方、上纵隔前部、心包前上方,有时可向上突入到颈根部。

2. 胸腺的形态

胸腺一般分为不对称的左、右两叶,质柔软,呈长扁条状,两叶间借结缔组织相连。胸腺有明显的年龄变化,新生儿及幼儿的胸腺相对较大,青春期后逐渐萎缩退化,被结缔组织代替。

3. 胸腺的功能

胸腺的主要功能是培育、选择及向周围淋巴器官（淋巴结、脾和扁桃体）和淋巴组织输送T淋巴细胞参与机体的免疫反应。

（三）脾

脾（图8-14）是最大的淋巴器官，具有储血、造血、清除衰老红细胞和进行免疫反应等功能。

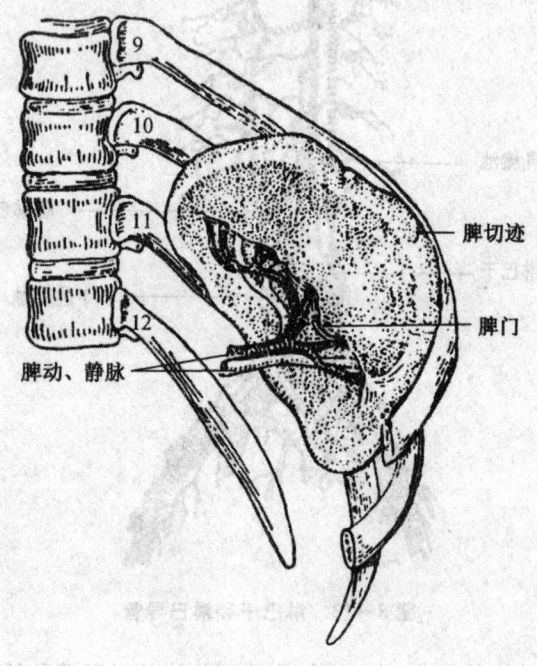

图8-14 脾的外形

脾位于左季肋区胃底与膈之间第9~11肋深面，其长轴与第10肋一致，前端可达腋中线。正常在肋弓下不应触及。其位置可随呼吸及体位的不同而有变化。

第四节 体育运动对脉管系统的影响

经常运动的青少年，其心脏直径的平均尺寸比一般不参加体育锻炼的青少年的大。心脏的运动性肥大是一种正常的生理现象，说明它有极大的潜在收缩力量。一般经过几个月以上的系统体育锻炼，心脏就逐渐出现肥大趋向，如果长时间地停止锻炼，心脏的运动性肥大也会逐渐消失。

运动员和非运动员在进行同种程度运动量不大的活动时，运动员心跳频率增加不多，而非运动员却显著增加。在进行最大强度运动时，运动员心跳频率每分钟能增加到

200~220次，而缺乏锻炼的人，当心跳达到每分钟180次时，就已不能很好地耐受，会发生面色苍白、恶心、呕吐等。经常运动能增加心脏输血机能的潜在储备力量。

显然，运动员输血机能的储备力量比一般人要大得多。心脏每分钟最大输血量是影响肌肉活动获得氧气多少的主要因素，因此要保持心脏长久跳动有力，提高工作效率，只有通过经常参加锻炼才能获得。

复习与思考

（1）说说你对以下名词：血液循环、大循环、小循环、动脉、静脉、动脉血和静脉血的理解。

（2）试述肺循环和体循环的主要途径。

（3）心脏各腔有哪些瓣膜和出、入口？

（4）试述动脉、毛细血管、静脉的构造特点。

（5）阐述体育锻炼对脉管系统的影响。

人体运动的调控体系

- 神经系统

- 内分泌系统

- 感觉器

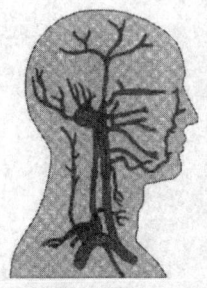

人本主义的国际关系

● 刘传春 著

● 内蒙古大学

● 硕博文

第九章

神经系统

学习要求

(1) 掌握神经系统的功能和组成。
(2) 熟悉神经系统的区分及活动方式，掌握反射的概念和反射弧的组成。
(3) 了解灰质、皮质、神经核、神经节、白质、神经、神经束、网状结构和传导通路等神经系统的基本概念。
(4) 熟悉脊髓的位置和外形。
(5) 掌握脊髓的内部结构和功能。
(6) 熟悉脑干的位置、外形、构造和功能。
(7) 了解丘脑的位置与主要功能。
(8) 熟悉小脑的位置、外形、构造和功能。
(9) 熟悉大脑的外形（沟、裂、叶与几个基本中枢）和构造。
(10) 掌握本体感觉传导通路和锥体系。
(11) 熟悉12对脑神经的名称和主要功能。
(12) 熟悉脊神经的组成与4个神经丛的主要分支。
(13) 了解交感和副交感神经的特征与功能。

知识点与应用

神经系统是人体的九大系统之一，它是一个完整的统一体，对人体其他系统进行支配与调节，因此，在人体九大系统中起着主导的作用。神经系统的基本组成（神经元和神经胶质细胞）是了解神经系统的基础知识。神经系统是一个完整的统一体，为了学习和研究的方便，人为将其分为中枢神经系统（脊髓和脑）和周围神经系统（12对脑神经、31对脊神经和自主神经）两大部分。神经系统活动的基本方式是反射，机体对体内、外刺激所进行的反应，都叫反射。完成任何反射活动（复杂和简单）必须具备完整的反射弧，它由感受器、传入神经、中枢、传出神经和效应器5个部分组成。

要了解神经系统的全部内容，对什么是灰质、皮质、神经核、神经节、白质、神经束、神经和网状结构等基本概念必须熟练掌握。

中枢神经系统中，重点掌握脊髓的位置、外形、内部结构与功能；脑干的组成，各部分的位置、外形、内部构造与功能；间脑和小脑的位置、构造与功能；大脑的外形、主要沟裂、分叶、内部结构和什么是大脑皮质机能定位（掌握几个重要中枢）。

周围神经系统中重点掌握12对脑神经的名称、位置、分布与主要功能；31对脊神经的大部分前支组成了4个神经丛（颈丛、臂丛、腰丛、骶丛）及其重要分支；自主神经的概念、交感神经与副交感神经的低级中枢部位、结构与功能特点。

此外，对神经传导通路（感觉与运动）应有所了解。

人类大脑在长期进化和发育过程中，结构与功能都得到了高度的发展，人的大脑已成为思维的器官，而且左、右大脑半球发育呈现不对称性，左大脑是优势半球。美国斯佩里教授证实了大脑左、右不对称性，曾荣获1981年度的诺贝尔医学生理学奖。人的左侧大脑半球与语言、思维、逻辑、数学分析紧密相关。而右侧大脑半球主要感受非语言信息、音乐、图形和时空概念等，但总的来说，它们共同完成高级复杂的神经活动过程。

苍白球为旧纹状体，豆状核的壳和尾状核组成新的纹状体，它们都是锥体外系的高级部位。当旧纹状体受伤时，可出现震颤麻痹症，表现为运动减少、肌张力亢进、肌肉强直、表情呆板、动作迟缓。当新纹状体受损时，表现为动作过度，出现不随意动作，如手足徐动症和舞蹈症。

进行体育运动虽然很累，但却是一种积极的休息方式。适当地运动，由于运动中枢兴奋，有助于消除大脑疲劳。所以学校很重视学生的早操和课间操以及课外活动。运动能改善不良情绪，使人们心情愉快，还可以有效地预防和治疗神经紧张、失眠、烦躁及忧郁症。

自主神经包括交感神经和副交感神经两部分。它们在功能上对器官有双重神经支配和对立统一的特点，这就是说一个器官既要受交感神经支配，还要受副交感神经支配，而且功能是对立统一的。如交感神经系统对心血管的活动是加快、加强的，但副交感神经系统则是使心血管活动减慢、减弱的。又如副交感神经系统使消化系统功能加快、加强，而交感神经系统对消化系统的作用则相反。根据这一特点，剧烈运动结束之后不要马上进餐，应该休息30～40分钟后再进餐。因为剧烈运动虽然停下来了，但其他系统活动仍然处于较高的水平，如心跳较快、呼吸急而深，这时消化系统被抑制，无食欲，只有休息一会儿之后，才会有食欲。同样的道理，吃饱饭之后，不应马上进行剧烈的运动，应休息1.5～2小时后再进行剧烈运动，这样才有利于健康。

第一节 神经系统概述

一、神经系统的地位与功能

神经系统包括中枢神经系统和周围神经系统，它在人体各个器官系统中起主导作用。一方面它控制与调节各器官、系统的活动，使人体成为一个统一的整体。另一方面通过神经系统的分析与综合，使机体对环境变化的刺激做出相应的反应，达到人体与环境的统一。如人在从事体育活动时，除了骨骼肌的强烈收缩外，同时还会出现呼吸的加深加快、汗腺分泌加强、心跳加速、消化和泌尿系统受到抑制等一系列的变化，以适应机体此时活动代谢增强的需要。这些都是在神经系统的控制下完成的。

神经系统在控制和调节机体的活动过程中，首先借助各种感受器接受内、外环境的各种信息，然后通过周围神经传递到脑和脊髓的各级中枢进行整合，再经周围神经传到各种效应器，从而达到控制和调节全身各个器官系统的活动。神经系统的功能活动非常复杂，概括起来包括三个方面：协调、适应与思维及意识活动。人类的神经系统是经过长期的进化而获得的。人的大脑的高度发展，使大脑皮质成为控制整个机体功能的最高级部位，并具有思维、意识等功能。

二、神经系统的组成

神经系统是由神经细胞（神经元）和神经胶质细胞所组成。

1. 神经细胞

神经细胞即神经元，是一种高度特化的细胞，是神经系统的基本结构和功能单位，它具有感受刺激和传导兴奋的功能。神经元由胞体和突起两部分构成。胞体的中央有细胞核，核的周围为细胞质，胞质内除有一般细胞所具有的细胞器外，还含有特有的神经原纤维及尼氏体。神经元的突起根据形状和机能又分为树突和轴突。树突较短但分支较多，它接受冲动，并将冲动传至细胞体，每个神经元只发出一条轴突，长短不一，胞体发出的冲动则沿轴突传出。

根据突起的数目，可将神经元从形态上分为假单极神经元、双极神经元和多极神经元三类。根据神经元的功能，可分为感觉神经元、运动神经元和联络神经元。感觉神经元又称传入神经元，一般位于外周的感觉神经节内，为假单极或双极神经元，感觉神经元的周围突接受内外界环境的各种刺激，经胞体和中枢突将冲动传至中枢；运动神经元又名传出神经元，一般位于脑、脊髓的运动核内或植物神经节内，为多极神经元，它将冲动从中枢传至肌肉或腺体等效应器；联络神经元又称中间神经元，是位于感觉和运动神经元之间的神经元，起着联络、整合的作用。

2. 神经胶质细胞

神经胶质细胞较神经元多，胞体较小，胞浆中无神经原纤维和尼氏体，不具有传导冲动的功能，起着支持、绝缘、营养和保护的作用。

3. 突触

神经元间联系方式是互相接触，而不是细胞质的互相沟通。该接触部位的结构特化称为突触，通常是一个神经元的轴突与另一个神经元的树突或胞体借突触发生机能上的联系，神经冲动由一个神经元通过突触传递到另一个神经元，为单向传导。

三、神经系统的区分

虽然神经系统在形态上和机能上都是不可分割的完整整体，但为了学习方便，可按其所在部位和功能，将其分为中枢和周围两部分。

（一）中枢部

中枢部又称为中枢神经系统，包括位于颅腔内的脑和位于椎管内的脊髓。

（二）周围部

周围部又称为周围神经系统，包括与脑相连的12对脑神经和与脊髓相连的31对脊神经。周围神经一端连着脑和脊髓，另一端连着它们所分布的器官。

四、神经系统的活动方式

神经系统活动的基本方式是反射。反射是指神经系统在调节机体的活动中，对内、外环境的刺激所做出的适当反应。反射一般可分为非条件反射和条件反射两种。不论是哪种反射活动，都必须通过反射弧才能实现。

反射弧（图9-1）是反射活动的形态学基础，即反射活动所经过的神经通路，包括5个环节：感受器→传入神经元（感觉神经元）→神经中枢→传出神经元（运动神经元）→效应器（肌肉、腺体）。只有在反射弧完整的情况下，反射才能完成。

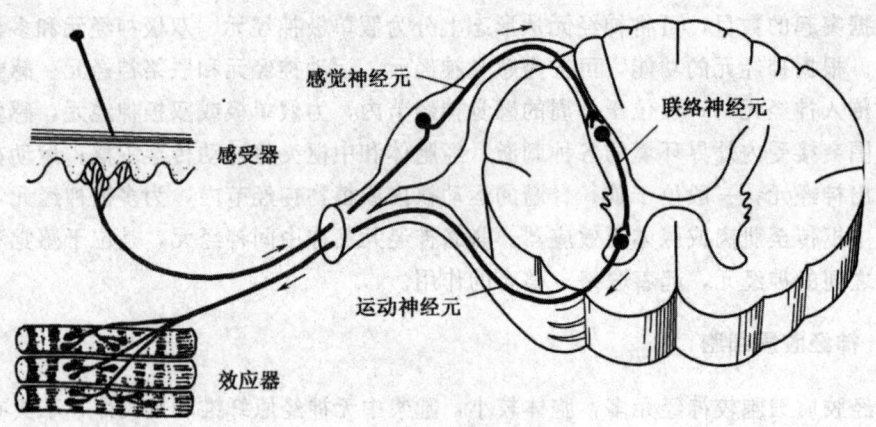

图9-1 反射弧模式图

五、几个基本概念

（一）灰质和白质

在中枢神经系统内，由大量的神经元胞体和树突集聚而形成的结构，称为灰质，在新鲜标本中，颜色较灰暗，如小脑和大脑表面的灰质、脊髓内的灰质。小脑和大脑表面的灰质，又称为皮质。在中枢神经系统内，由大量功能不同的有髓鞘神经纤维束集聚而形成的结构，称为白质，在新鲜标本中呈白色，如小脑、大脑和脊髓内的白质。

（二）神经和神经束

在周围神经系统中，由许多神经纤维聚集而成束，称为神经，如脑神经、脊神经、胫神经和尺神经等。在中枢神经系统中，由许多起、止和功能相同的神经纤维集聚而成的束，称为神经束，或称传导束，如脊髓丘脑束、锥体束等。

（三）神经节和神经核

在周围神经系统中，由形态、功能相同的神经元胞体聚集而成的团块，形状略膨大，称为神经节，如自主神经节、脊神经节等。在中枢神经系统中，由形态、功能相同的神经元胞体和树突聚集而成的团块，称为神经核，如大脑内的尾状核、豆状核和小脑内的顶核、齿状核等。

（四）网状结构

在中枢神经系统中，灰质和白质相混杂，灰质散布在神经纤维交织成的网眼中，这种构造称为网状结构，如脑干和脊髓内的网状结构。

（五）传导通路

传导神经冲动的通路称为传导通路，其中传入的神经通路称为感觉传导通路，传出的神经通路称为运动传导通路（包括锥体系和锥体外系）。

第二节 中枢神经系统

一、脊髓

脊髓的正常功能活动是在脑的控制下完成的。脊髓是中枢神经系的低级中枢，它发出的脊神经与四肢躯干相联系，内部以传导束（神经束）与脑的各级中枢广泛联系。若脊髓受损时，各高级中枢与末梢器官的联系就会中断。

（一）脊髓的位置与外形

脊髓位于椎管内，呈前后略扁的圆柱形（图9-2），上端在枕骨大孔处与延髓相连，下端变细呈圆锥状，称脊髓圆锥。成人圆锥末端一般平第一腰椎下缘，新生儿平第三腰椎。由脊髓圆锥末端向下延为细长的终丝，成人脊髓长40~50厘米，两侧向椎间孔方向发出脊神经。与每对脊神经前、后根相连的一段脊髓，称一个脊髓节，因此，脊髓有与脊神经相应的31个脊髓节，即8个颈节（C）、12个胸节（T）、5个腰节（L）、5个骶节（S）和1个尾节（Co）。在发育过程中，由于脊髓落后于椎管的生长，二者的长度不相等。因此，腰、骶、尾各脊髓节的神经根在未出相应的椎间孔之前，在椎管内垂直下行一段距离再通向相应的椎间孔。这些在椎管内垂直下行的腰、骶、尾脊神经根，围绕终丝形成了马尾。

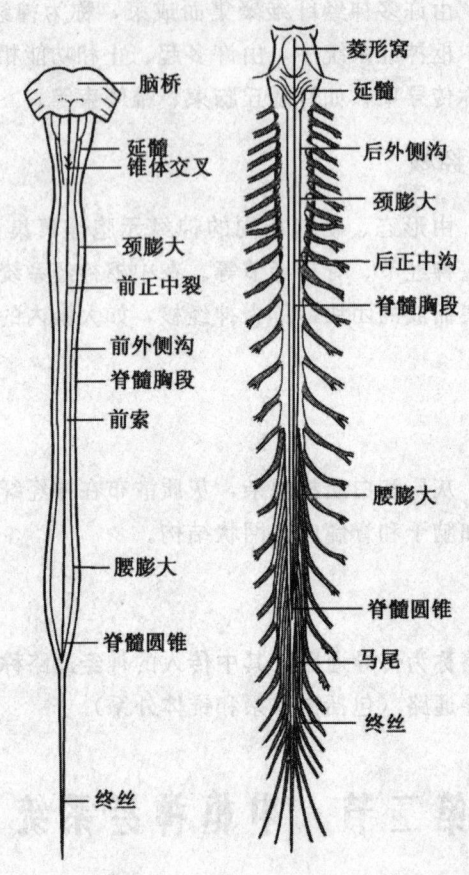

图9-2 脊髓的外形

脊髓表面有6条平行的纵沟，前面正中的一条深沟称前正中裂，后面正中的一条浅沟称后正中沟。在前正中裂和后正中沟的两侧，分别有成对的前外侧沟和后外侧沟。在前、后外侧沟内有成排的脊神经根丝出入。脊神经前根出前外侧沟，脊神经后根入后外侧沟。后根上均有膨大的脊神经节。

（二）脊髓的构造

脊髓各个节段的构造特点虽然不尽相同，但总体特征是一致的。在脊髓横切面上，中央管位于断面中心，其周围是"H"型的灰质区（图9-3），灰质的外部是白质。

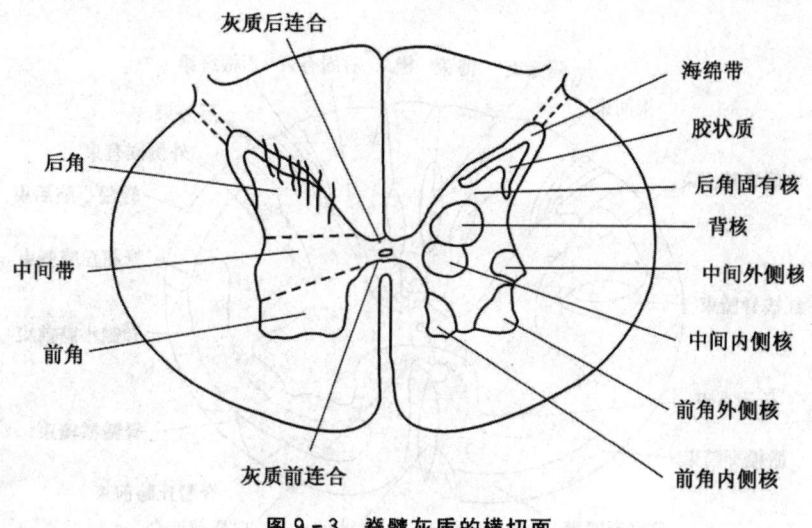

图 9-3 脊髓灰质的横切面

1. 灰质

在横切面上呈"H"字形，左右对称，其中央有中央管，纵贯脊髓全长，在中央管前、后方的灰质称灰质联合。每侧灰质前部扩大，称前角。后部细窄，称后角。前、后角之间称中间带。中间带从第一胸节到第三腰节向外侧突出，称侧角。前、后、侧角在脊髓内上下连续纵贯成柱，又分别称前柱、后柱和侧柱。

（1）前角：主要由运动神经元组成，是低级运动中枢。其轴突从脊髓的前外侧沟走出，形成脊神经前根，支配躯干、四肢骨骼肌的运动。

（2）中间带：包括内、外侧两个核群。第一胸节至第三腰节的中间带向外侧突出的部分内含中、小型多极神经元，是交感神经的低级中枢。位于骶髓2～4节段中间带外侧部有副交感神经元，它们都是自主神经的低级中枢。

（3）后角：内含多极神经元，主要接受由脊神经后根传入的各种感觉冲动，包括躯体感觉和内脏感觉。其神经元的轴突有两个去向，一些轴突进入对侧或同侧的白质形成上行纤维束，将脊神经后根传入的感觉冲动传导到脑；一些轴突在脊髓内起着节段内或节段间的联络作用。

2. 白质

白质位于灰质的外部，主要由上行（感觉）和下行（运动）有髓鞘神经纤维组成，每侧白质借脊髓的纵沟分成前、侧、后3个索（图9-4）。前正中裂与前外侧沟之间，称前索；前、后外侧沟之间，称外侧索；后外侧沟与后正中沟之间，称后索。各索中的白质，主要由许多纵行的有髓神经纤维束构成。

（1）前索：是下行运动性传导束。在前正中裂两侧有支配骨骼肌运动的皮质脊髓前束。

（2）外侧索：是混合性纤维束，既有上行的也有下行的传导束。前部有传导温觉、

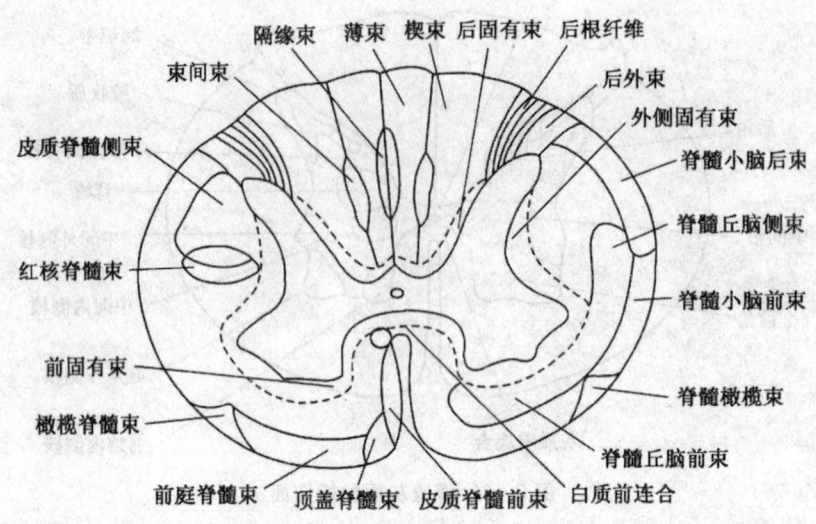

图 9-4 脊髓传导束的位置示意图

痛觉、触觉和压觉的脊髓丘脑束；后部有支配骨骼肌运动的皮质脊髓侧束。

（3）后索：是上行的感觉性传导束，外侧为楔束，内侧为薄束。胸中部以上脊神经节中假单极神经元的中枢突组成楔束，传导精细触觉和本体感觉；胸中部以下脊神经节中假单极神经元的中枢突组成薄束。

（三）脊髓的功能

脊髓是中枢神经系统的重要组成部分，其活动受脑的控制，具有传导和反射的功能。

1. 传导功能

白质中的上行（感觉）和下行（运动）纤维束是完成传导功能的结构。当脊髓损伤时，就会使感觉和运动发生障碍。

2. 反射功能

脊髓可完成一些简单的反射活动，但也受脑活动的影响，包括躯体反射和内脏反射。
（1）躯体反射：可分深、浅两种。
①牵张反射（或腱反射）：是深反射，当牵拉骨骼肌时，肌肉的感受器受到刺激，反射性地引起该肌肉的收缩，称为牵张反射。
②屈肌反射：是浅反射，当皮肤受到刺激时，受刺激肢体的屈肌反射性收缩，称为屈肌反射。
（2）内脏反射：脊髓能调节血管的收缩和舒张，并具有排便、排尿与勃起反射活动的低级中枢。

二、脑

脑位于颅腔内，是中枢神经系统的主要组成部分，是人体的控制中枢，其形态和功能均较脊髓复杂。它由大脑、小脑、间脑、中脑、脑桥和延髓6个部分组成。中脑、脑桥和延髓三部分合称为脑干。脑内有腔隙，称为脑室。左右大脑半球内各有一侧脑室，间脑内的裂隙称为第三脑室，脑桥、延髓和小脑之间为第四脑室，向下与脊髓中央管连结，它们共同构成了脑室系统，内容脑脊液，中脑有一细管称为中脑水管。

成年男性脑重约为1375克，成年女性脑重约为1305克。在正常范围内，人脑的重量可有明显的个体差异，但不能单纯地以此差异来衡量人智力的高低。与动物相比较，人脑的高度发达主要表现在大脑皮质的面积增大，皮质各层细胞的分化程度高并且构筑严密，这是人类高级神经活动的物质基础。

（一）脑干

1. 脑干的组成、位置与外形

（1）脑干的组成和位置。脑干上承大脑半球，下连脊髓，呈不规则的柱状形，自上而下由中脑、脑桥和延髓三部分组成。中脑和间脑相接，延髓尾端与脊髓相接。延髓和脑桥恰卧于颅底的斜坡上。

（2）脑干的外形。

①脑干的腹侧结构（图9-5）：在延髓的正中裂处，有左右交叉的纤维，称为锥体交叉，是延髓和脊髓的分界。正中裂的两侧有纵行的由皮质脊髓束（或锥体束）所构成

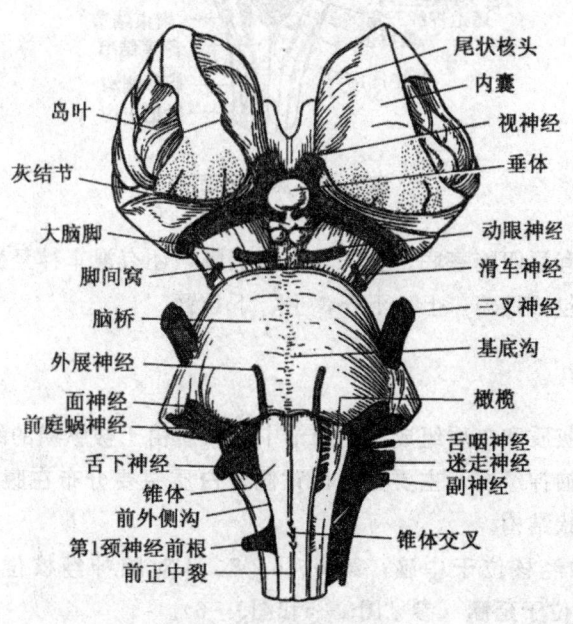

图9-5 脑干腹面观

的隆起，称为锥体。脑桥的下端以桥延沟与延髓分界，上端与中脑的大脑脚相接。

延髓的外形：位于枕骨大孔至延髓脑桥沟之间。有锥体、锥体交叉，还有舌下神经、舌咽神经、迷走神经和副神经发出。

脑桥的外形：有脑桥基底部、脑桥基底沟、脑桥臂，还有三叉神经根、展神经、面神经和前庭蜗神经发出。

中脑的外形：以视束与间脑分界，有大脑脚、脚间窝，前面还有动眼神经从脚间窝发出。

②脑干背侧面结构（图9-6）：延髓可分为上、下两段。下段称为闭合部，其室腔为脊髓中央管的延续，正中沟的两侧为薄束结节和楔束结节，其内分别有薄束核与楔束核。脑桥的背面构成第四脑室底的上半部。在第四脑室底具有横行的髓纹，是延髓和脑桥的分界标志。

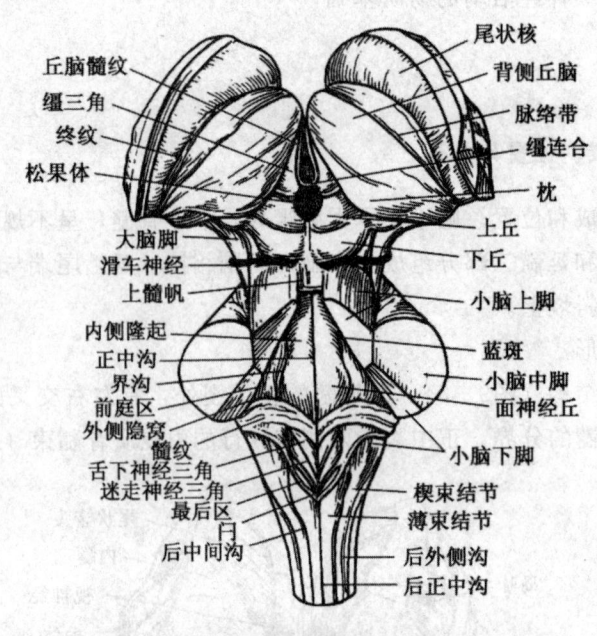

图9-6 脑干背面观

延髓和脑桥：有第四脑室底、左、右小脑上脚，还有滑车神经发出。

中脑的外形：包括顶盖，上、下丘，上、下丘臂。

2. 脑干的构造

脑干内部也由灰质和白质组成，但脑干中的灰质由于被纵横的纤维所贯穿，而形成团状或柱状，称为脑神经核，主要分布在背侧；白质主要分布在腹侧。中央部是由灰、白质交错形成的网状结构。

第3、4对脑神经核位于中脑；第5、6、7、8对脑神经核位于脑桥；第9、10、11、12对脑神经核位于延髓（参见图9-5和图9-6）。

脑干的白质中有重要的上行和下行传导束，多位于脑干的腹侧与外侧。上行传导束

（如脊髓丘脑束、内侧丘系）将传入（感觉）的神经冲动自脊髓向上传至脑干、小脑和大脑皮质；下行传导束将神经冲动由上向下传至效应器。

脑干内除了上述脑神经核、中继核和传导束外，还有很多纵横交错的神经纤维和散在的神经胞体，它们共同构成网状结构。

3. 脑干的功能

脑干中延髓网状结构的功能主要是维持人体生命，包括心跳、呼吸中枢。若脑干受到损伤，可引起心搏、血压等严重的障碍，甚至危及生命。中脑的黑质和红核调节肌紧张、协调运动。中脑的上、下丘核是皮质下视、听中枢。

（二）间脑

间脑位于中脑之上、尾状核和内囊的内侧。间脑可分成丘脑、上丘脑、下丘脑、底丘脑和后丘脑5个部分。

丘脑是间脑中最大的卵圆形灰质核团，位于第三脑室的两侧，左、右丘脑借灰质团块相连。丘脑的腹后外侧核是很多感觉的中转站。

（三）小脑

1. 小脑的位置与外形

小脑位于大脑枕叶下方，覆盖在脑桥和延髓之上，横跨在中脑和延髓之间。小脑和延髓、脑桥之间有第四脑室。小脑的上面平坦，下面中间凹陷、两侧隆起，中间有一狭窄部称为蚓部，两侧隆起部称为小脑半球（图9-7）。

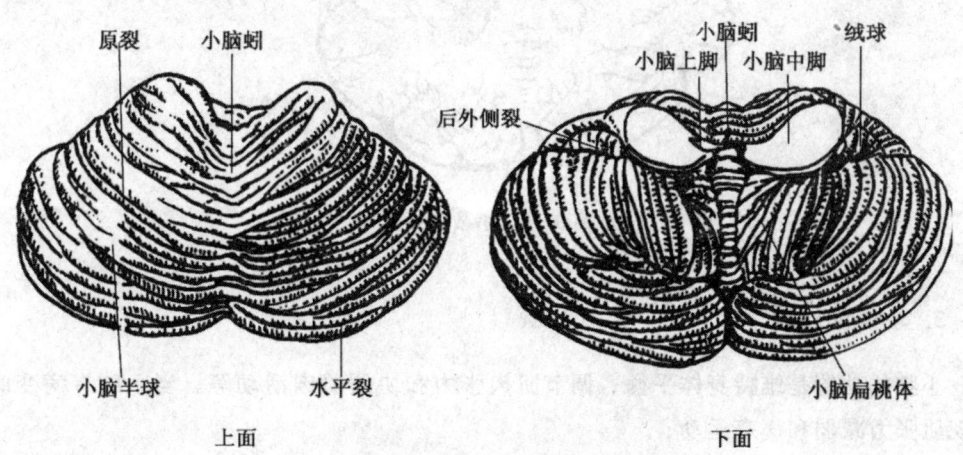

图9-7 小脑的外形

小脑借助三对脚（图9-8）与脑干相连。小脑下脚连结延髓，由延髓和脊髓进入小脑的纤维组成；小脑中脚连结脑桥，由脑桥进入小脑的纤维组成；小脑上脚连结中脑，由小脑中央核发出的纤维与中脑的红核和丘脑的腹后外侧核相联系。

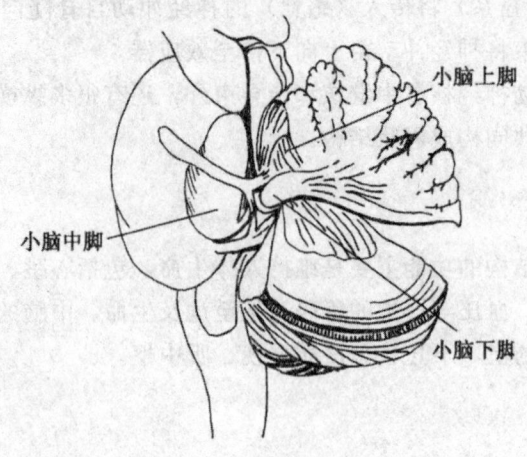

图 9-8 小脑三对脚

2. 小脑的构造

小脑表面是灰质，称为皮质，内部是白质，称为小脑髓质。髓质内有灰质团块，称为小脑中央核（图9-9）。小脑中央核共有 4 对，最大的一对是齿状核，它可以接受小脑皮质的纤维，由它发出的纤维组成小脑上脚。小脑皮质中主要的神经元是梨状神经元，它接受所有传入小脑的冲动。

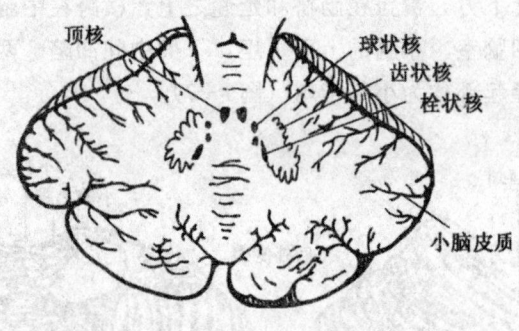

图 9-9 小脑中央核

3. 小脑的功能

小脑的功能是维持身体平衡、调节肌肉张力和协调肌肉活动等。当小脑有病变时，出现肌张力减弱和病态运动。

（四）大脑

大脑是中枢神经系统的最高级部分，主要包括左、右两个大脑半球，二者主要由胼胝体相连。半球内的腔隙称为侧脑室，借室间孔与第三脑室相通。每侧大脑半球的表面都覆盖着一层灰质，称为大脑皮质。皮质的深面为白质，白质内还有一些灰质团体，称为基底核(或称基底神经节)。

1. 大脑的外形

(1) 大脑半球的主要沟(裂)和分叶。大脑每个半球分为三个面,即外侧面,内侧面和下(底)面。每个半球的表面有深浅不一的三条沟,分别是外侧沟、中央沟和顶枕沟。大脑外侧沟起自半球底面,转至外侧面由前下方斜向后上方;中央沟从上缘近中点斜向前下方;在半球的内侧面有顶枕沟从后上方斜向前下方。这些沟将每个半球分为五个叶:即中央沟以前、外侧沟以上的额叶;顶枕沟后方的枕叶;外侧沟上方、中央沟与顶枕沟之间的顶叶;外侧沟以下的颞叶;以及深藏在外侧沟里的脑岛(又称为岛叶)。

(2) 各叶主要的沟与回(图9-10、图9-11):

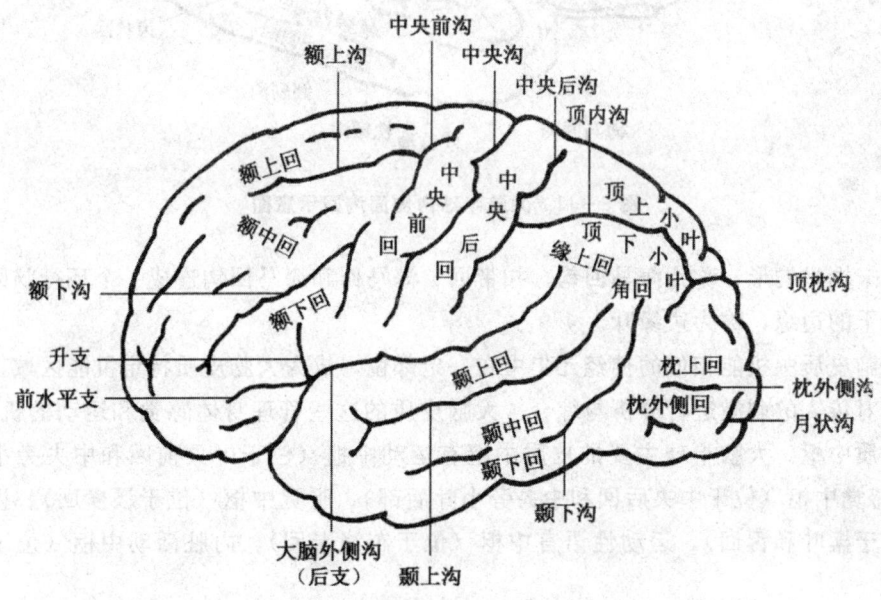

图9-10 大脑半球背外侧面沟回示意图

①在额叶上有一条与中央沟平行的中央前沟,在中央沟与中央前沟之间的脑回称为中央前回;在中央前沟的前方还有前后走行的上下两条沟:额上沟和额下沟,把额叶前部又分为额上回、额中回和额下回。在额下回下后方有布洛卡回。中央沟与中央后沟之间为中央后回。

②在颞叶上有两条与外侧沟平行的颞上沟和颞下沟。颞上沟的上方为颞上回,内有颞横回。

③在大脑半球内侧面的中部有胼胝体。在胼胝体后下方,有呈弓形的与顶枕沟相连的距状沟。距状沟下方为舌回。距状沟与顶枕沟之间的脑回称为楔回。中央前、后回延伸到内侧面的部分为中央旁小叶。在胼胝体背面有胼胝体沟,其绕过胼胝体后方,向前移行为海马沟。在胼胝体沟上方,有与之平行的扣带沟,沟末端转向背方,称边缘支。扣带沟与胼胝体沟之间为扣带回。扣带回绕到胼胝体后缘又转向前,改称为海马回。海

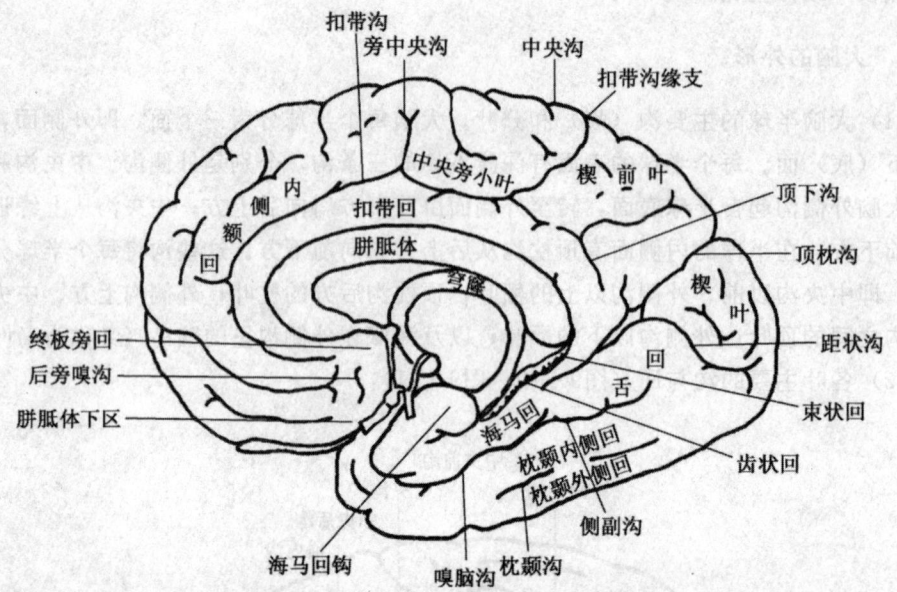

图9-11 大脑半球内侧面沟回示意图

马回的末端呈钩形,称为海马回钩。扣带回、海马回和海马回钩连成一个环行脑回,包绕在脑干的边缘,称为边缘叶。

大脑皮质中机能相似的神经元集中在一定部位,成为大脑皮质特定机能区域,这些区域可对传入的刺激进行分析与综合。大脑皮质的这些管理身体感觉和运动的机能区,叫做皮质中枢。大脑半球主要的皮质中枢有运动中枢(位于中央前回和中央旁小叶前部)、感觉中枢(位于中央后回和中央旁小叶后部)、听觉中枢(位于颞横回)、视觉中枢(位于楔叶和舌回)、运动性语言中枢(位于布洛卡回)、内脏活动中枢(位于边缘叶)。

2. 大脑的构造

(1) 基底核。基底核靠近大脑半球底部,包括尾状核、豆状核、屏状核和杏仁体。尾状核和豆状核合称为纹状体。

尾状核呈羊角状,分为头、体、尾三部分。豆状核位于背侧丘脑的外侧,被两层白质髓板分成三部分,内侧两部分称为苍白球,外侧部分称壳。尾状核和豆状核的壳合成的新纹状体是锥体外系的重要组成部分,是皮质下控制躯体运动的重要中枢,它与随意运动的稳定、肌紧张的控制、本体感觉传入信息的处理密切相关。

(2) 白质纤维。大脑白质由有髓神经纤维组成,根据其走行和功能分为三类:联络纤维、连合纤维和投射纤维。

联络纤维是连结同一半球不同叶和回的纤维束。

连合纤维是连结左右半球皮质的纤维,主要构成了胼胝体。研究表明,胼胝体不仅起连结的作用,还对复杂事物的辨认、学习、创造能力和智力有关。

投射纤维由连接大脑皮质与皮质下各级中枢的上、下行纤维束组成。这些纤维束集中地通过尾状核、豆状核和丘脑之间，形成了致密的白质板，称为内囊（图9-12）。内囊的损伤可导致对侧偏身感觉丧失、对侧身体偏瘫和对侧视野偏盲，即所谓的"三偏综合征"。

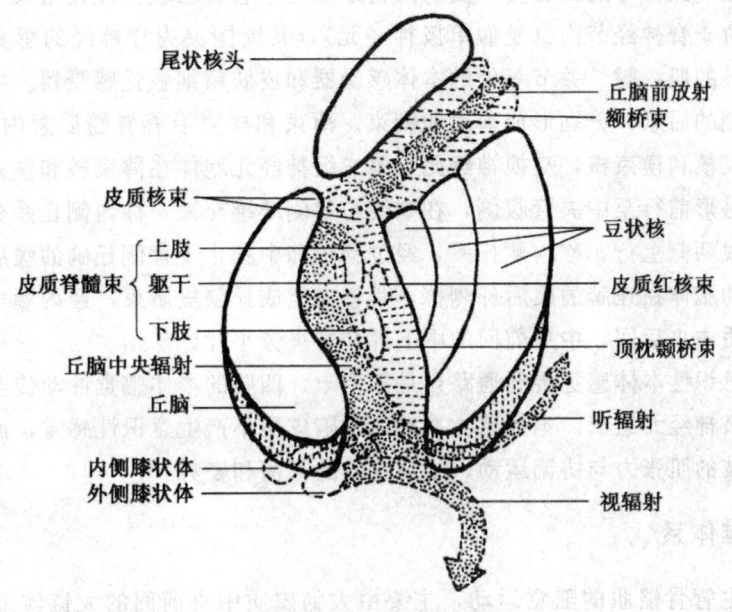

图9-12 内囊模式图

（3）大脑皮质。大脑皮质是高级神经活动的物质基础，由灰质构成，总重量约为600克，其厚度为1～4毫米。大脑皮质的神经元都是多极神经元，按其细胞的形态分为锥体细胞（分大、中、小三型）、颗粒细胞（包括星形细胞、水平细胞和篮状细胞等几种）和梭形细胞三大类。大脑皮质中的神经元是以分层方式排列的，除大脑的个别区域外，一般可分为六层：即分子层、外颗粒层、外锥体细胞层、内颗粒层、内锥体细胞层和多形细胞层。

三、中枢神经系传导通路

高级中枢与感受器或效应器之间通过神经元构成了传导神经冲动的通路，称为传导通路。传导通路可分为上行（感觉）传导通路和下行（运动）传导通路。上行（感觉）传导通路是由感受器经过传入神经、各级中枢至大脑皮质的神经通路，包括本体感觉和精细触觉、皮肤感觉、视觉及听觉等；下行（运动）传导通路是由大脑皮质经过皮质下各级中枢、传出神经至效应器的神经通路，包括锥体系和锥体外系。

（一）本体感觉通路

躯体感觉分为两类：一般躯体感觉包括本体感觉（深感觉）和浅感觉；特殊躯体感

觉包括视觉、听觉和平衡觉等。现仅介绍本体感觉（深感觉）通路。

本体感觉又称深感觉，包括运动觉、位置觉等。它可分为意识性和非意识性本体感觉两种。

（1）意识性本体感觉传导通路：是把躯干、四肢的本体感觉冲动传至大脑皮质，产生意识性感觉，此传导通路也传导皮肤的精细触觉，它由三级神经元组成。第一级神经元的细胞体位于脊神经节内（是假单极神经元），其周围突为脊神经的感觉纤维，分布到躯干和四肢的肌、腱、关节等处的本体感受器和皮肤精细触觉感受器。中枢突经后根进入脊髓同侧的后索，分别形成薄束和楔束。薄束和楔束沿着脊髓后索内上升达延髓，分别止于薄束核和楔束核，交换神经元。第二级神经元胞体在薄束核和楔束核，两核发出的纤维呈弓形前行至中央管腹侧，在中线与对侧纤维交叉，称内侧丘系交叉，交叉后的纤维在中线两侧上行，称内侧丘系，经过脑桥和中脑止于背侧丘脑的腹后外侧核。第三级神经元的胞体在丘脑的腹后外侧核，其轴突组成丘脑皮质束，经内囊枕部，最后投射到大脑皮质中央后回、中央前回的中上部和中央旁小叶。

（2）非意识性本体感觉传导通路：是把躯干、四肢的本体感觉冲动传至小脑皮质的通路，由两级神经元组成。本体感觉冲动达小脑皮质不产生意识性感觉，而是反射性调节躯干和四肢的肌张力与协调运动，维持身体的平衡和姿势。

（二）锥体系

锥体系主管骨骼肌的随意运动，主要由大脑皮质中央前回的大锥体细胞和其他类型锥体细胞的轴突组成，终止于脑干运动神经核和脊髓前角运动神经元，称为皮质脊髓束和皮质脑干束。锥体系由两级神经元组成，包括上运动神经元和下运动神经元。

（1）皮质脊髓束：主管躯干和四肢骨骼肌的随意运动，主要由中央前回上 2/3 和中央旁小叶前部的大锥体细胞和各型锥体细胞的轴突聚集而成，下行经内囊枕部、中脑的大脑脚和脑桥基底部至延髓腹侧形成锥体。在锥体下部绝大部分（70%~90%）纤维交叉至对侧形成皮质脊髓侧束，终于该侧脊髓前角；其余小部分纤维不交叉，继续下行，形成皮质脊髓前束。皮质脊髓侧束在脊髓外侧索内下降，沿途发出侧支，逐节终止于前角细胞，支配四肢肌。皮质脊髓前束在脊髓前索内下行，仅到上胸节，其侧支经白质前连合逐节交叉至对侧，终止于前角细胞，支配躯干和四肢骨骼肌运动。

（2）皮质脑干束：又称皮质延髓束，主管头面部骨骼肌随意运动。

（三）锥体外系

锥体外系是指锥体系以外的影响和控制骨骼肌运动的所有下行传导通路，一般由纹状体—苍白球系和皮质—脑桥—小脑系组成。主要功能是调节肌张力、协调肌肉活动、维持和调节身体姿势等。

第三节 周围神经系统

一、12对脑神经

脑神经是与脑相连左右成对的神经，共有12对，依次为：嗅神经、视神经、动眼神经、滑车神经、三叉神经、展神经、面神经、前庭蜗神经、舌咽神经、迷走神经、副神经和舌下神经（图9-13）。各脑神经按所含主要纤维的成分和功能的不同，可分为三类：第一类是感觉神经包括嗅、视和前庭蜗神经；第二类是运动神经包括动眼、滑车、展、副和舌下神经；第三类是混合神经包括三叉、面、舌咽和迷走神经。

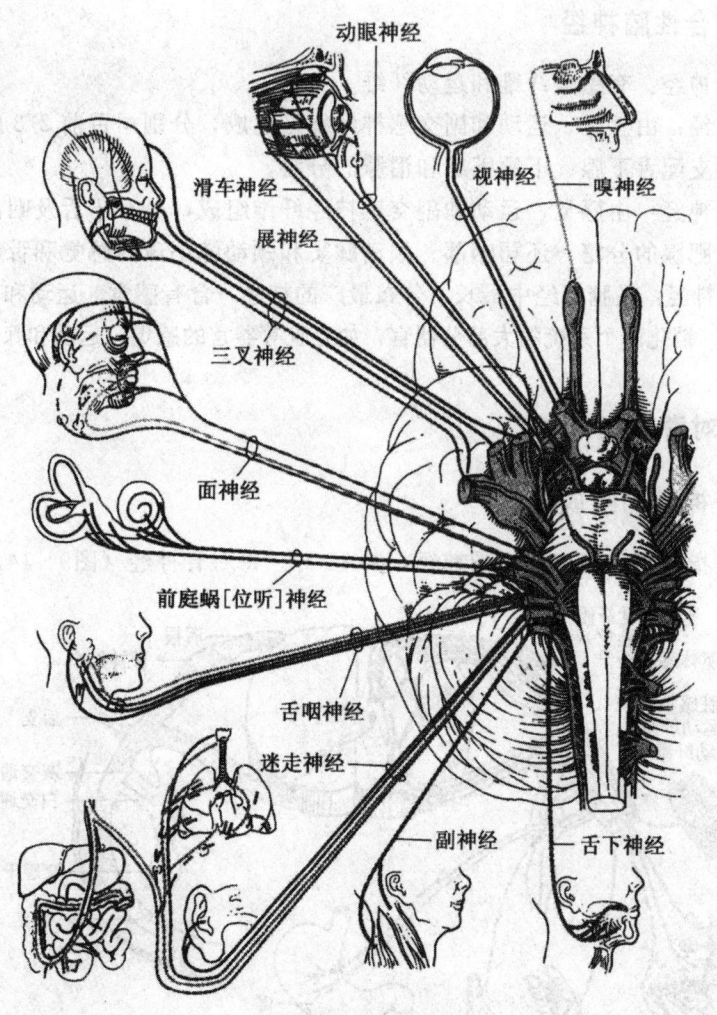

图9-13 脑神经示意图

（一）感觉性脑神经

（1）嗅神经：分布于鼻腔顶部的嗅黏膜，司嗅觉。如嗅神经损害后则会表现为嗅觉减退、缺失、嗅幻觉或嗅觉过敏等。

（2）视神经：分布于眼球的视网膜上，司视觉。

（3）前庭蜗神经：分布于内耳的壶腹嵴、椭圆囊斑和球囊斑、螺旋器上，司听觉和位置觉。

（二）运动性脑神经

（1）动眼神经、滑车神经、展神经：分布于眼球外面的肌肉，支配眼球的运动；其中第3对脑神经支配瞳孔括约肌。

（2）副神经：支配斜方肌和胸锁乳突肌运动。

（3）舌下神经：支配舌肌运动。

（三）混合性脑神经

（1）三叉神经：有感觉纤维和运动纤维。

（2）面神经：由感觉、运动和副交感神经纤维组成，分别司舌前2/3的味觉、面部表情肌运动及支配舌下腺、下颌下腺和泪腺的分泌。

（3）舌咽神经：由感觉、运动和副交感神经纤维组成，分布于舌及咽部，支配咽部肌肉的运动、腮腺的分泌，还司咽部、颈动脉窦和颈动脉小球的感觉和舌后1/3味觉。

（4）迷走神经：是脑神经中最长、分布最广的神经，含有感觉、运动和副交感神经纤维。支配呼吸、消化两个系统的大部分器官，如心脏等器官的感觉、运动和腺体的分泌等。

二、31对脊神经

（一）脊神经的组成

脊神经是指与脊髓相连的周围神经，共31对。每对脊神经（图9-14）皆由与脊髓

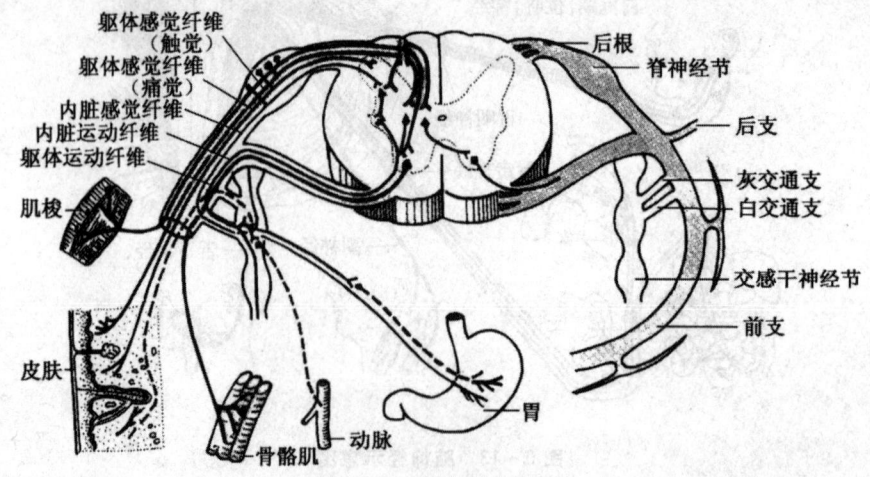

图9-14 脊神经的组成

相连的前根和后根在椎间孔合并而成。31对脊神经自上而下分别为：颈神经8对，胸神经12对，腰神经5对，骶神经5对，尾神经1对。

（二）脊神经的分支

每对脊神经的前根属运动性，由位于脊髓灰质前角和侧角及骶髓副交感核的运动神经元轴突组成。后根属感觉性，由脊神经节内假单极神经元的中枢突组成。脊神经节是后根在椎间孔处的膨大部，主要由假单极神经元胞体组成。脊神经的前、后根在椎间孔处合并为脊神经干，又立即分为前支和后支，都为混合性神经。

1. 脊神经后支

脊神经后支一般较细，它穿越椎骨横突间隙向后走行，按节段地分布于项、背、腰、骶部深层肌肉及皮肤。

2. 脊神经前支

脊神经前支粗大，分布于躯干前外侧部和四肢的皮肤及肌肉。在人类除第2～11胸神经前支保持着明显的节段性外，其余脊神经的前支则交织成丛，然后再分支分布，组成了颈、臂、腰和骶四个神经丛。

（1）颈丛：由第1～4颈神经前支吻合而成。它发出皮支和肌支，皮支分布到颈前部皮肤，肌支分布于颈部部分肌肉（颈部深肌）、舌骨下肌群和肩胛提肌。它发出的最主要的神经是膈神经，为混合性神经，主要支配膈肌的运动。

（2）臂丛（图9-15）：由第5～8颈神经前支和第1胸神经前支吻合而成，在腋窝处形成三个束，即外侧束、内侧束和后束。它发出的神经主要有以下几支。

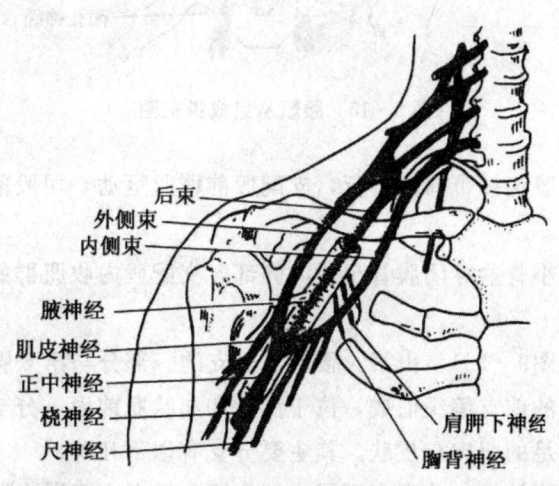

图9-15 臂丛组成模式图

①肌皮神经：自外侧束发出，支配着臂前群肌和前臂外侧的皮肤。
②正中神经：由内侧束和外侧束各发出一根合成，支配前臂前群肌的大部分，大鱼际肌及手掌面桡侧三个半指的皮肤。

③尺神经：由内侧束发出，支配前臂前群肌尺侧的小部分肌肉、小鱼际肌和手肌中间群的大部分以及手掌面尺侧一个半指和手背面尺侧两个半指的皮肤。

④桡神经：发自后束，支配上臂及前臂后群肌、上臂及前臂背侧面皮肤和手背面桡侧两个半指的皮肤。

⑤腋神经：由后束发出，支配三角肌、小圆肌及三角肌区和上臂外侧面的皮肤。

(3) 胸神经前支：不成丛，分别位于相应的肋间隙中，称肋间神经，分布于肋间肌、腹肌和胸腹壁的皮肤。

(4) 腰丛（图9-16）：由第12胸神经的一部分，第1~3腰神经和第4腰神经一部分前支组成。位于腰椎两侧、腰大肌的深面。除支配髂腰肌和腰方肌外，还发出以下分支。

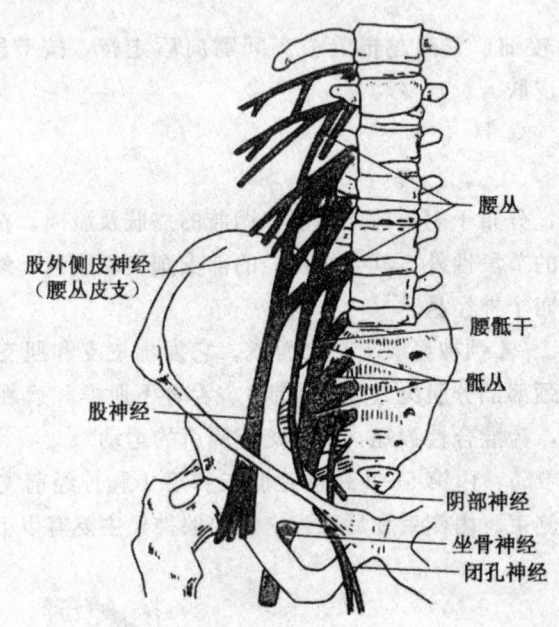

图9-16 腰骶丛组成模式图

①股神经：经腹股沟韧带深面下行，支配股前群肌运动，司股前部、小腿内侧部和足内侧缘皮肤的感觉。

②闭孔神经：经小骨盆穿闭膜管至股内侧部，支配股内收肌群的运动和股内侧面皮肤的感觉。

(5) 骶丛（参见图9-16）：由第4腰神经前支的一部分与第5腰神经前支合成的腰骶干以及骶、尾神经的前支编织而成，位于骶骨和梨状肌前面，分支分布于会阴部、臀部、股后部、小腿和足的肌肉与皮肤。其主要分支有以下几种。

①臀上神经和臀下神经：前者支配臀中、小肌；后者支配臀大肌。

②坐骨神经：是全身最粗的神经，从梨状肌下缘出骨盆腔后，经臀大肌深面至股后部，在腘窝上方分为胫神经和腓总神经。沿途发出肌支支配股后群肌。

胫神经：是坐骨神经的延续，在腘窝下行至小腿后部，分支支配小腿后群肌、足底肌的运动以及小腿后面、足底和足背外侧皮肤的感觉。

腓总神经：沿腘窝外侧壁绕过腓骨颈下行至小腿前区，支配小腿前群肌、外侧群肌运动以及小腿外侧面、足背和趾背皮肤的感觉。

三、自主神经

自主神经是指分布于内脏、心血管、平滑肌和腺体的运动神经。也可称为植物性神经或内脏神经，自主神经和躯体神经一样包含有感觉和运动两种纤维，即自主感觉神经和自主运动神经。下面详细叙述自主运动神经，并将其分成交感神经和副交感神经两部分(图9-17)。

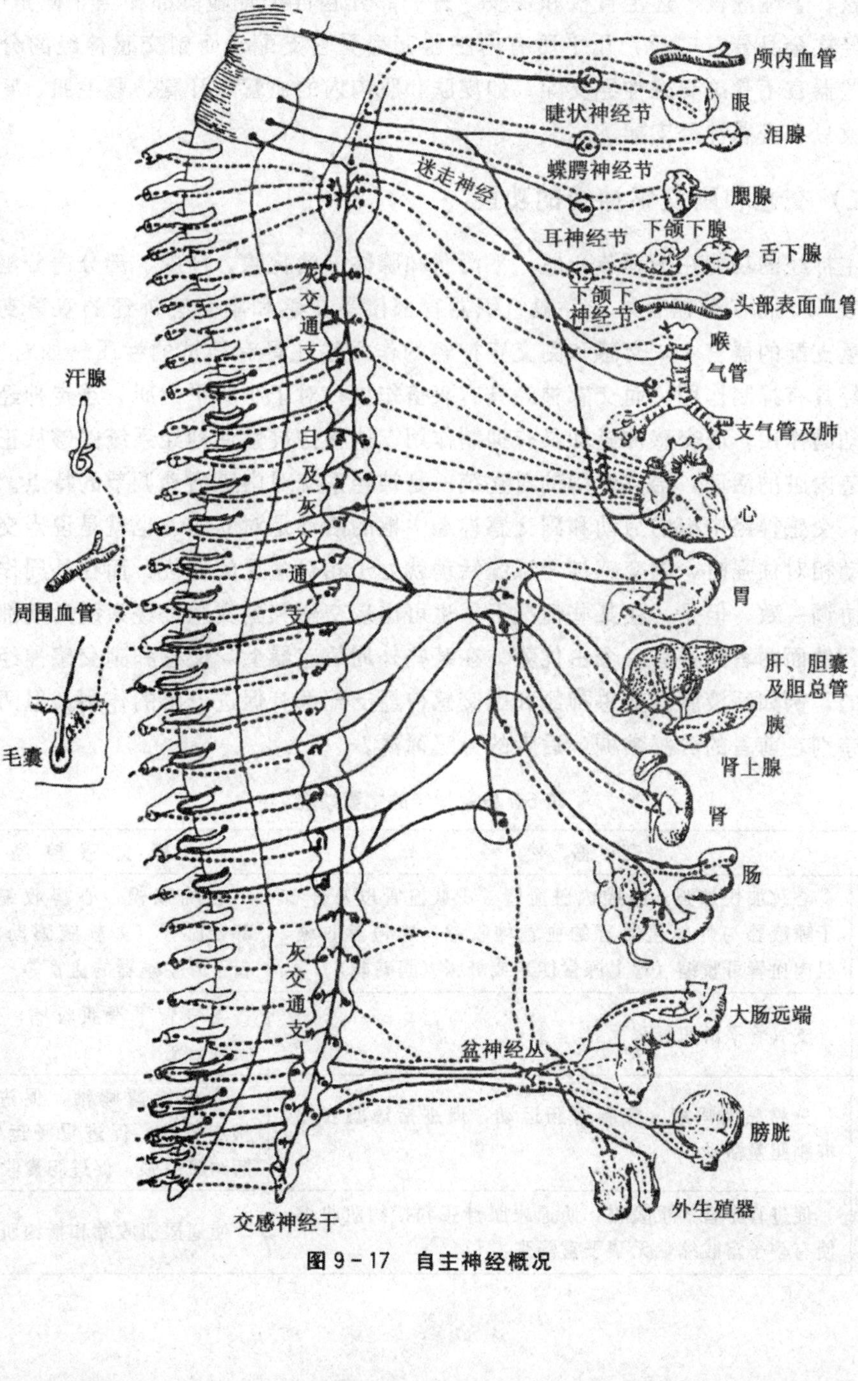

图9-17 自主神经概况

(一) 交感和副交感神经的特征

从中枢发出的自主神经在抵达效应器前必须先进入外周神经节，此纤维终止于节前神经元上，由节内神经元再发出纤维支配效应器。由中枢发出的纤维称为节前纤维，由节内神经元发出的纤维称为节后纤维。交感神经节离效应器较远，因此节前纤维短而节后纤维长；副交感神经节离效应器较近，有的神经节就在效应器壁内，因此节前纤维长而节后纤维短。

交感神经起自于脊髓胸腰段的外侧柱，而副交感神经一部分起自于脑干的缩瞳核、上唾液核、下唾液核、迷走背核和疑核，另一部分起自于脊髓骶部相当于侧角的部位。交感神经在全身分布广泛，几乎所有内脏器官都受它支配；而副交感神经的分布较局限，某些器官不受副交感神经支配。如皮肤和肌肉内的血管、汗腺、竖毛肌、肾上腺髓质和肾就只有交感神经支配。

(二) 交感和副交感神经的功能

自主神经的功能在于调节心肌、平滑肌和腺体（消化腺、汗腺、部分内分泌腺）的活动（表5）。除少数器官外，一般组织器官都接受交感和副交感神经的双重支配。在具有双重支配的器官中，交感和副交感神经的作用往往具有拮抗的性质。如对于心脏，迷走神经具有抑制作用，而交感神经具有兴奋作用；对于小肠平滑肌，迷走神经具有增强其运动的作用，而交感神经却具有抑制作用。这种拮抗性使神经系统能够从正反两个方面调节内脏的活动，拮抗作用的对立统一是神经系统对内脏活动调节的特点。在一般情况下，交感神经中枢的活动和副交感神经中枢的活动是对立的，也就是说当交感神经系统活动相对加强时，副交感神经系统活动就处于相对减退的地位，而在外周作用方面却表现协调一致。但是，在某些情况下，也可出现交感和副交感神经系统活动都增强或都减退，然而两者间必有一个占优势。在某些外周效应器上，交感和副交感神经的作用是一致的，例如唾液腺的交感神经和副交感神经支配都有促进分泌的作用；但两者的作用也有差别，前者的分泌黏稠，后者的分泌稀薄。

表5 自主神经的主要功能

器官	交感神经	副交感神经
循环器官	心跳加快加强，腹腔内脏血管、皮肤血管以及分布于唾液腺与外生殖器官的血管均收缩，脾包囊收缩，肌肉血管可收缩（肾上腺素能）或舒张（胆碱能）	心跳减慢，心房收缩减弱，部分血管（如软脑膜动脉与分布于外生殖器的血管等）舒张
呼吸器官	支气管平滑肌舒张	支气管平滑肌收缩，促进黏膜腺分泌
消化器官	分泌黏稠唾液，抑制胃肠运动，促进括约肌收缩，抑制胆囊活动	分泌稀薄唾液，促进胃液、胰液分泌，促进胃肠运动和使括约肌舒张，促进胆囊收缩
泌尿生殖器官	促进肾小管的重吸收，使逼尿肌舒张和括约肌收缩，使有孕子宫收缩，无孕子宫舒张	使逼尿肌收缩和括约肌舒张

续表

器官	交 感 神 经	副 交 感 神 经
眼	使虹膜辐射肌收缩，瞳孔扩大使睫状体辐射状肌收缩，睫状体增大，使上眼睑平滑肌收缩	使虹膜环形肌收缩，瞳孔缩小，使眼下睫状体环形肌收缩，睫状体环缩小，促进泪腺分泌
皮肤	竖毛肌收缩，汗腺分泌	
代谢	促进糖原分解，促进肾上腺髓质分泌	促进胰岛素分泌

第四节 体育运动对神经系统的影响

人体在进行体育运动时，是各器官、系统相互协调地进行的功能活动的结果，而这种功能活动是受到神经系统支配和调节的。因此，体育运动要求各器官、系统的生理活动更加密切地配合，这样就会加强对神经系统的锻炼，促进神经系统的功能进一步完善。

经过长期体育锻炼的人，不仅肌肉发达、收缩有力，而且神经系统的功能也得到加强，因而使动作的速度、灵活性和对各种外界刺激的适应能力等都得到了明显的提高。体育运动对提高神经系统的耐久力有很大的促进作用，特别是中、长跑和足球等一些耐力性较强的运动项目。耐力好的人能够坚持较长时间的工作、学习，精力充沛、头脑清醒，并且效率高。

此外，参加体育运动还能促进新陈代谢，从而改善脑的营养，使脑的功能增强，思维和记忆能力都能得到发展。

复习与思考

(1) 神经系统的功能和组成？
(2) 神经系统活动方式是什么？反射和反射弧的概念及反射弧的组成？
(3) 阐述白质、灰质、神经、神经束、神经核、神经节、网状结构和传导通路的概念。
(4) 脊髓的构造和功能怎样？
(5) 脑干、小脑的位置、外形、构造和功能怎样？
(6) 大脑的外形和构造怎样？
(7) 中枢神经系统传导通路包括哪些？
(8) 阐述12对脑神经的名称和主要功能。
(9) 颈丛、臂丛、腰丛和骶丛分别有哪些主要分支？
(10) 交感和副交感神经的特征与功能有何不同？

第十章 内分泌系统

学习要求

(1) 了解内分泌腺的结构特点。
(2) 熟悉内分泌系统的组成和主要功能。
(3) 掌握人体内主要内分泌腺的名称及其分泌的激素与主要功能。

知识点与应用

内分泌系统由内分泌腺和分布于其他器官的内分泌细胞组成。内分泌腺包括甲状腺、甲状旁腺、胸腺、肾上腺、松果体等；内分泌细胞有胰腺内的胰岛和睾丸内的间质细胞等。内分泌细胞的分泌物称为激素，大多数内分泌细胞分泌的激素通过血液循环而作用于远处的特定细胞（靶细胞），少部分内分泌细胞的分泌物直接作用于邻近的细胞，称为旁分泌。内分泌系统是机体的一个重要调节系统，它与神经系统相辅相成，共同调节着机体的生长发育和各种新陈代谢，维持着内环境的稳定，并影响行为和控制生殖等。

第一节 概 述

内分泌系统是人体内神经系统支配下的另一个重要的机能调节系统。内分泌腺又称为内分泌器官，位于人体的不同部位，它们之间在形态和结构上没有关联，但在功能上却是相互依存和相互制约的。

一、内分泌腺的结构特点

(1) 内分泌腺没有输出导管，故又称为无管腺，其分泌物为激素。激素直接地进入淋巴和血液。
(2) 内分泌腺的细胞均属于腺上皮细胞，它们大多数排列成索状或团块状，少数为囊泡状。内分泌腺散在分布于体内，相互间不相连接。
(3) 内分泌腺细胞之间有丰富的毛细血管和毛细淋巴管，血供丰富。

二、内分泌系统的主要功能

内分泌系统和神经系统均是在大脑统一指挥下的两个协同调节系统,共同调节人体的新陈代谢、生长、发育和生殖等生理功能活动,以保持机体内环境的平衡和稳定。但其作用方式却不同:神经系统靠神经传导,其特点是快速和灵敏;内分泌系统靠激素通过体液调节方式起作用,其特点是作用广泛和持久。

第二节 内分泌腺与内分泌组织

内分泌系统可以分为内分泌腺和内分泌组织两部分。内分泌腺是指独立存在、肉眼可见的腺体,包括甲状腺、甲状旁腺、胸腺、肾上腺、松果体等(图10-1)。内分泌组织是指一些分散在其他器官组织中一些腺组织或腺细胞,如胰腺内的胰岛和睾丸内的间质细胞等。

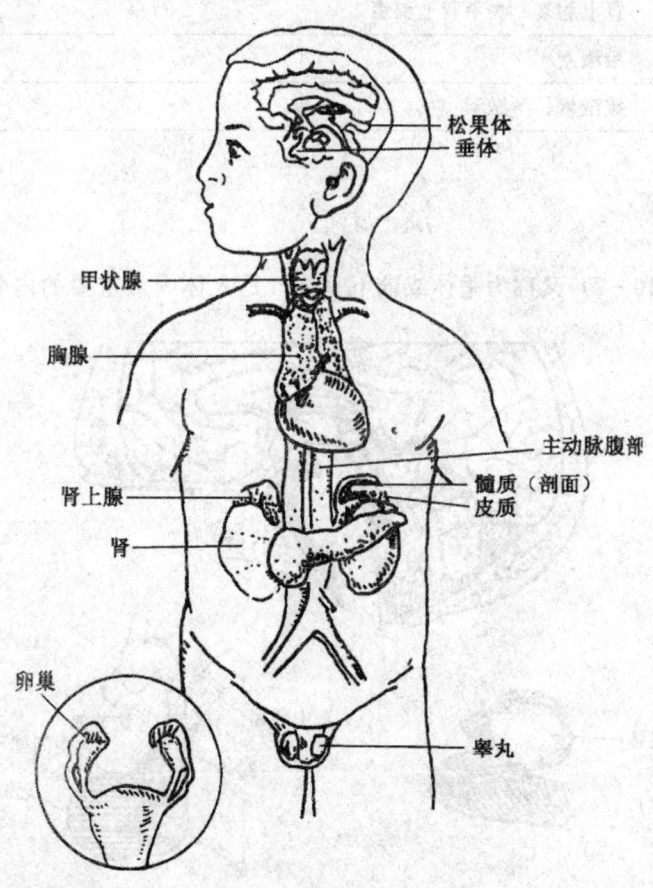

图10-1 人体主要内分泌腺的分布

内分泌腺是一种无管腺，分泌活性物质——激素。激素由腺细胞释放入毛细血管和毛细淋巴管。激素进入血液和淋巴后，随血液循环运送到全身各器官和组织，从而发挥其生理作用。人体主要的内分泌腺所分泌的激素如表6所示。

表6 人体主要的内分泌腺及其分泌的激素

内分泌腺		激素
脑垂体	远侧部	生长激素、催乳素、促肾上腺皮质激素、促黑素细胞激素、促黄体生成素、促卵泡激素、促甲状腺素
	中间部	促黑素细胞激素
	神经部	储存抗利尿激素、催产素
松果体		褪黑激素、5-羟色胺、去甲肾上腺素
甲状腺		甲状腺素
甲状旁腺		甲状旁腺素
胰岛		胰岛素、胰高血糖素
肾上腺	皮质	盐皮质激素、糖皮质激素、雄性激素
	髓质	肾上腺素、去甲肾上腺素
性腺	睾丸	雄激素
	卵巢	雌激素、孕激素

一、脑垂体

脑垂体（图10-2）又称为垂体或脑下垂体，是人体内最重要的内分泌腺。它位于

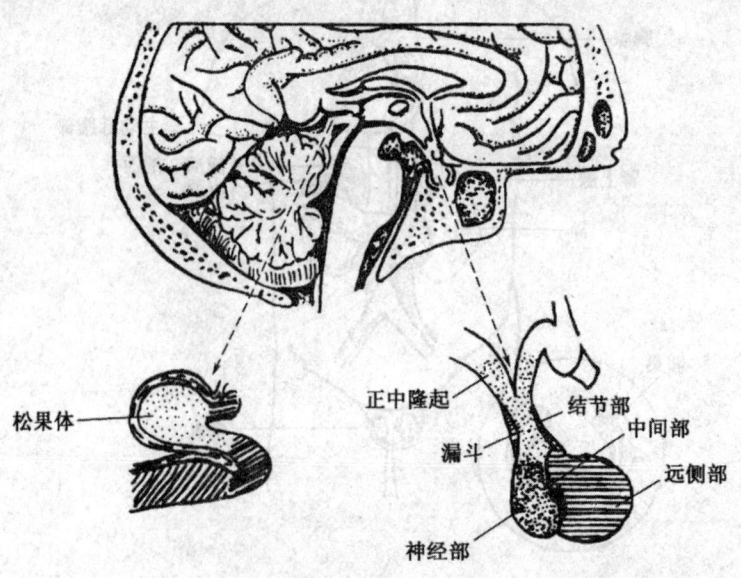

图10-2 垂体和松果体

颅底中部蝶骨上面的垂体窝内，其上端借垂体柄与丘脑下部相连，为灰红色的椭圆或圆形小体，重约0.6克。它可分为前叶的腺垂体和后叶的神经垂体。腺垂体分泌多种激素，主要有生长素、催乳素和促黑素细胞激素等促激素。神经垂体无分泌功能，只是一个储存激素的场所，如丘脑下部分泌的抗利尿激素和催产素。

二、松果体

松果体（参见图10-2）又称为脑上腺，位于丘脑后上方，为一松果状的小体，呈淡黄色，重约0.2克。它的大小与年龄有关，在儿童时较发达，以后逐渐萎缩并有钙盐沉着，通常可在X线片上见到。松果体分泌的激素调节代谢与其他一些内分泌腺的作用有关，特别是与抑制性腺的发育有关。如在儿童时期松果体遭到破坏，则可出现早熟的现象。

三、甲状腺

甲状腺（图10-3）是人体内最大的内分泌腺，重为20～40克，呈"H"形，位于颈前甲状软骨中部和气管上端的前面及两侧，由左、右两个侧叶及中间连接的峡部组成。甲状腺分泌甲状腺素，能增进机体的物质代谢，促进机体的生长和发育。如甲状腺分泌功能低下时，小儿骨骼和脑的发育停滞，身材矮小，智力低下，一般称为"呆小症"；成人则可以出现黏液性水肿。若甲状腺分泌功能过于旺盛，可以引起突眼性甲状腺肿，简称为"甲亢"，表现为心跳过速、神经过敏、体重减轻和眼球突出等。

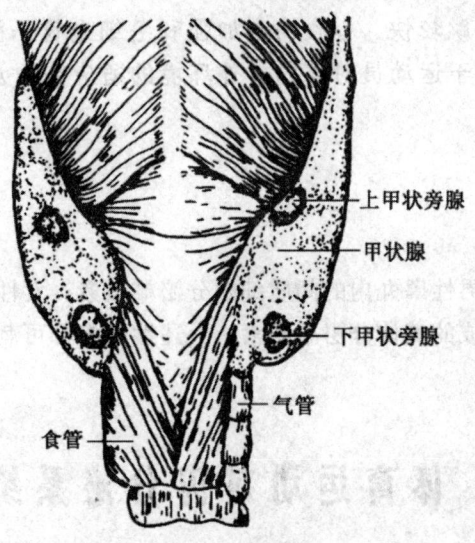

图10-3 甲状腺和甲状旁腺

四、甲状旁腺

甲状旁腺（参见图10-3）位于甲状腺两侧叶的后缘，是卵圆形小体，形似黄豆，呈黄棕色，重约0.3克，通常有两对，上下各一对。甲状旁腺分泌甲状旁腺素，主要功能为调节体内钙、磷代谢，维持血钙的正常水平。如甲状旁腺分泌功能低下时，表现为血钙下降，出现手足抽搐症。若功能亢进时，则会引起骨质过度的吸收，导致骨折的发生。

五、胰岛

胰岛是胰的内分泌部，分散在胰腺腺泡之间，由大小不等、形状不定的细胞群组成。胰岛中主要有两种内分泌细胞。一种是A细胞，分泌胰高血糖素，促进糖原的分解，使血糖升高。另一种是B细胞，分泌胰岛素，促进糖原的合成和血糖的利用，维持正常的血糖水平。如果两种激素的分泌失调，则会导致糖代谢功能紊乱，产生糖尿病或低血糖症等。

六、肾上腺

肾上腺位于肾的上方，左右各一，左侧近似半月形，右侧呈三角形，每个重约7克。肾上腺实质可分为内层的髓质和外层的皮质。皮质分泌的激素种类较多，主要有盐皮质激素，调节人体内水盐代谢；糖皮质激素，调节糖和蛋白质代谢；性激素，调节性机能和副性征。髓质主要分泌肾上腺素和去甲肾上腺素，作用和交感神经兴奋时的作用相似，如心跳较快、心收缩力加强和毛细血管平滑肌收缩等。因此，肾上腺髓质的机能状况对于运动员对体内、外环境的适应能力及运动技能的高低有重要的意义。

七、性腺

性腺有男女之别。男性睾丸内的间质细胞分泌雄激素；女性卵巢内卵泡成熟过程中分泌雌激素，排卵后形成的黄体分泌孕激素。上述性激素都可刺激生殖器官发育，促进第二性征的出现。

第三节　体育运动对内分泌系统的影响

影响儿童少年生长发育最突出的激素，是脑垂体分泌的生长激素。如果儿童少年时期生长激素分泌过多，可导致巨人症；分泌过少可导致侏儒症。

睾酮也是一种与生长发育、身体运动密切相关的激素。有人研究证明，从事运动训练的少年，体内睾酮水平明显高于普通少年（一般学生）。

复习与思考

(1) 内分泌系统由哪几部分组成？主要功能有哪些？

(2) 内分泌腺有哪些结构特点？

(3) 人体内主要内分泌腺有哪些？所分泌激素的主要功能是什么？

第十一章

感 觉 器

学习要求

(1) 了解什么是感觉器。
(2) 了解视器的组成与功能。
(3) 掌握眼球壁的构造与功能。
(4) 了解眼球的屈光装置（折光物质）结构与功能。
(5) 了解光在眼球内的传导途径。
(6) 熟习外耳和中耳的组成。
(7) 掌握内耳的组成与功能。
(8) 了解壶腹嵴、囊斑、膜螺旋器的位置、构造与功能。
(9) 了解音波在耳内如何传导。
(10) 明确体育运动对感觉器的影响。

知识点与应用

感觉神经的末梢装置（或末梢结构）称为感受器，它是反射弧的第一部分。而感受器及其附属结构的总称，叫感觉器。如：视器——眼，前庭蜗器——耳等。视器最重要部分是眼球，它由眼球壁（三层膜）和内部的屈光物质构成。前庭蜗器由外耳、中耳和内耳三部分组成。最重要的部分是内耳，由于构造非常复杂，又称为迷路。迷路分为外部的骨迷路和内部的膜迷路。骨迷路和膜迷路之间充满了液体，叫外淋巴，所有外淋巴均相通。在膜迷路内充满了液体，叫内淋巴，所有内淋巴也相通，但外淋巴与内淋巴不通。

内耳由后往前分别是：半规管、前庭和耳蜗三部分，其重点是壶腹嵴、囊斑和膜螺旋器。壶腹嵴感受人体进行旋转变速运动的刺激；囊斑是感受人体进行直线变速运动（包括振动）的刺激；膜螺旋器是感受声波的刺激。

眼球的结构可以比喻成照相机：

眼睑——镜头盖

角膜——镜头

瞳孔——光圈

晶状体——聚光镜

视网膜——胶卷

近视眼形成的原因，总的来说，分为先天的和后天的两类。先天超600度的主要与遗传有关，67%是10岁前发病。后天的一般低于600度，主要与周围环境有关，它的发生与日益近距离用眼有关（长时间看电视和上网等），加上摄取营养成分的失衡、学习负担过重、参加体育运动过少。

长时间看近物，眼的睫状小带松弛，晶状体凸度加大，长期下去，就失去了晶状体的调节功能，矫正方法是配戴凹透镜。关键要科学地安排作息时间，不要长时间看电视，也不要长时间上网，还要积极参加体育活动，每天不得少于1小时。

一个优秀的运动员，除了有良好的身体素质和出色的技术与战术外，还要有较好的前庭器官稳定性，这就要通过刻苦和科学的训练才能获得。跳水、体操、武术和航天运动员的前庭器官稳定性水平特别高。空军部队的秋千、荡板、虎伏（大铁环）等，都是用来训练前庭器官的稳定性的，宇航员上天前必须经过严格、科学的训练。

对于感觉器，这里只介绍视器（眼）和前庭蜗器（耳）。

第一节 视器——眼

感受光线刺激并将之转变为神经冲动的器官即视器，也就是眼。这种冲动经视神经和脑内的视觉传导通路传到视觉中枢，产生视觉。视器由眼球和眼副器两部分组成。

一、眼球

眼球是视器的主要组成部分，位于眼眶内，呈前部稍凸的球形，前有眼睑保护，周围借筋膜与眶壁相连，眶腔的后部充以眶脂体垫托眼球，后端借视神经连于间脑，周围有眼副器。眼球由眼球壁和屈光装置组成（图11-1）。

（一）眼球壁的构造

眼球壁分为三层：依次为外膜（纤维膜）、中膜（血管膜）、内膜（视网膜）。

1. 外膜

外膜又称为纤维膜，由坚韧的致密结缔组织所构成，起着支持和保护眼球壁及其内容物的作用，可分为角膜和巩膜两部分。

(1) 角膜约占纤维膜的前1/6，是致密而透明的膜，其曲度较大，有屈光作用。角膜内没有血管，有大量的感觉神经末梢，对痛、触觉极为敏锐，故发生炎症时常有剧痛。

(2) 巩膜为纤维膜的后5/6，成人呈不透明乳白色，有维持眼球形状和保护眼球内部组织的作用。前端与角膜相续部分的深部有一环形的巩膜静脉窦，是房水的循环通路，后端在视神经穿出部位与视神经鞘相延续。巩膜表面有肌肉附着。

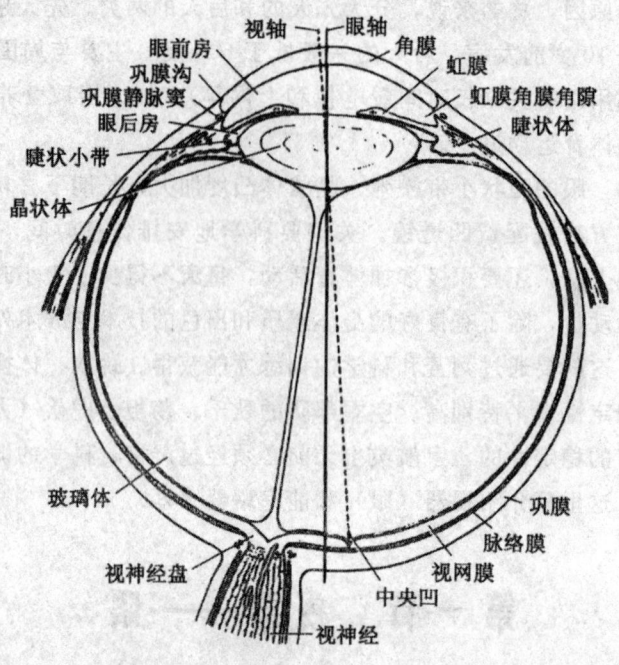

图 11-1 眼球的构造（水平切面）

2. 中膜

中膜含有丰富的血管丛和色素细胞，故又称为血管膜。中膜由前向后依次分为虹膜、睫状体和脉络膜三部分。

（1）虹膜是中膜的最前部，位于角膜的后方，呈圆盘状，中央的圆孔叫做瞳孔。虹膜内有两种不同方向排列的平滑肌，一部分环绕在瞳孔的周围，称为瞳孔括约肌，受副交感神经支配；另一部分呈放射状排列于瞳孔括约肌的外周，称为瞳孔开大肌，受交感神经支配。在强光下或看近处物体时，瞳孔括约肌收缩，瞳孔缩小，以减少光线的进入量；在弱光下或看远处物体时，瞳孔开大肌收缩，瞳孔开大，使光线的进入量增多。可见瞳孔大小的变化控制着进入眼球光线的多少。虹膜的颜色因人种不同而不同，可有黑、棕、蓝和灰色等，黄种人大都是呈现棕色。

虹膜把角膜和晶状体之间的间隙分为前、后两部分，前面是较大的眼前房；后面是较小的眼后房，内含房水。

（2）睫状体是中膜最厚的部分，位于巩膜与角膜移行部的内面，呈环带状，其前缘与虹膜相连，后缘连接脉络膜。

睫状体后部平坦，前部有许多呈放射状的突起，称睫状突。由睫状突发出许多睫状小带与晶状体相连。睫状体内有平滑肌纤维，称睫状肌，受副交感神经支配。看近处物体时，睫状体环形肌收缩，睫状小带松弛，晶状体周缘受到的牵拉力减弱，使晶状体凸度增加，以适应看近物。反之，看远处物体时睫状体环形肌舒张，睫状小带被拉紧，晶状体周缘受到的牵拉力增加，使晶状体凸度减小，以适应看远物。

（3）脉络膜是中膜的后 2/3 部，位于巩膜内面的一层薄而柔软的膜。内面与视网膜色素细胞层紧贴，后方有视神经穿过。脉络膜的主要功能是供给眼球营养和吸收眼内散射的多余光线，以免扰乱视觉。

3. 内膜

内膜即视网膜（图11-2），位于中膜内面，可分为内外两层。外层为色素部，由单层色素上皮构成；内层为神经部，由前向后依次分为视网膜视部、视网膜睫状体部和视网膜虹膜部。视部具有感光功能，而其他二部不能感光，称为视网膜盲部。视网膜两层在某些疾病时互相脱离，叫做视网膜剥离症。

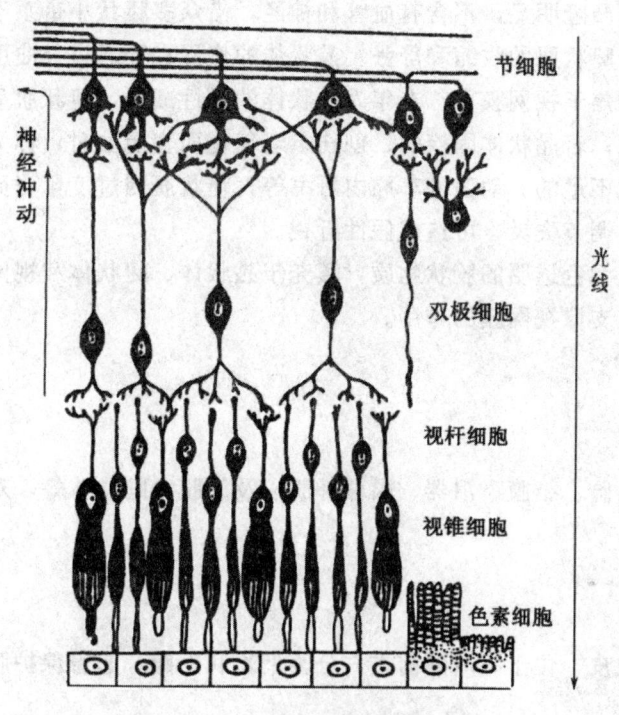

图 11-2 视网膜结构示意图

视网膜视部后部有一白色的圆形隆起，是视神经的穿出部位，叫做视神经盘（视神经乳头）。视神经盘无感光细胞分布，称为盲点。在视神经盘颞侧稍下方（相距约3.5毫米）有一黄色的小圆盘，称黄斑，其中央为一小凹，称中央凹，该处密布视锥细胞，是视觉最敏锐处。

视网膜的组织结构复杂，自外向内由色素上皮细胞、视细胞、双极细胞和节细胞组成。色素上皮细胞层又称为色素部，其余的三个细胞层合称为神经部。神经部的最外层为感光细胞，紧贴视网膜外层的色素上皮，有感受强光和色彩的视锥细胞和感受弱光的视杆细胞两种。中层为双极细胞。内层为节细胞，节细胞发出的轴突集中于视神经盘，形成视神经，穿过眼球壁的内、中膜，外膜包绕于其周围，构成视神经鞘。

（二）屈光装置

眼球的屈光装置是眼球内一系列的透明无血管的组织，光经过这些结构后，聚焦在视网膜上成为清晰的物像。这些结构包括角膜、房水、晶状体和玻璃体。

（1）角膜（见眼球壁）。

（2）房水是由睫状突的上皮分泌的无色透明液体，除具屈光作用外，还有营养角膜、晶状体和维持正常眼内压的作用。房水自眼后房经瞳孔到眼前房，再经虹膜角膜处进入巩膜静脉窦，最后汇入静脉。房水经常循环更新，保持动态平衡。若回流不畅或受阻，则会导致房水充滞于眼房中，使眼内压升高，患者视力受损、视野缩小并伴有严重头痛，称为青光眼。

（3）晶状体位于虹膜后方，玻璃体的前方，是富有弹性的双凸镜状透明体。晶状体前面较平坦，后面凸隆明显，不含有血管和神经，借众多睫状小带系于睫状体上，它曲度的变化，取决于睫状肌的收缩和舒张。晶状体的作用在于通过其曲度变化，调整屈光能力，以使物像聚焦于视网膜上。老年人晶状体的弹性减退，睫状肌呈现萎缩，调节功能降低，称为老视；若晶状体因疾病、创伤、老年化而变混浊时，称为白内障；若长时间看近物或在光线不足的、动荡的车厢内看书等，睫状肌因过度紧张而持续痉挛，导致晶状体凸度增大，调节失灵，可造成假性近视。

（4）玻璃体是无色透明的胶状物质，填充于晶状体、睫状体和视网膜之间，除具有屈光作用外，还有支撑视网膜的作用。

二、眼副器

眼副器包括眼睑、结膜、泪器、眼球外肌以及筋膜和眶脂体等，对眼球起保护、运动和支持作用。

（一）眼睑

眼睑俗称为眼皮，位于眼球的前方；分为上睑和下睑，起着保护眼球、防止眼球干燥等作用。

（二）眼肌

眼肌包括上、下、内、外四条直肌和上、下两条斜肌及一块提上睑肌，均为骨骼肌，前六块肌肉都是牵拉眼球向各方向转动。

（三）泪腺

泪腺位于眶上壁外侧的泪腺窝内，有10余条排泄管开口于结膜上穹的外侧部。

第二节　前庭蜗器——耳

前庭蜗器（图11-3）包括位觉（平衡）器和听觉器两部分，所以又称为位听器。虽然这两种感受器在机能上不同，但在结构位置上关系密切，总称为耳。耳包括外耳、中耳和内耳三部分。外耳和中耳是声波的传导装置，内耳是接受声波和位觉刺激的结构。

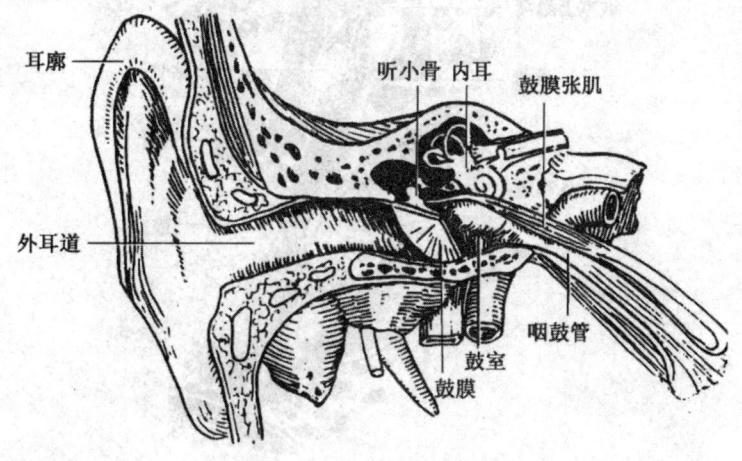

图 11-3 前庭蜗器模式图

一、外耳

外耳包括耳廓、外耳道和鼓膜三部分，具有收集和传导声波的功能。

（1）耳廓附于颞骨外面，呈漏斗状，以弹性软骨为支架，外面被覆皮肤。

（2）外耳道是自外耳门向内延伸至鼓膜的弯曲管道，长约2.5厘米。外侧1/3为软骨部与耳廓软骨相续；内侧2/3为骨性部。外耳道的内表面覆盖着皮肤，含有耵聍腺等。耵聍腺分泌的耵聍起保护作用。

（3）鼓膜位于外耳与中耳之间，为一椭圆形半透明的纤维组织膜，固定在颞骨上，具有较强的韧性，传递声波。

二、中耳

中耳位于颞骨岩部和颞骨乳突内，是传导声波的主要部分。它包括鼓室、咽鼓管和乳突小房三部分。

（一）鼓室

鼓室是位于颞骨岩部内不规则的含气小腔，内表面覆以黏膜，内有听小骨、韧带、肌肉、血管和神经。鼓室内侧壁的后上方有卵圆形的孔，叫做前庭窗或卵圆窗，由镫骨底所封闭；其后下方有较小的圆孔，叫做蜗窗或圆窗，由第二鼓膜封闭。

鼓室内有三块听小骨，由外向内依次为锤骨、砧骨和镫骨（图11-4），三者以关节和韧带连接成链状的杠杆系统。当声波振动鼓膜时，经听小骨链的连串运动，使镫骨底在前庭窗上摆动，将声波的振动传入内耳。

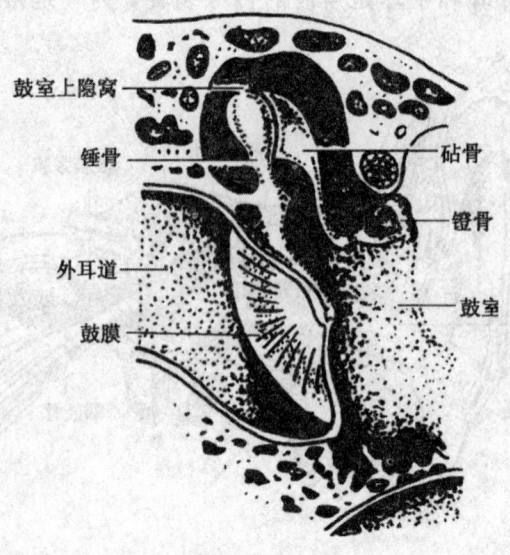

图 11-4 听小骨

(二) 咽鼓管

咽鼓管是连接鼻咽和鼓室之间的管道,长约 3.5 厘米,当人吞咽或打呵欠时,管道被动张开,使空气经咽鼓管至鼓室,以维持鼓膜内、外气压的平衡,便于鼓膜接受声波冲击而颤动。

(三) 乳突小房

乳突小房是鼓室向后方延伸于乳突内的含气腔洞。这些腔洞内衬以黏膜,该黏膜与鼓室黏膜、咽鼓管黏膜和咽黏膜相延续,故中耳炎时,常可蔓延至此。

三、内耳

内耳位于颞骨岩部,由骨密质构成的一系列复杂的曲管组成,又称迷路。迷路又可分为骨迷路和膜迷路两部分,骨迷路是颞骨岩部里的骨性弯曲隧道,膜迷路是位于骨迷路内的膜性小管和小囊。膜迷路是封闭的管和囊,内含内淋巴,膜迷路与骨迷路之间的间隙内有外淋巴。内、外淋巴互不相通。

骨迷路与膜迷路的关系如下:

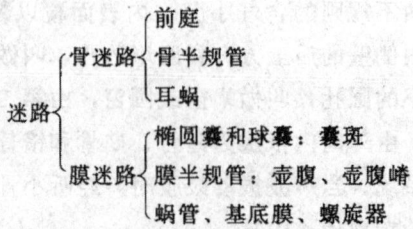

骨迷路由骨密质构成，从前内向后外依次排列着耳蜗、前庭和骨半规管三部分（图11-5）。相应的膜迷路由前向后也分为三部分：即位于耳蜗内的蜗管，位于前庭内的球囊和椭圆囊，以及位于骨半规管内的膜半规管（图11-6）。

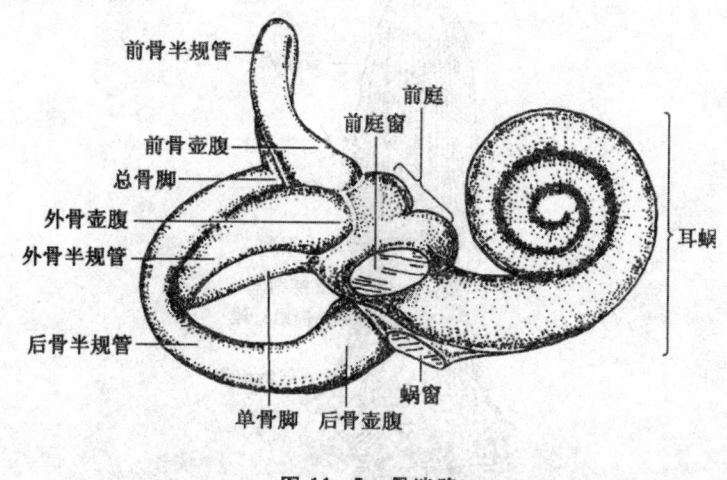

图11-5 骨迷路

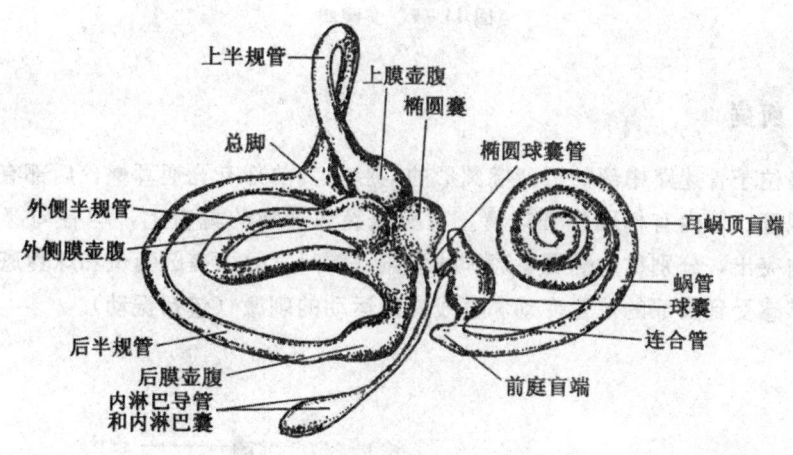

图11-6 膜迷路

（一）半规管

半规管包括骨迷路中的骨半规管和膜迷路中的膜半规管。

(1) 骨半规管为三个互相垂直的"C"字形弯曲骨管，分别称前骨半规管、后骨半规管和外骨半规管（参见图11-5）。每个半规管有两个脚与前庭后部相通，一个叫单骨脚，另一个较膨大，叫壶腹骨脚。其中前、后骨半规管的单骨脚合成一个总骨脚，开口于前庭，所以三个骨半规管只有五个口与前庭相通。

（2）膜半规管与骨半规管形态一致，位于骨半规管内。在壶腹处管壁隆起形成的壶腹嵴（图11-7）是位觉感受器，能感受旋转变速运动的刺激。

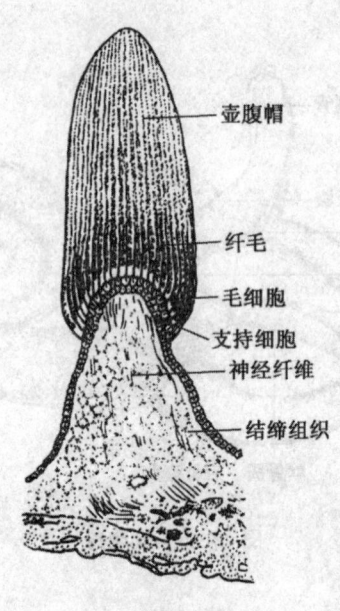

图11-7 壶腹嵴

（二）前庭

前庭是位于骨迷路中部的近似椭圆形的空腔，其前部有孔通耳蜗，后部有五个孔通三个骨半规管。腔内有椭圆囊和球囊。在椭圆囊和球囊的囊壁上，均有局部的黏膜增厚，向腔内突出，分别称为椭圆囊斑和球囊斑（图11-8）。椭圆囊斑和球囊斑是位觉感受器，能够感受到头部的位置变动和直线变速运动的刺激（包括振动）。

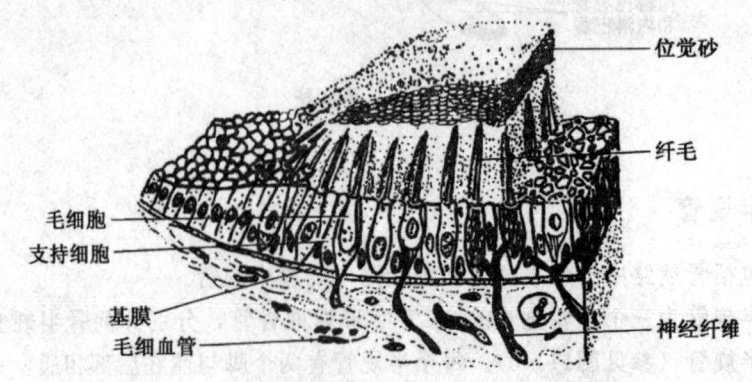

图11-8 囊斑

（三）耳蜗

耳蜗（图11-9）形似蜗牛壳，底称蜗底对向内耳道，尖称蜗顶朝向前外方，由骨性的蜗螺旋管围绕蜗轴盘旋两圈半而构成，后方与前庭相连通。蜗轴的骨质较疏松，蜗螺旋管则由骨密质构成。由蜗轴发出骨性螺旋板，突入于蜗螺旋管内，形成骨螺旋板，但板的游离缘并未达到蜗螺旋管的对侧壁，空缺处由膜迷路的膜性蜗管填补，从而将蜗管分为两部，上部称前庭阶，下部叫做鼓阶。故耳蜗内共有蜗管、前庭阶和鼓阶三条并列的螺旋形管道。蜗管与蜗螺旋管顶之间留有蜗孔，前庭阶和鼓阶内的外淋巴液可经蜗孔互相交通。前庭阶起自前庭，与中耳间隔以前庭窗；鼓阶则以蜗窗的第二鼓膜与中耳鼓室相隔。蜗管的顶端为盲端，下端与球囊相通，三壁都为膜性。上壁是蜗管前庭壁（又称为前庭膜），下壁是咽鼓管壁（又称为螺旋膜或基底膜）。基底膜上有以听毛细胞和支持细胞为主组成的螺旋器（图11-10），即听觉感受器，感受声波的刺激。

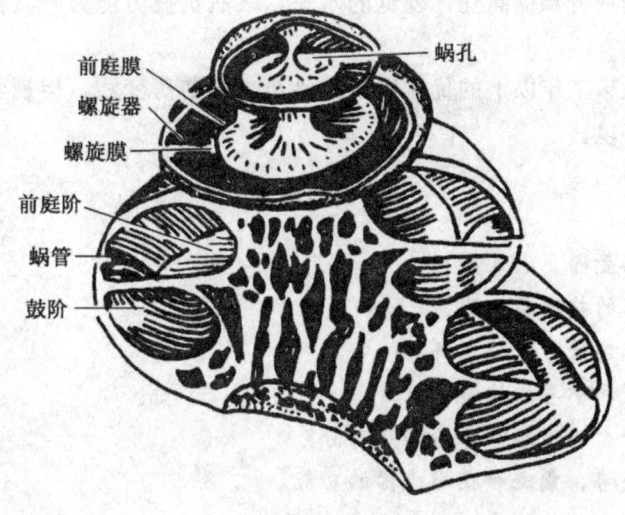

图11-9 耳蜗

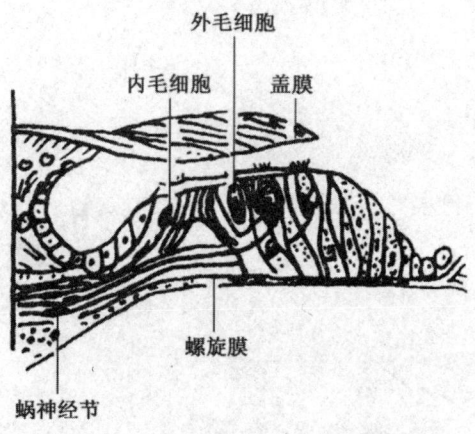

图11-10 螺旋器构造模拟图

第三节　体育运动对感觉器的影响

在体育运动中，如划船、跳水、跳伞、滑雪、体操、武术和铁饼、链球等项目，对前庭稳定性要求很高，事实上长期从事这些项目训练的运动员，前庭器官的稳定性大大提高，远远超过正常人，尤其是优秀运动员。

随着社会生产力和科学水平的发展，人类活动范围不断扩大，如宇宙航行、乘坐高速交通工具等，对人体耐受种种加速度的能力提出了更高的要求。同样，体育运动技术不断发展，需要运动员完成更高难度的旋转、翻腾动作，这就要求机体有更高的平衡能力和判断能力。

人体在运动时本体感觉是形成各种运动技能的重要保证。长期从事球类运动的运动员，可以扩大人的视野和提高立体视觉的水平，眼肌抗疲劳能力较其他项目运动员强，晶状体较厚。

有人研究，从事三年以上的优秀射击运动员，眼前房变浅，但视觉调节能力很强，能适应射击训练环境。

复习与思考

(1) 什么是感受器、感觉器？
(2) 试述眼球的构造与功能。
(3) 光在眼球内传导途径怎样？
(4) 简述外耳和中耳的构造。
(5) 内耳为什么叫迷路？分为哪几部分？
(6) 试述壶腹嵴、囊斑和膜螺旋器的功能。
(7) 声波在耳内如何传导？
(8) 体育运动对感觉器有何影响？

人体个体发生的结构体系

● 生殖系统

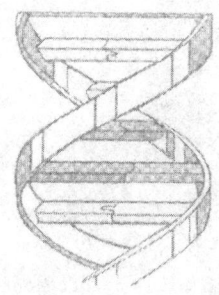

第十二章

生殖系统

> **学习要求**

(1) 了解男性、女性生殖系统的组成。
(2) 掌握睾丸、卵巢的位置、结构与功能。
(3) 了解受精过程及人体胚胎的早期发生概况。
(4) 了解体育运动对人体生长发育的影响。

> **知识点与应用**

男性生殖系统中，必须掌握的是睾丸；女性生殖系统中必须掌握的是卵巢。男性生殖细胞称为精子，女性生殖细胞称为卵子，二者结合在一起，称为受精。这是人体个体发生的开始，正常情况下受精卵在子宫内着床（也称为种植），然后就是胚胎的发育，形成三胚层后分别分化人体的诸器官。

胎儿出生后迅速生长发育，分为不同的时期，许多因素共同影响人体的生长发育。其中遗传、饮食和体育运动最为重要。

有的男孩出生后，睾丸留在腹腔或腹股沟内，没有进入阴囊内，这称为隐睾。如果一直下不去，由于腹腔温度高，成年后不容易产生精子或产生死精子，从而影响生殖能力，还可能发生恶变，因此在儿童期必须做手术，将睾丸引入阴囊。

男性在青春期后的数十年，可持续大量的产生精子，女子出生后，卵子的数量不再增多。

排卵是女性体内定期的卵子释放过程，它是受精的必要条件。在卵巢中每月约有20个卵子成熟，仅有1个卵子形成卵泡，卵泡释放的卵子向子宫方向运输。试管婴儿是指体外人工受精，再送回母体子宫腔内发育而成的婴儿，医学称为"体外受精"。世界上第一个试管婴儿于20世纪70年代诞生在英国。中国首例试管婴儿诞生于1988年3月10日北京医科大学第三医院。目前试管婴儿技术正在不断改进，成功率和质量将逐步提高。

受精卵在母体内约280天，预产期的计算方法十分简单，用末次月经第一天的月份加9（或减3），得出的是预产期的月份，而日期加7，则得出预产期日期。

子宫位于骨盆正中，前有膀胱，后有直肠，由骨盆底肌（也称会阴肌）和筋膜及筋膜形成的一系列韧带维持子宫的正常位置，在怀孕之前应该注重腹肌和会阴肌的力量练习（详见第三章），对于维持子宫的正常位置、经期的正常排经血，尤其是分娩十分有利。

大部分人的长高停止时间为18~25岁，女性比男性早2~3年，而且研究证明，人长高在夜间10点之后，这主要是人的生长激素在夜间睡眠中分泌，分泌量是白天的3倍，因此儿童少年保证夜间充足的睡眠十分重要。

在人体生长发育过程中，营养是一个很重要的问题，饮食要有规律，搭配要合理，营养要平衡，千万不要偏食，尽可能少吃方便面、油炸、烧烤食品等。

体育锻炼对每个人来说，应该是终生的，对儿童少年更为重要，因为他们正处在长知识、长身体的时期，所以教育部提出：每天锻炼1小时，健康工作50年。

第一节 男性生殖系统

男性生殖系统的主要功能是产生生殖细胞、繁衍后代和分泌性激素。它包括内生殖器和外生殖器两个部分。内生殖器是由产生生殖细胞和激素的生殖腺、输送生殖细胞的输精管道和附属腺组成。外生殖器是裸露于体表的，包括阴囊和阴茎（图12-1）。

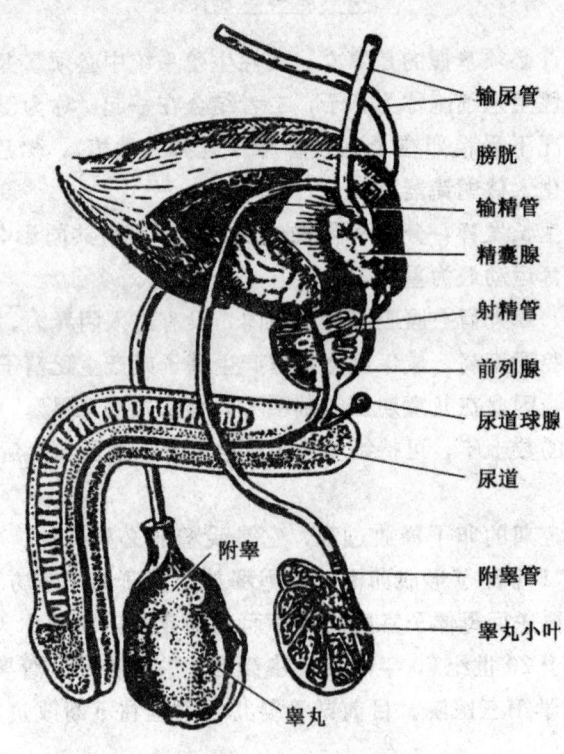

图12-1 男性生殖器

一、男性内生殖器

男性内生殖器由生殖腺（睾丸）、输精管道（附睾、输精管和射精管）和附属腺

（精囊腺、前列腺）组成。

（一）睾丸

睾丸在胚胎早期位于腹腔内，以后逐渐下降，出生时已降至阴囊中。睾丸是男性的生殖腺，位于阴囊内，呈扁卵圆形，左右各一。睾丸的表面包被致密结缔组织构成的被膜叫白膜。在睾丸后缘，白膜增厚并伸入睾丸实质内形成放射状的小隔，把睾丸实质分隔成200多个睾丸小叶。每个睾丸小叶内有2~4条精曲小管，精曲小管的上皮是产生精子的场所。精曲小管之间的结缔组织内有睾丸间质细胞，具有合成雄激素的作用。雄激素的主要成分是睾酮，能促进生殖器官及第二性征的发育，并维持精子生成和性功能及第二性征。精曲小管在睾丸小叶的尖端处汇合成精直小管再互相交织成网，最后在睾丸后缘发出十多条输出小管进入附睾。

（二）附睾

附睾紧贴着睾丸的上端和后缘，可分为三个部分，其上端膨大，称为附睾头，借睾丸的输出管连于睾丸上端；其中部称为附睾体；其下部称为附睾尾，尾部向上移行为输精管。

（三）输精管

输精管是一条管壁很厚的肌性管道，它与血管、神经和提睾肌共同组成精索。它在附睾尾部连接附睾管，终止于射精管，长约40厘米，直径约2.5毫米，左右各一条，分为睾丸部、精索部、腹股沟部和盆部四段。输精管末端膨大形成壶腹。壶腹末端管径变小，并与精囊腺的导管汇合成射精管。

（四）射精管

射精管是由输精管和精囊腺的排泄管合并而成，左右各一，它穿入前列腺底，开口于尿道的前列腺部，开口极小且狭窄。

（五）精囊腺

精囊腺是扁椭圆形的囊状器官，位于膀胱底之后，输精管壶腹的外侧，其排泄管与输精管末端合成射精管。它可分泌淡黄色黏滞的弱碱性的液体，与精子混合成精液。

（六）前列腺

前列腺是分泌精液的主要腺体，位于膀胱下方，呈板栗状，直径约4厘米，重约20克。尿道从其中间穿过。前列腺的间质中混有大量的平滑肌，较坚硬。腺的导管最后汇合成20~30条，开口于尿道前列腺部，分泌物参入精液。

二、男性外生殖器

男性外生殖器是显示性别差异和实现两性生殖细胞结合的器官，包括阴茎和阴囊。

(一) 阴茎

阴茎位于阴囊之前，外面有筋膜和皮肤。它可分为阴茎头、阴茎体和阴茎根三个部分，由两个阴茎海绵体和一个尿道海绵体组成。阴茎头为阴茎前端的膨大部分，尖端有尿道外口，头后稍细的部分叫阴茎颈。阴茎根藏在皮肤的深面，固定于耻骨下支和坐骨支上。根、颈之间的部分为阴茎体。

海绵体是由结缔组织和平滑肌组成，其腔隙与血管相通。当腔隙内充满血液时，阴茎变粗变硬而勃起。阴茎皮肤薄而软，皮下组织疏松，易于伸展。

(二) 阴囊

阴囊位于耻骨联合下方，是由皮肤构成的囊。皮肤薄而软，皮下组织内含有大量的平滑肌纤维，叫肉膜，肉膜在正中线上形成阴囊中隔将两侧睾丸和附睾隔开。肉膜遇冷收缩，遇热舒张，借以调节阴囊内的温度，利于精子的产生和生存。

第二节 女性生殖系统

女性生殖系统的主要功能是产生生殖细胞、繁衍后代和分泌性激素。它包括内生殖器和外生殖器两个部分。内生殖器由生殖腺和输卵管道组成（图12-2）。外生殖器即女阴。

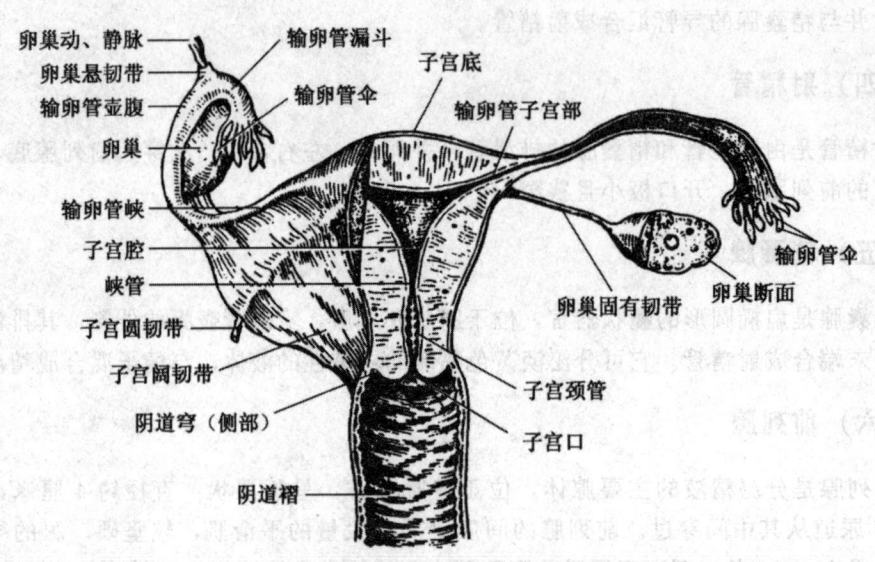

图 12-2 女性内生殖器

乳房是制造乳汁的器官，在机能上与生殖系统有密切的关系，在此节中一并叙述。

一、女性内生殖器

女性内生殖器由生殖腺（卵巢）和输卵管道（输卵管、子宫、阴道）组成。

（一）卵巢

卵巢既是生殖腺，又是内分泌腺。它能产生卵细胞和分泌一系列的雌性激素。卵巢呈卵圆形，左右成对，在小骨盆上口平面，位于骨盆侧壁。它的形状、大小因年龄而异。幼年卵巢小而光滑，成年后卵巢增大并由于每次排卵后在卵巢表面留有瘢痕而显得凹凸不平，更年期后卵巢萎缩。卵巢的一端靠近输卵管伞，另一端由卵巢固有韧带系于子宫的两侧。卵巢的前面有血管、神经和淋巴管出入之处，称为卵巢门。

卵巢是实质性的器官，可分为浅层的皮质和深层的髓质。每个卵巢的皮质内藏有胚胎时期已生成的有30万～100万个原始卵泡。但是，女子一生仅有400～500个原始卵泡经初级卵泡和次级卵泡时期，最后发育为成熟卵泡，性成熟期之后，成熟的卵泡破溃后将卵细胞排出，一般在每一月经周期（28天）排一个卵细胞。其余原始卵泡均先后退化。

成熟的卵细胞从卵巢表面排出，排出后的卵泡转变为富有血管并呈黄色的内分泌腺，称为黄体，可分泌孕激素。排出的卵进入输卵管，在管内受精后移至子宫内膜发育生长，成熟的胎儿于分娩时经阴道娩出。若未受精，黄体逐渐萎缩成白体，以后逐渐消失。

此外，卵巢还可分泌动情素。

（二）输卵管

输卵管是输送卵细胞至子宫的一对弯曲的肌性管道，长10～12厘米，内端为子宫角连接子宫，外端开口于腹膜腔。在开口的游离缘有许多菊花瓣状的突起称为输卵管伞，覆盖于卵巢表面。卵细胞从卵巢表面排入腹膜腔，再经输卵管腹腔口进入输卵管。输卵管黏膜上皮为单层柱状上皮，上皮的细胞有纤毛。纤毛向着子宫方向摆动及管壁平滑肌的节律性收缩，可以促使卵细胞向着子宫的方向输送，以利于受精。

（三）子宫

子宫是孕育胎儿的肌性囊状器官，位于盆腔中央膀胱和直肠之间。成年女子子宫的正常位置呈轻度前倾屈位，子宫体伏于膀胱上，可随膀胱和直肠的虚盈而移动。子宫呈倒置梨形，前后略扁，可分为底、体、颈三部。上端向上隆凸的部分称为子宫底，在输卵管入口平面上方，两侧与输卵管相通；下端变细呈圆筒状的部分称为子宫颈；底和颈之间的部分称为子宫体。底、体部的内腔称为子宫腔。子宫颈的内腔称为子宫颈管，呈梭形，上口为子宫内口，通子宫腔，下口为子宫外口，通阴道。

子宫壁厚，伸展性大，由黏膜、肌层和外膜三层构成。子宫黏膜又称为子宫内膜，是受精卵种植和胚胎发育的场所。子宫内膜的结构从青春期开始有周期性的变化。子宫底和体的内膜随着月经周期改变而变化，呈周期性的增生和脱落，颈部黏膜较厚而坚实，没有周期性的变化。肌层是由很厚的纵横交错的平滑肌组成，妊娠时肌纤维的长度和数量都增加。外膜在子宫体前后是浆膜，由腹膜脏层形成。此膜在子宫两侧形成皱襞，称为子宫阔韧带。其余部分是纤维膜。

（四）阴道

阴道是一个扁形的肌性管道，位于子宫颈的下方，尿道与直肠之间，下部开口于外阴部。

二、女性外生殖器

外生殖器即女阴，包括阴阜、大阴唇、小阴唇、阴蒂及阴道前庭等。其上界为阴阜、下界是外阴部与肛门之间的部位即会阴。

第三节　人体个体发生

一、生殖细胞和受精

生殖细胞包括精子和卵子，均为单倍体细胞，即仅有 23 条染色体，其中一条是性染色体。受精是精子穿入卵子形成受精卵的过程，它始于精子细胞膜与卵子细胞膜的接触，终于两者细胞核的融合。受精一般发生在输卵管壶腹部。应用避孕套、输卵管黏堵或输精管结扎等措施，可以阻止精子与卵子相遇，从而防止受精。

（一）精子发生

精曲细管的内壁是由特殊的复层上皮组织，即精上皮构成。精上皮是产生精子的组织。在精曲小管的横切面上可以看到精子生成的各个阶段。精上皮的基层，即位于精曲小管基础膜上的一层是精原细胞和精原细胞之间的支持细胞。精原细胞是产生精子的细胞。支持细胞有支持以及为精原细胞和精子提供营养与吞噬残余细胞质的作用。支持细胞的另一作用是分泌抑制素，抑制激素的产生。精原细胞连续进行有丝分裂而生成多个精原细胞，其中一部分仍保留为精原细胞，另一部分长大分化而成为初级精母细胞。初级精母细胞立即进入第一次减数分裂的前期，并在逐步发育的过程中向曲细精管的中心推移。初级精母细胞完成了前期Ⅰ过程，如联会、染色体交换等，之后，分裂成 2 个次级精母细胞，次级精母细胞第二次减数分裂而成 4 个单倍体的精细胞。精细胞不再分裂，每一精细胞分化发育而成一个精子。

从精原细胞到精细胞虽然经过了多次分裂，但细胞质并不完全断开，一个精原细胞产生的每一代细胞彼此都是以细胞质桥相连接的，所以各细胞可以互通信息，使分裂分化的进度一致。

（二）卵子发生

卵原细胞形成成熟卵细胞的过程称为卵子发生。卵子的形成发生在卵巢，并且有一个增殖期，在该期，卵原细胞通过有丝分裂增加细胞数量。经过有丝分裂增殖之后，卵原细胞进行减数分裂，此时的卵原细胞被称为卵母细胞，经减数分裂，染色体发生遗传重组，并将染色体组的数量减半成为单倍体。为了保证卵子发生具有足够的生长期，减数分裂前期I的粗线期或双线期被延长；生长期的延长，主要是让发育中的卵母细胞生长到足够的体积大小，以便能够携带足够的营养物质为胚胎发育之用。卵母细胞在发育过程中具有显著的不对称性。

二、人体胚胎早期发生

（一）卵裂与胚泡

受精卵由输卵管向子宫运行中，不断进行细胞分裂，这过程称为卵裂。卵裂产生的细胞称为卵裂球。随着卵裂球数目的增加，细胞逐渐变小，到第3天时形成一个12～16个卵裂球组成的实心胚，称为桑椹胚。桑椹胚的细胞继续分裂，细胞间逐渐出现小的腔隙，它们最后汇合成一个大腔，桑椹胚转变为中空的胚泡。胚泡，又称为囊胚，于受精的第4天形成并进入子宫腔。胚泡逐渐长大，透明带变薄而消失，胚泡得以与子宫内膜接触，植入就开始了。

（二）植入

胚泡逐渐埋入子宫内膜的过程称为植入，又称为着床。植入于受精后的第5～6天开始，第11～12天完成。胚泡全部植入子宫内膜后，缺口修复，植入完成。

（三）胚层的形成与分化

胚泡植入第2周，内细胞群的细胞也开始增殖分化，逐渐形成了一个圆盘状的胚盘，此时的胚盘由内、外两个胚层组成。外胚层为邻近滋养层的一层柱状细胞，内胚层是位居胚泡腔侧的一层立方细胞，两层紧贴在一起。紧接着，在外胚层的近滋养层侧出现一个腔，为羊膜腔，腔壁为羊膜。羊膜与外胚层的周缘接连，故外胚层构成了羊膜腔的底。内胚层的周缘向下延伸形成另一个囊，即卵黄囊，故内胚层构成卵黄囊的顶。羊膜腔的底（外胚层）和卵黄囊的顶（内胚层）紧相贴连构成的胚盘是人体的原基。此时期的胚泡腔内出现松散分布的胚外中胚层细胞。它们先充填于整个胚泡腔。继而细胞间出现了腔隙，腔隙逐渐汇合增大，在胚外中胚层内形成一个大腔，称为胚外体腔。

到第3周初，胚盘外层细胞增殖，在胚盘外胚层尾侧正中线上形成一条增厚区，称为原条。原条的头端略膨大，为原结。原条的出现，胚盘即可区分出头尾端和左右侧。继而在原条的中线出现浅沟，原结的中心出现浅凹，分别称原沟和原凹。原条深面的细胞则逐渐迁移到内外胚层之间，形成松散的间充质。原条两侧的间充质细胞继续向侧方扩展，形成胚内中胚层，它在胚盘边缘与胚外中胚层续连。从原结向头侧迁移的间充质细胞，形成一条单独的细胞索，称脊索，它在早期胚胎起一定支架作用。脊索向头端生长，原条则相对缩短，最终消失。

第四节 人体出生后生长的一般规律

一、年龄分期

人体从受精卵、出生到成熟可以分为不同的时期，在生长发育过程中，不同阶段具有不同的特点。根据人体的解剖、生理和病理等特点，可以将其生长发育过程划分为七个不同阶段和年龄期。

（一）胎儿期

从受孕到分娩共 40 周，称为胎儿期。

（二）新生儿期

从出生后到 28 天，称为新生儿期。

（三）婴儿期

从出生 28 天到满 1 周岁，又称为乳儿期。

（四）幼儿期

从 1 周岁到 3 周岁为幼儿期。

（五）幼童期

从 3 周岁到 7 周岁为幼童期，也称为学龄前期。

（六）儿童期

从 7 周岁到 12 周岁为儿童期，也称为学龄期。

（七）青春期

女孩从 11~12 岁开始到 17~18 岁，男孩从 13~14 岁开始到 18~20 岁，称为青春期，一般女孩比男孩早两年。

二、人体生长发育的一般规律

人体从出生到成熟经过了复杂的生长发育过程。人体生长发育由于受到遗传、环境、营养、疾病和运动训练等各种因素的影响，而具有个体上的差异，但是从总的来看，其具有下述的一般规律。

（一）人体生长发育的总体模式相同

在整个生长时期，所有健康孩子的生长过程都是相似的，各项身体形态指标都会随着年龄的增长而增大，但各指标在任一时间和年龄上，个体间都存在着广泛的差异。人体的生长发育并不是直线上升的，而是呈波浪式有快有慢的相互交替进行。如身高、体重，从胎儿到人体成熟有两次突增阶段。第一次的突增期在胎儿期，第二次的突增期在青春发育期阶段。

（二）生长发育的比例是相同的

每一个健康的儿童在生长发育的过程中，头颅增长了1倍，躯干增长了2倍，上肢增长了3倍，下肢增长了4倍。

（三）生长发育的程序一致性

从妊娠到出生，头颅生长最快，出生时婴儿的头围达到成人头围的65%左右。从出生到1周岁，躯干生长最快，为这一时期增长总长度的60%；青春期开始后，首先是上、下肢的生长，上肢增长的顺序是手、前臂、上臂。下肢增长的顺序是足、小腿、大腿，然后才是宽度和围度的增加。躯干增长晚于四肢，生长发育具有典型"向心性"原则。

（四）生长发育存在着性别的差异

人体生长发育存在着性别差异，主要有以下几个表现：女子青春发育较男子早两年，有趣地是其生长发育结束的时间也比男子早两年；男子生长发育的第二次高峰波峰、波幅比女子高而宽，故男子的体格也比女子显得高而大。

三、影响生长发育的因素

人体的生长发育从受精卵开始到出生后，一直受到人体内外两方面因素的影响，而且两者是相互作用的，包括遗传因素、营养因素、自然因素、疾病和体育锻炼等。

（一）遗传因素

遗传和人体生长发育的关系是非常密切的，它是影响生长发育的主要因素。人体的新陈代谢、生理、生化等功能都会受到遗传因素的影响。

（二）营养因素

糖类提供能量，蛋白质形成和更新组织细胞，无机盐与血液、肌肉、骨的生成和一些生理活动的维持相关。

（三）自然因素

阳光、空气、水分、食物等是人类赖以生存的物质基础。这些自然因素也影响人类的生长发育。它们对人类的身高、肤色、鼻型、发型、头型有较大影响，与人体胸廓的发育、眼睑、脸型、面型、瞳孔颜色、肢体比例也有关系。充分利用日光、新鲜空气、水进行体格锻炼，以及合理的生活制度安排均可促进身心发育。

（三）疾病

急性、慢性传染病对生长发育有直接影响，可导致器官的严重伤害。

（五）体育锻炼

体育锻炼是促进身体健康、生长发育和增强体质的主要因素。可使心肌发达和收缩力增强，使心输出量增加。可提高肺活量，改善肌肉的血液循环，使肌纤维增粗，肌肉体积增大。

复习与思考

(1) 简述男性生殖系统的组成。
(2) 简述女性生殖系统的组成。
(3) 简述睾丸和卵巢的位置与功能。
(4) 你了解人体个体发生的阶段吗？
(5) 结合自己的体验，哪些因素影响自己的生长发育？

参考文献

[1] 胡声宇. 运动解剖学 [M]. 北京：人民体育出版社，2006.

[2] 李世昌. 运动解剖学 [M]. 北京：高等教育出版社，2006.

[3] 刘文汉. 人体解剖学 [M]. 北京：中国人民解放军音像出版社，2004.

[4] 王景贵，等. 运动解剖学 [M]. 北京：人民体育出版社，2000.

[5] 体育院校成人教育协作组教材编写组. 人体解剖学 [M]. 北京：人民体育出版社，2001.

[6] 高英茂. 组织学与胚胎学 [M]. 北京：人民卫生出版社，2005.

[7] 祝继明. 组织学与胚胎学 [M]. 北京：北京大学医学出版社，2001.

[8] 刘斌. 组织学与胚胎学 [M]. 北京：北京大学医学出版社，2005.

[9] 邓树勋. 运动生理学 [M]. 北京：高等教育出版社，2005.

[10] 黄国英. 儿科学 [M]. 上海：复旦大学出版社，2006.

[11] 运动解剖学编写组. 运动解剖学 [M]. 北京：人民体育出版社，1984.

[12] 全国体育院校教材委员会审定. 运动解剖学 [M]. 北京：人民体育出版社，1989.

[13] 胡声宇. 运动解剖学 [M]. 北京：人民体育出版社，2000.

[14] 邓道善. 运动解剖学 [M]. 北京：北京体育大学出版社，1993.

[15] 郑思竞. 系统解剖学 [M]. 北京：人民卫生出版社，1992.

[16] 全国体育院校成人教育协作组函授教材编写组. 人体解剖学 [M]. 北京：人民体育出版社，2001.

参考文献

[1] 燕国材. 迟学心理学[M]. 济南: 人民教育出版社, 2000.
[2] 李伯黍. 教育心理学[M]. 北京: 高等教育出版社, 2006.
[3] 冯忠良. 心理学教程[M]. 北京: 中国人民解放军国防大学出版社, 2002.
[4] 王蔚然. 等. 心理学教程[M]. 北京: 人民卫生出版社, 2000.
[5] 全国教师业务培训与考试指导编委会. 心理学概论[M]. 北京: 人民大学出版社, 2001.
[6] 韩永昌. 医学心理学教程[M]. 北京: 人民卫生出版社, 2008.
[7] 周华. 医学心理学教程[M]. 北京: 北京大学医学出版社, 2004.
[8] 姚红. 医学心理学[M]. 北京: 北京大学医学出版社, 2006.
[9] 张伯源. 医学心理学[M]. 北京: 北京大学出版社, 2003.
[10] 林崇德. 发展心理学[M]. 上海: 华东师范大学出版社, 2006.
[11] 高玉祥. 基础心理学[M]. 北京: 人民大学出版社, 1991.
[12] 全国教师业务培训与考试指导编委会. 心理学概论[M]. 北京: 人民大学出版社, 1993.
[13] 邵郊. 生理心理学[M]. 北京: 人民大学出版社, 2000.
[14] 彭冠吾. 普通心理学[M]. 北京: 北京师范大学出版社, 1993.
[15] 朱智贤. 儿童心理学[M]. 北京: 人民教育出版社, 1993.
[16] 全国教师业务培训与考试指导编委会. 上海教育学[M]. 北京: 人民大学出版社, 2001.